Leasing und Factoring

Wolfgang Grundmann

Leasing und Factoring

Formen, Rechtsgrundlagen, Verträge

 Springer Gabler

Wolfgang Grundmann
Norderstedt, Deutschland

ISBN 978-3-658-01786-6   ISBN 978-3-658-01787-3 (eBook)
DOI 10.1007/978-3-658-01787-3

Die Deutsche Nationalbibliothek verzeichnet diese Publikation in der Deutschen Nationalbibliografie;
detaillierte bibliografische Daten sind im Internet über http://dnb.d-nb.de abrufbar.

Springer Gabler
© Springer Fachmedien Wiesbaden 2013

Gedruckt auf säurefreiem und chlorfrei gebleichtem Papier

Springer Gabler ist eine Marke von Springer DE. Springer DE ist Teil der Fachverlagsgruppe Springer
Science+Business Media.
www.springer-gabler.de

Vorwort

Dieses Lehr- und Aufgabenbuch zur Finanzierungsform „Leasing" und „Factoring" als Refinanzierungsform wendet sich an Sie als Auszubildende des Kreditgewerbes, die Sie sich im Rahmen Ihrer Bankausbildung neben dem Kreditgeschäft weitergehende Kenntnisse über das Leasinggeschäft erwerben wollen. Das Buch wendet sich aber auch an Lehrende, die z. B. im Rahmen eines Projekts ihren Bankauszubildenden umfangreiche Kenntnisse in den verschiedenen Kreditarten verschaffen wollen.

Viele Kreditinstitute bieten ihren Privat- und Firmenkunden im Rahmen ihres Kreditgeschäfts oder über ihre eigenen Leasinggesellschaften als Alternative zur Kreditfinanzierung häufig die Leasingfinanzierung an. Im Rahmen Ihrer Berufsausbildung zum Bankkaufmann/Bankkauffrau erhält die Kreditfinanzierung ein stärkeres Gewicht als die Leasingfinanzierung. In Deutschland gibt es keinen Ausbildungsberuf Leasingkaufmann/Leasingkauffrau, sondern nur den Leasingfachwirt bzw. die Leasingfachwirtin, eine Zusatzqualifikation, die die Industrie- und Handelskammern Absolventen einer kaufmännischen Berufsausbildung anbieten. Mit diesem Buch haben Sie die Gelegenheit, sich bereits während Ihrer Berufsausbildung zum Bankkaufmann/Bankkauffrau intensiv mit Leasing und Factoring auseinanderzusetzen. Mit Ihren so erworbenen zusätzlichen Kenntnissen können Sie nach Ihrer Berufsausbildung als kompetente/r Firmenkundenkreditberater/in eingesetzt werden.

Das Leasinggeschäft hielt vor 50 Jahren Einzug auf dem deutschen Finanzierungsmarkt. Bis dahin war das unternehmerische Denken stark vom Eigentumsgedanken geprägt. Die Leasingfinanzierung galt zunächst als Finanzierungsform für kapitalschwache Unternehmen. Heute hat sich die Überzeugung durchgesetzt, dass nicht nur das reine Eigentum, sondern auch die Nutzung eines Autos, einer Immobilie oder einer Maschine Werte schafft. Die Finanzierung von Investitionen mittels Leasing ist ein wichtiger Wirtschaftsfaktor geworden und aus dem Wirtschaftsalltag nicht mehr wegzudenken. In Deutschland sind heute Wirtschaftsgüter im Wert von über 200 Milliarden Euro verleast. Umgerechnet auf alle außenfinanzierten Unternehmensinvestitionen entfällt auf Leasing ein Anteil von etwa 50 %. Die anderen 50 % teilen sich Kredite und andere Finanzierungsarten. Leasing hat sich demnach als Alternative zum herkömmlichen Bankkredit entwickelt. In den 70er Jahren wurde mit den sog. Leasingerlassen der rechtliche und steuerliche Rahmen dieser neuen Investitionsform angelegt.

Im Prüfungskatalog für die IHK-Abschlussprüfung werden im Kapitel „Kreditgeschäft" Sie als Auszubildende für den Ausbildungsberuf Bankkauffrau/Bankkaufmann aufgefordert, im Lernfeld 7 „Privatkredite bearbeiten" Leasing am Beispiel von Pkw-Leasing mit den Details Vertragspartner und Vertragsgestaltung zu bearbeiten und mit einem Ratenkredit für Pkw zu vergleichen. Im Lernfeld 11 „Firmenkredite bearbeiten" finden Sie den Hinweis, dass Sie unterschiedliche Kreditarten für Firmenkunden, also auch die Leasingfinanzierung im Firmenkundengeschäft, erklären und die Unterschiede zwischen Firmen- und Privatkreditgeschäft in Grundzügen herausarbeiten sollen.

Im Stoffverteilungsplan „Bankwirtschaftliches Handeln" sollen im Kapitel Privat- und Firmenkundenkredite Sie als Bankauszubildende eine Pkw-Leasingfinanzierung mit einer Pkw-Kreditfinanzierung vergleichen sowie die Zusammenhänge von Investition und Finanzierungsarten erläutern.

VI

Das Leasinggeschäft wurde von mir in einzelnen Abschnitten behandelt. Die Abschnitte gliedern sich u. a. nach Vertragsarten und Leasinggegenständen auf:
- Vollamortisations-Leasing
- Teilamortisations-Leasing
- Kfz-Leasing als Mobilien-Leasing
- EDV-Leasing
- Gebäudeleasing

Auch auf die rechtlichen und steuerlichen Fragen im Zuge der Refinanzierung der Leasinggeber wird in einem Kapitel eingegangen: Dazu gehören der regresslose Verkauf der Leasingforderungen durch den Leasinggeber an seinen Refinanzierer und die damit verbundenen insolvenzrechtlichen Gegebenheiten sowie die steuerrechtlichen Auswirkungen im Leasinggeschäft.

Die dazu interessierenden Gesetze, insbesondere das bei Privatleasing geltende Verbraucherdarlehensrecht im Bürgerlichen Gesetzbuch sowie die Vorschriften des Einführungsgesetzes zum Bürgerlichen Gesetzbuch, die Leasingerlasse des Bundesministers der Finanzen sowie die im Zusammenhang mit einer Leasingfinanzierung zu beachtenden Vorschriften im Kreditwesengesetz sind in einem weiteren Abschnitt aufgeführt.

Am Schluss eines Kapitels werden Sie aufgefordert, Aufgaben zu bearbeiten sowie Berechnungen durchzuführen. Dabei unterscheidet das Buch zwei Arten von Aufgabenstellungen:
- Bei den alphabetisch gegliederten Aufgaben werden in einem speziellen Lösungsteil ausführliche Lösungen angeboten.
- Bei den „Fragen zur Wiederholung und Vertiefung" können Sie die Lösungsinhalte den Texten entnehmen. Die Lösungen werden deshalb nicht gesondert im Lösungsteil erfasst.

Anregungen für Weiterentwicklung und Ergänzung dieses Buches nehme ich gerne entgegen.
wolfgang@grundmann-norderstedt.de

Hamburg, im März 2013
Wolfgang Grundmann

Inhaltsverzeichnis

A LEASING

1 Leasingformen

1.1 Unterscheidung der Leasingformen

42 % der deutschsprachigen Bevölkerung, die nach eigenen Angaben Leasing kennen, haben sich noch nie konkret mit Leasing auseinandergesetzt. Gleichzeitig war knapp ein Drittel der Befragten der Auffassung, ein Objekt lieber besitzen zu wollen, als es zu mieten. Wirtschaftlich betrachtet sollte der Wert eines Objekts in seiner Nutzung liegen, nicht in seinem Besitz. Im gewerblichen Bereich ist Leasing gerade bei Gütern mit kurzen Technologiezyklen, wie z. B. in der Informationstechnologie, eindeutig die bessere Alternative gegenüber der klassischen Eigen- oder Fremdkapitalfinanzierung.[1]

Leasing (von engl. to lease = „mieten, pachten") ist eine Finanzierungsform, bei der das Leasinggut vom Leasinggeber dem Leasingnehmer gegen Zahlung eines vereinbarten Leasingentgelts zur Nutzung überlassen wird. Leasingverträge haben ähnlichen Charakter wie Mietverträge. Von der Miete unterscheidet sich Leasing durch die Tatsache, dass die mietvertraglich geschuldete Wartungs- und Instandsetzungsleistung bzw. Gewährleistungsanspruch auf den Leasingnehmer überwälzt wird. Dies geschieht im Austausch gegen die Abtretung der Kaufrechte seitens des Leasinggebers und die Finanzierungsfunktion (Vollamortisation) beim Leasing. Der Leasinggeber trägt hierbei die Sach- und Preisgefahr. Leasingverträge sind somit atypische Mietverträge. Am Ende des Leasingvertrags geht das Leasinggut an den Leasinggeber zurück oder wird von der Leasinggesellschaft an den Leasingnehmer oder einen Dritten veräußert.

Leasing steht im Wettbewerb zu anderen alternativen Finanzierungsformen, wie z. B. Beteiligungskapital und Forderungsverkauf.

Die Leasingbranche spielt in Deutschland eine wichtige Rolle. Die Gesamtleasinginvestitionen betrugen im Jahr 2010 rd. 43,6 Mrd. Euro, wovon 2,5 Mrd. Euro auf das Immobilien- und 41,1 Mrd. Euro auf das Mobilien-Leasing entfielen. Im Mobilien-Leasingbereich machten das Kfz-Leasing sowie das Leasen von maschinellen Anlagen und das Leasen von Computer/DV sowie Büroausstattung bezogen auf das Gesamtleasingvolumen den größten Anteil aus.[2]

Für den Leasingnehmer bietet Leasing folgende Vorteile:

- Die Liquidität wird geschont, es findet jedoch ein kontinuierlicher Liquiditätsabfluss über die Leasingraten statt. Dadurch hat der Leasingnehmer stets eine klare und transparente Kalkulationsgrundlage. Da die Leasingfinanzierung eine 100%ige Fremdfinanzierung ist, werden das Eigenkapital und die Liquiditätsreserven geschont.
- Da die Leasinggesellschaften häufig die im Zusammenhang mit dem Leasingvertrag anfallenden Verwaltungsaufgaben übernehmen, kann die Leasingfinanzierung beim Leasingnehmer auch zu geringeren Verwaltungsaufwendungen führen.
- Die Leasingraten sind als Betriebsausgaben beim Leasingnehmer steuerlich voll absetzbar, sofern das Leasingobjekt gemäß § 39 Abgabenordnung (AO) und den Leasingerlassen des Bundesfinanzhofes (BFH) steuerlich dem Leasinggeber zugerechnet wird. Leasing wird nur steuerlich anerkannt, wenn die Vertragskonstruktion keinen automatischen Eigentumser-

---

[1] Siehe dazu die Ergebnisse der repräsentativen Umfrage des Marktforschungsinstituts IPSOS im Auftrag der FML Finanzierungs- und Mobilien Leasing GmbH & Co. KG; http://www.fml.de/pressebereich/pressemitteilungen.html.
[2] Siehe dazu die Pressemitteilung des Bundesverbandes deutscher Leasing-Unternehmen unter http://bdl.leasingverband.de/presse/pressemitteilungen/leasing-markt-waechst-um-vier-prozent-langfassung.

werb des Leasingnehmers vorsieht. Ansonsten beurteilt das Finanzamt den Vertrag als versteckten Abzahlungskauf.
- Bei Kfz-, EDV- und Maschinen-Leasingverträgen hat der Leasingnehmer stets die neuesten technischen Modelle.
- Für ein junges Unternehmen ist Leasing nur sinnvoll, wenn das Unternehmen einen Gewinn erwirtschaftet. In diesem Fall kann die Steuerlast gemindert werden. Zwar ist ein Verlustvortrag möglich, der zahlt sich aber nur aus, wenn das Unternehmen die Gewinnzone erreicht. Leasing ist allerdings nachteilig, wenn ein junges Unternehmen vor Erreichen der Gewinnzone in Insolvenz geht.
- Leasing ist für den Leasingnehmer bilanzneutral und kommt damit der Kreditwürdigkeit des Unternehmens zu Gute. Die Eigenkapitalquote verändert sich durch die Zahlung der Leasingraten nicht („Pay as you earn"-Effekt). Steuerrechtlich entsprechend den Leasingerlassen gestaltete Leasingverträge mit dem Recht der Aktivierung beim Leasinggeber sind grundsätzlich bilanzneutral und erscheinen somit nicht in der Bilanz des Leasingnehmers. Der Leasingnehmer verbucht lediglich die Leasing- bzw. Mietaufwendungen in seiner Gewinn- und Verlustrechnung als Betriebsausgaben. Der Leasinggeber aktiviert in seiner Bilanz die Leasinggegenstände als Anlage- bzw. Vermietvermögen und kann die Leasingobjekte gemäß den vom Finanzamt herausgegebenen AfA-Tabellen abschreiben.
- Die Leasingkosten sind periodisch wiederkehrende Zahlungen, die parallel zur Nutzung des Leasingobjekts anfallen. Finanzielle Vorleistungen sind nicht notwendig, da das Objekt sich laufend selbst finanziert („Pay as you earn"-Effekt/Kostenkongruenz).
- Die periodischen Leasingzahlungen dienen der innerbetrieblichen Planung als sichere Kalkulationsgrundlage.
- Die Vorteile von Leasing schaffen Möglichkeiten für betriebliche Innovationen und Rationalisierungen.
- Eine Entsorgung bei Vertragsende durch den Leasingnehmer entfällt, das Leasing-Objekt wird nach Ablauf der Leasingzeit an den Leasinggeber zurückgegeben.
- Dem gegenüber stehen folgende Nachteile:
- Der Leasingnehmer erwirbt kein Eigentum am Leasinggut und hat somit keine Möglichkeit, das Leasingobjekt bei Nichtnutzung zu verkaufen.
- Die Gesamtkosten des Leasings sind, betrachtet man den gesamten Nutzungszeitraum, i. d. R. höher als bei einem fremdfinanzierten Kauf des Objektes, weil der Leasinggeber das Ausfallrisiko kalkulieren muss und auch einen Gewinn realisieren will.
- Der Leasingnehmer ist während der Vertragslaufzeit ohne Kündigungsmöglichkeiten gebunden. Der Leasingnehmer muss die Leasingraten auch bei Nichtnutzung weiterhin zahlen.

1.1.1 Unterscheidung nach Art des Leasingobjektes

Gegenstand des Leasings können z. B. Gebrauchsgüter mit längerer Lebensdauer (Konsumgüterleasing) oder Büro- und Ladeneinrichtungen sowie Maschinen jeder Art (Investitionsgüterleasing) sein. In beiden Bereichen haben das Kfz- und das Computer-/DV-Leasing eine besondere Bedeutung erlangt.

Ein Beispiel für Investitionsgüterleasing sind die kostenintensiven medizinischen Geräte in Krankenhäusern und Arztpraxen. Aufgrund der schnellen technologischen Weiterentwicklung sind medizinische Geräte häufig schon lange vor ihrer 7- bis 10-jährigen Abschreibungsdauer nicht mehr auf dem neuesten Stand. Die traditionelle Anschaffungsmethode des Kaufens ist vor diesem Hintergrund weniger praktikabel als Leasing. Das zeigt sich auch in Zahlen: Das globale Leasingvolumen für medizinische Ausrüstung steigt jährlich um 6,5 % und wächst damit schneller als der Medizintechnikmarkt insgesamt.

In Deutschland werden immer noch rund 5 Mrd. Euro durch den Kauf von medizinischer Ausrüstung unnötig gebunden. Mit Hilfe alternativer Finanzierungsformen kann dieses ineffizient eingesetzte Kapital jedoch gehoben und für andere Zwecke freigesetzt werden. Zudem erlauben Finanzierungen, z. B. in Form eines Leasingvertrags, kalkulierbare monatliche Zahlungen über die Vertragslaufzeit hinweg. Diese lassen sich hinsichtlich Laufzeit, Frequenz und Höhe projektspezifisch gestalten und ganz oder teilweise aus den Effizienzgewinnen begleichen, die durch den Einsatz moderner Geräte erzielt werden können.

Von besonderer Bedeutung ist ferner das Leasen von Gebäuden und Grundstücken (Immobilienleasing) sowie Flugzeug- und Schiffsleasing. Die lange Lebensdauer, der häufig wirtschaftlich hohe Wert des Leasingobjektes und die damit verbundene lange Amortisationszeit führen zu speziellen Vertragsgestaltungen.

1.1.2 Unterscheidung nach Parteien des Leasingvertrages

Man unterscheidet direktes und indirektes Leasing, wenn Leasing zur Finanzierung von Investitionsobjekten genutzt wird. Häufig wird zur Wahrnehmung dieser Finanzierungsfunktion ein darauf spezialisiertes, selbstständiges Unternehmen als Leasinggeber zwischen dem Hersteller bzw. Lieferanten und dem Leasingnehmer eingeschaltet. Man spricht insofern von mittelbarem oder auch indirektem Leasing mit einem Dreiecksverhältnis zwischen dem Leasinggeber, dem Leasingnehmer und dem Hersteller/Lieferanten. Der Leasinggeber erwirbt ein von dem Kunden in der Regel selbst beim Hersteller/Lieferanten ausgewähltes Objekt und verleast es dann dem Kunden/Leasingnehmer.

Beim unmittelbaren oder auch direkten Leasing ist der Hersteller/Lieferant des Leasinggutes regelmäßig gleichzeitig der Leasinggeber (Herstellerleasing). Der Leasingvertrag kommt also direkt zwischen dem Hersteller/Lieferanten und dem Kunden zustande. Diese Form des Leasings setzt einen finanzstarken Hersteller/Lieferanten voraus, der in der Lage ist, die nötigen Mittel bereitzustellen und die Verwaltung der Leasingverträge mit zu übernehmen. Es handelt sich dabei meist um größere Firmen, z. B. Automobilkonzerne und Computerhersteller. Als vorteilhaft für den Leasingnehmer erweist es sich hier, dass der fachkundige Leasinggeber gleichzeitig auch Nebenleistungen, z. B. Einweisung und Service, anbieten kann.

Beispiel für Hersteller-Leasing

Leasingangebot eines Werkshändlers:

Unser Preis	29.511,00 EUR
Mietsonderzahlung	11.804,00 EUR
23 Leasingraten à	151,00 EUR
Kalkulierter Rückkaufwert	14.756,00 EUR

a) Ermitteln Sie die Effektivverzinsung dieses Leasingangebots (auf eine Stelle nach dem Komma runden!).

b) Wie ist diese niedrige Effektivverzinsung zu erklären bei einem Zinssatz für Bankkredite von zurzeit 10 % p. a.? Nehmen Sie an, dass die Leasinggesellschaft einen Händlerrabatt von 10 % auf den Listenpreis erhält.

1.1.3 Unterscheidung nach dem Leasingnehmer

Privatleasing: Da Privatpersonen die Leasingraten nicht steuerlich geltend machen können, werden im privaten Bereich meist andere Finanzierungsarten gewählt. Insbesondere ist ein Bankkredit normalerweise wirtschaftlich sinnvoller. Allerdings sehen gerade Hersteller-Leasinggesellschaften im Privatleasing eine interessante Marketingmöglichkeit. Durch das Bewerben einer niedrigen Leasingrate wird dem potentiellen Kunden eine liquiditätsschonende Fahrzeugbeschaffung in Aussicht gestellt. Nach Meinung von Experten ist Privatleasing nur dann zweckmäßig, wenn der Leasingnehmer von vorneherein die Rückgabe des Leasinggutes zum Vertragsende plant. Leasing kann für Privatleute aber auch dann interessant sein, wenn das Angebot einer Hersteller-Leasinggesellschaft Marketingmaßnahmen beinhaltet, die bei einer Barzahlung oder Finanzierung mittels eines Bankkredits nicht verfügbar wären. Welches Angebot für den privaten Kunden das günstigste ist (Leasing, Finanzierung durch Herstellerbank, Finanzierung durch Hausbank oder Barkauf), lässt sich auf Grund der fehlenden steuerlichen Absetzungsmöglichkeiten durch einfache Addition der Kosten (Anzahlung, Summe der Raten und ggf. Abschlusszahlung) ermitteln. Besonders nachteilig ist Privatleasing bei Kfz-Leasingverträgen mit Restfälligkeitsklausel dann, wenn der Privatmann einen Unfall schuldhaft verursacht (z. B. durch Alkohol am Steuer) und die Vollkaskoversicherung den Schaden nicht deckt. In diesem Fall muss der Leasingnehmer die gesamte noch fällige Summe der ausstehenden Leasingraten zuzüglich der evtl. fälligen Restwertzahlung vorzeitig auf einen Schlag bezahlen, ohne die Summe durch den Verkauf des zerstörten Fahrzeugs decken zu können.

Gewerbliches Leasing: Zum gewerblichen Leasing zählen Selbstständige, Unternehmen, Vereine und staatliche Institutionen, die steuerliche und bilanzielle Vorteile nutzen können.

1.1.4 Unterscheidung nach der Funktion des Leasings

Unter dem Begriff Leasing wird überwiegend das Finanzierungsleasing verstanden. Darunter versteht man grundsätzlich einen Vertrag, der dem Leasingnehmer das Recht zur Nutzung der Sache gibt. Dabei soll die Nutzung der Sache über eine bei Vertragsabschluss festgelegte Zeit (Grundmietzeit) laufen, die zumindest einen erheblichen Teil der betriebsgewöhnlichen Nutzungsdauer der betroffenen Sache ausmacht. Das Bundesfinanzministerium hat sog. Leasingerlasse herausgegeben, die bestimmen, dass eine Produktionsmaschine, deren Lebensdauer durchschnittlich 3 bis 6 Jahre beträgt, vom Leasingnehmer nur zwischen mindestens 40 % und höchstens 90 % der betriebsgewöhnlichen Nutzungsdauer wirtschaftlich genutzt werden darf. Während dieser Grundmietzeit von 40 bis 90 % der betriebsgewöhnlichen Nutzungsdauer ist bei vertragsgemäßer Erfüllung eine ordentliche Kündigung durch Leasingnehmer und Leasinggeber ausgeschlossen.

Das Merkmal des Finanzierungsleasings liegt in dem Vollamortisationsprinzip. Es handelt sich daher beim Finanzierungsleasing vornehmlich um eine Finanzierungsentscheidung, selbst wenn der Leasingnehmer zu keinem Zeitpunkt Eigentümer des Leasingobjektes wird oder werden kann.

1.2 Arten des Finanzierungsleasings

Man unterscheidet zwischen den Vollamortisations- und Teilamortisationsverträgen. Im Vordergrund des Leasingvertrages steht das Finanzierungsinteresse des Leasingnehmers. Der Leasinggeber ist verpflichtet, dem Leasingnehmer das Leasingobjekt zum Gebrauch zu überlassen. Der Leasingnehmer ist verpflichtet, die vereinbarten Leasingraten zu entrichten, die gleichbleibend hoch sein oder auch progressiv sowie degressiv gestaltet werden können.

1.2.1 Vollamortisationsvertrag

Bei den Vollamortisationsverträgen ist die Höhe der Leasingraten derart bemessen, dass am Ende der Grundleasing-/-mietzeit der Kaufpreis, die Finanzierungskosten und ein Risiko- oder Gewinnzuschlag bezahlt sind und damit die Vollamortisation gewährleistet wird.

Wesentlich für das Leasingverhältnis ist die Abwicklung des Leasingvertrages am Ende der Vertragslaufzeit. In der Praxis kommen folgende Gestaltungsmöglichkeiten bezüglich der Behandlung des Leasingobjekts nach Vertragsablauf vor:
- Der Leasingnehmer ist zur Rückgabe des Leasingobjekts nach Ablauf des Vertrages verpflichtet, wobei die Einzelheiten vertraglich festgelegt werden.
- Der Leasingnehmer ist berechtigt, durch eine einseitige Erklärung gegenüber dem Leasinggeber den Vertrag zu einer ermäßigten Folgeleasingrate bzw. Folgemiete zu verlängern. Man spricht in diesen Fällen von Leasingverträgen mit Verlängerungsoption.

1.2.2 Teilamortisationsvertrag
Bei Teilamortisationsverträgen werden vom Leasingnehmer während der Grundmietzeit monatliche Leasingraten an den Leasinggeber gezahlt. Da die Summe der während der Vertragslaufzeit gezahlten Leasingraten noch nicht zur vollen Amortisation ausreicht, unterliegt der Leasingnehmer am Ende der Vertragslaufzeit einer Zahlungspflicht zur Abdeckung des Restwertrisikos.
Man unterscheidet verschiedene Arten, das Restwertrisiko auszugleichen:
- Der Leasinggeber hat ein Andienungsrecht, das den Leasingnehmer verpflichtet, auf Verlangen des Leasinggebers den Leasinggegenstand zu einem Preis zu kaufen, der bereits bei Abschluss des Leasingvertrages vereinbart wird. Der Leasingnehmer hat aber keinen Anspruch darauf, den Leasinggegenstand zu erwerben. Vom Andienungsrecht wird der Leasinggeber Gebrauch machen, wenn das Leasingobjekt den im Leasingvertrag geschätzten Restwert am Markt für Gebrauchsgüter nicht erzielt.
- Der Leasingnehmer wird an einem Restwerterlös des Leasingobjekts nach Ablauf der Grundmietzeit zu einem vertraglich festgelegten Prozentsatz beteiligt. Üblicherweise wird bei leasingerlasskonformen Leasingverträgen nach Ablauf der Grundmietzeit vorgesehen, dass dem Leasingnehmer das Recht eingeräumt wird, das Eigentum an dem Leasingobjekt zu erwerben (Kaufoption).
- Bei den Teilamortisationsverträgen wird häufig vereinbart, dass nach Ablauf der Grundmietzeit automatisch das Eigentum an dem Leasingobjekt auf den Leasingnehmer übergeht. Der „Kaufpreis" wird teilweise bereits im Leasingvertrag festgelegt. Bei einem solchen vereinbarten automatischen Eigentumsübergang handelt es sich dann um einen Mietkauf.

In Teilamortisationsverträgen kommen Kombinationen von Kündigungsmöglichkeiten und daran gegebenenfalls anknüpfende Abschlusszahlungen vor, so dass der Leasingnehmer den Leasingvertrag kündigen kann, und zwar in der Regel frühestens nach Ablauf einer Grundmietzeit von 40 % der betriebsgewöhnlichen Nutzungsdauer. Kündigt der Leasingnehmer, so hat er eine Abschlusszahlung in Höhe der durch die Leasingraten nicht gedeckten Gesamtkosten des Leasinggebers ohne den Gewinn für die Zeit nach der Kündigung zu entrichten. Dabei sind von dem Bruttobetrag der restlichen Leasingraten als wesentlicher Teil der ersparten Vertragskosten vor allem die im Wege der Abzinsung auf den Zeitpunkt der Vertragsbeendigung zu ermittelnden, in den restlichen Raten enthaltenen Kreditkosten abzusetzen.
Ist der Verwertungserlös höher als die Differenz von Gesamtkosten etc. und Leasingraten, so behält der Leasinggeber ihn voll, es sei denn, die Vertragsparteien haben sich über eine Aufteilung eines etwaigen Mehrerlöses anderweitig geeinigt.

1.2.3 Operatingleasing
Beim Operatingleasing wird ein Leasingvertrag geschlossen, dessen Laufzeit nur einen Teil der betriebsgewöhnlichen Nutzungsdauer des Leasingobjektes abdeckt. Die Vertragsdauer ist in der Regel kurz oder unbestimmt mit erleichterter oder jederzeitiger Kündigungsmöglichkeit. Diese Form des Leasings unterscheidet sich daher kaum von einer Miete. Für ein Unter-

nehmen steht ein Finanzierungsinteresse nicht im Vordergrund, sondern eher ein Absatzinteresse beim direkten Herstellerleasing. Für einen Unternehmer als Leasingnehmer ist Operatingleasing z. B. interessant, wenn vorübergehende betriebliche Bedürfnisse (etwa zusätzlich benötigte Produktionsmittel zur Ausnutzung saisonaler Spitzen) zu befriedigen sind.

1.2.4 Sale and Lease Back
Eine Sonderform stellt das Sale and Lease Back-Verfahren dar. Es ermöglicht einem Unternehmer, Kapital freizusetzen, das z. B. in Ausrüstungsgegenständen, Grundstücken, Anlagen und sonstigen Betriebsobjekten gebunden ist, indem er diese an eine Leasinggesellschaft verkauft, den Kaufpreis erhält und gleichzeitig mit der Gesellschaft einen Leasingvertrag abschließt, der ihm das Recht zur Nutzung gibt. Das Sale and Lease Back-Verfahren kann in verschiedener Weise wie das Finanzierungsleasing ausgestaltet werden. Als Besonderheit ist zu beachten, dass kein Dreiecksverhältnis wie bei Vollamortisations- bzw. Teilamortisationsverträgen vorliegt, sondern nur Vertragsverhältnisse zwischen zwei Parteien bestehen. Im Übrigen ist ein Sale and Lease Back-Vertrag nach ähnlichen Kriterien wie das Finanzierungsleasing zu beurteilen.

1.2.5 Spezialleasing
Bei dieser Form des Leasings ist das Leasingobjekt so speziell auf die Bedürfnisse des Leasingnehmers zugeschnitten, dass ein Dritter keine sinnvolle wirtschaftliche Verwendung für das Objekt hat. Der Verkauf oder das Vermieten an Dritte ist deshalb nicht möglich. Darum wird der Leasinggegenstand in diesem Fall beim Leasingnehmer bilanziert, da nur er wirtschaftlicher Eigentümer ist. Der Leasinggegenstand ist beim Spezialleasing kein fungibles Wirtschaftsgut.

1.3 Fragen zur Wiederholung und Vertiefung
1. Anhand welcher Kriterien können Leasingformen unterschieden werden?

2. Was versteht man unter „Finanzierungsleasing"?

3. Stellen Sie Gemeinsamkeiten und Unterschiede bei Vollamortisationsverträgen und Teilamortisationsverträgen gegenüber.

4. Stellen Sie die Vorteile und die Nachteile einer Leasingfinanzierung gegenüber.

1.4 Kurzübersicht: Leasingformen

Unterscheidung nach der Art des Leasingobjektes	**Mobilienleasing:** - Konsumgüterleasing mit langen Laufzeiten - Investitionsgüterleasing - Büro- und Ladeneinrichtungen - Kfz-Leasing - Computer-/DV-Leasing **Immobilienleasing** **Flugzeugleasing** **Schiffsleasing**

Unterscheidung nach den Vertragsparteien	**Indirektes Leasing:** **Dreiecksverhältnis** Lieferant (Hersteller), vom Hersteller unabhängiges Leasingunternehmen (Leasinggeber) und Leasingnehmer **Direktes Leasing (Herstellerleasing):** - Lieferant und Hersteller des Leasinggutes ist gleichzeitig der Leasinggeber. - Leasingvertrag zwischen Hersteller (Leasinggeber) und dem Leasingnehmer
Unterscheidung nach dem Leasingnehmer	- **Gewerbliches Leasing** für Selbstständige, Unternehmen, Vereine sowie staatl. Institutionen - **Privatleasing** für Privatkunden
Unterscheidung nach der Funktion des Leasingvertrages	**Arten:** - **Vollamortisationsvertrag:** Leasingnehmer muss während der Grundmietzeit die Anschaffungskosten, die Finanzierungskosten und einen Risikozuschlag (Gewinn über die monatlichen Leasingraten) entrichten (Gewährleistung der Vollamortisation). - **Teilamortisationsvertrag:** Leasingnehmer zahlt monatliche Leasingraten, die nur einen Teil der Anschaffungskosten und damit nicht die volle Amortisation abdecken. Er muss zusätzlich die Zahlungspflicht zur Abdeckung des Restwertrisikos übernehmen. **Wesen des Finanzierungsleasings** - Es ist eine entgeltliche Nutzungsüberlassung mit einer Vertragslaufzeit zwischen mindestens 40 % und höchsten 90 % der betriebsgewöhnlichen Nutzungsdauer des Leasingobjektes. - Es besteht kein Kündigungsrecht beider Parteien während der Grundmietzeit. - Der Leasingnehmer ist verpflichtet, die monatlich gleichbleibenden, progressiv oder degressiv gestalteten Leasingraten zu entrichten. - Das Leasingunternehmen ist rechtlicher und wirtschaftlicher Eigentümer des Leasinggutes. - Grundlage für die Berechnung des Zeitraums der Grundmietzeit sind die vom Bundesfinanzministerium herausgegebenen AfA-Tabellen. **Möglichkeiten der Vertragsgestaltung für das Ende des Vertragsablaufs** - Rückgabe des Leasingobjektes durch den Leasingnehmer nach Vertragsablauf - Weiternutzung des Leasingobjektes: Leasing mit Verlängerungsoption - Leasing mit Kaufoption (ggf. Mietkauf) - Andienungsrecht des Leasinggebers an den Leasingnehmer - Weiterverkauf des Leasingobjektes durch den Leasinggeber mit Mehrerlösbeteiligung des Leasingnehmers (i. d. R. 75 % des Mehrerlöses an den Leasingnehmer und 25 % an den Leasinggeber) oder Andienungsrecht des Leasinggebers an den Leasingnehmer
Operating Leasing	- Diese Form des Leasingvertrages unterscheidet sich kaum von der Miete. - Vertrag deckt nur einen Teil der Laufzeit der üblichen Nutzungsdauer des Leasingobjektes ab.

	- kurze Vertragsdauer oder unbestimmte Vertragslaufzeit, dann aber mit erleichterter oder jederzeitiger Kündigungsmöglichkeit - Zweck dieses Vertrages: Befriedigung vorübergehender betrieblicher Bedürfnisse, z. B. zusätzlich benötigte Produktionsmittel zur Ausnutzung saisonaler Spitzen - kein Finanzierungsinteresse, sondern eher ein Absatzinteresse beim direkten Herstellerleasing
Sale and Lease Back	- Das Unternehmen (Leasingnehmer) kann mit dieser Leasingform Kapital freisetzen, das z. B. in Ausrüstungsgegenständen, Grundstücken oder Anlagen gebunden ist, indem er diese an eine Leasinggesellschaft verkauft, den Kaufpreis erhält und gleichzeitig mit der Gesellschaft einen Leasingvertrag abschließt, der ihm das Recht zur Nutzung gibt. - Ausgestaltungsmöglichkeit des Leasingvertrages analog zum Finanzierungsleasing - Vertragsverhältnis besteht nur zwischen zwei Parteien (kein Dreiecksverhältnis). - Übliches Vertragsverhältnis: Zwischen Verkäufer (Leasingnehmer) und Erwerber (Leasinggeber) wird häufig ein Mietkaufvertrag geschlossen, d. h. automatischer Rückkauferwerb mit Zahlung der letzten Mietkaufrate.
Spezialleasing	- Das Leasingobjekt kann nur vom Leasingnehmer genutzt werden.

1.5 Beispiele für Leasingverträge

Beispiel eines Vollamortisationsvertrages (Auszug)

Vertragsnummer …
Leasingnehmer: Name, Anschrift, Rechtsform …

Der Kunde beantragt bei der … den Abschluss dieses Leasingvertrages zu den nachfolgenden Bedingungen und den Allgemeinen Leasingbedingungen.

Bezeichnung Leasingobjekt …
Voraussichtliches Lieferdatum ….
Lieferant …
Standort …
Anschaffungspreis netto …
Vorauszahlung des Kunden netto …

Unkündbare Vertragsdauer (Beginn mit Übernahme des Objekts durch den Kunden) …
Monate …
AfA-Dauer … Monate …

Leasingrate netto …
Fälligkeit der Raten: Die erste Rate ist am Tag der Objektübernahme durch den Kunden fällig (Vertragsbeginn). Die folgenden Raten sind jeweils am 1. eines Kalendermonats im Voraus fällig.

Versicherungen: Die Rate beinhaltet eine Maschinenbruchversicherung.

☐ Ja

☐ Nein

Falls ja, werden die Verpflichtungen des Kunden aus Ziffer 9 der ALB insoweit aufgehoben. Die übrigen Bestimmungen dieser Ziffer bleiben gültig. Ein Selbstbehalt in Höhe von 1.000,00 EUR ist vom Kunden zu tragen.

Bankeinzugsermächtigung: Der Kunde ermächtigt die … bis auf Widerruf, die fälligen Raten sowie alle sonstigen fälligen Beträge mittels Lastschrift von seinem nachstehend genannten Konto einzuziehen …

Datenschutzbelehrung
Anerkennung der ALB
Vertragsunterschriften
Selbstschuldnerische Bürgschaft

Beispiel für einen Teilamortisationsvertrag (Auszug)

Vertragsnummer …
Leasingnehmer: Name, Anschrift, Rechtsform …

Der Kunde beantragt bei der … den Abschluss dieses Leasingvertrages zu den nachfolgenden Bedingungen und den Allgemeinen Leasingbedingungen.

Bezeichnung Leasingobjekt …
Objekt (Fahrgestellnummer, Kennzeichen, voraussichtliches Lieferdatum) ….
Lieferant …
Standort …
Anschaffungspreis netto …
Gesamtanschaffungspreis netto …
Rabatt …
Vorauszahlung des Kunden netto …
Berechnungsgrundlage der Leasingraten …

Unkündbare Vertragsdauer (Beginn mit Übernahme des Objekts durch den Kunden) … Monate …
AfA-Dauer … Monate …

Leasingrate netto …
Fälligkeit der Raten: Die erste Rate ist am Tag der Objektübernahme durch den Kunden fällig (Vertragsbeginn). Die folgenden Raten sind jeweils am 1. eines Kalendermonats im Voraus fällig.

Restwert netto: …
Die .. hat die Raten unter Berücksichtigung eines Restwertes des Objekts zum Ablauf der unkündbaren Vertragsdauer von … % des Gesamtanschaffungspreises netto, somit .. zuzüglich Umsatzsteuer berechnet und mit dem Kunden vereinbart. Die … kann zum Ende der unkündbaren Vertragsdauer ihr Andienungsrecht zum Restwert ausüben oder auf Basis der Mehrerlösbeteiligung abrechnen.

Nutzung des Objekts:

☐ für den privaten Bereich

☐ für bereits ausgeübte gewerbliche oder selbstständige berufliche Tätigkeit

☐ für die Aufnahme einer solchen Tätigkeit

Versicherungen: Der Kunde erklärt, dass er für obiges Objekt folgende Versicherung abschließt:
Versicherungsgesellschaft: …
Versicherungsnummer: …
Antragsnummer: …
Der Kunde beauftragt die … für ihn eine GAP-Versicherung abzuschließen.

☐ Ja

☐ Nein

Die Monatsprämie von 4,50 EUR pro Objekt ist nicht in der Rate enthalten.

Bankeinzugsermächtigung: Der Kunde ermächtigt die … bis auf Widerruf, die fälligen Raten sowie alle sonstigen fälligen Beträge mittels Lastschrift von seinem nachstehend genannten Konto einzuziehen …

Datenschutzbelehrung
Anerkennung der ALB
Vertragsunterschriften
Selbstschuldnerische Bürgschaft

1.6 Beispiele für Berechnungen von Leasingraten

Beispiel 1
Berechnungsschema für eine monatliche Leasingrate bei einem Vollamortisationsvertrag

Mit einer Abschreibungsdauer (AfA) von 60 Monaten und einer Grundmietzeit von 40 Monaten (67 % der betriebsgewöhnlichen Nutzungsdauer), Investitionskosten von 20.000,00 EUR und einem Kalkulationszinssatz von 10 % p.a.

Anschaffungskosten	20.000,00 EUR
Anteil der Anschaffungskosten pro Monat 20.000,00 : 40	500,00 EUR
Zinsen für die durchschnittliche Inanspruchnahme des Investitionsbetrages von 20.000,00 EUR pro Monat Durchschnittlich in Anspruch genommenes Kapital: (Anfangskapital + Endkapital) : 2 = (20000,00 + 500,00) : 2 = 10.250,00 EUR Jahreszinsen: 10 % von 10.250,00 = 1.025,00 EUR Monatszinsen: 1.025,00 : 12 = 85,42 EUR	85,42 EUR
Leasingrate pro Monat	585,42 EUR
Leasingfaktor: Leasingrate x 100 : Anschaffungskosten = 585,42 x 100 : 20.000,00 = 2,9271	2,927 %

Beispiel 2
Berechnungsschema für eine monatliche Leasingrate bei einem Teilamortisationsvertrag
Mit einer Abschreibungsdauer (AfA) von 60 Monaten und einer Grundmietzeit von 40 Monaten (67 % der betriebsgewöhnlichen Nutzungsdauer), Investitionskosten von 20.000,00 EUR, einem Kalkulationszinssatz von 10 % p. a. und einem Restwert von 20 %

Anschaffungskosten	20.000,00 EUR
Restwert 20 %	4.000,00 EUR
Über Leasingraten zu finanzierender Anteil der Anschaffungskosten	16.000,00 EUR
Monatlicher Anteil der über die Leasingraten zu finanzierenden Anteile der Anschaffungskosten 16.000,00 : 40 = 400,00 EUR	400,00 EUR
Zinsen für die durchschnittliche Inanspruchnahme des über die Leasingraten zu finanzierenden Investitionsbetrages von 16.000,00 EUR pro Monat Durchschnittlich in Anspruch genommenes Kapital: (Anfangskapital + Endkapital) : 2 = (16.000,00 + 400,00) : 2 = 8.200,00 EUR Jahreszinsen: 10 % von 8.200,00 = 820,00 EUR Monatszinsen: 820,00 : 12 = 68,33 EUR	68,33 EUR
10 % Zinsen p.a. für Restwert von 4.000,00 EUR Jahreszinsen: 400,00 EUR Monatszinsen: 400,00 : 12 = 33,33 EUR	33,33 EUR
Leasingrate pro Monat	501,66 EUR
Leasingfaktor: Leasingrate x 100 : Anschaffungskosten = 501,66 x 100 : 20.000 = 2,5083	2,508 %

Beispiel 3
Berechnungsschema für eine monatliche Leasingrate bei einem Vollamortisationsvertrag
Mit einer Abschreibungsdauer (AfA) von 60 Monaten und einer Grundmietzeit von 54 Monaten (= 90 % der betriebsgewöhnlichen Nutzungsdauer), Investitionskosten von 20.000,00 EUR und einem Kalkulationszinssatz von 10 % p.a.

Anschaffungskosten	20.000,00 EUR
Anteil der Anschaffungskosten pro Monat 20.000,00 : 54	370,37 EUR
Leasingrate pro Monat	455,25 EUR
Leasingfaktor: Leasingrate x 100 : Anschaffungskosten = 455,25 x 100 : 20.000,00 = 2,27625	2,276 %

Beispiel 4
Berechnungsschema für eine monatliche Leasingrate bei einem Teilamortisations-vertrag

Mit einer Abschreibungsdauer (AfA) von 60 Monaten und einer Grundmietzeit von 54 Monaten (= 90 % der betriebsgewöhnlichen Nutzungsdauer), Investitionskosten von 20.000,00 EUR, einem Kalkulationszinssatz von 10 % p.a. und einem Restwert von 20 %

Anschaffungskosten	20.000,00 EUR
Restwert 20 %	4.000,00 EUR
Über Leasingraten zu finanzierender Anteil der Anschaffungskosten	16.000,00 EUR
Monatlicher Anteil der über die Leasingraten zu finanzierenden Anteile der Anschaffungskosten 16.000,00 : 54 = 296,30 EUR	296,30 EUR
Zinsen für die durchschnittliche Inanspruchnahme des über die Leasingraten zu finanzierenden Investitionsbetrages von 16.000,00 EUR pro Monat Durchschnittlich in Anspruch genommenes Kapital: (Anfangskapital + Endkapital) : 2 = (16.000,00 + 296,30) : 2 = 8.148,15 EUR Jahreszinsen: 10 % von 8.148,15 = 814,82 EUR Monatszinsen: 814,82: 12 = 67,90 EUR	67,90 EUR
10 % Zinsen p.a. für Restwert von 4.000,00 EUR Jahreszinsen: 400,00 EUR Monatszinsen: 400,00 : 12 = 33,33 EUR	33,33 EUR
Leasingrate pro Monat	397,53 EUR
Leasingfaktor: Leasingrate x 100 : Anschaffungskosten = 397,53 x 100 : 20.000 = 1,98765	1,988 %

2   Kreditfinanzierung, Mietkauf, Vermietung

Leasing ist eine Finanzierungsmethode und wird in Bereichen wie Autofinanzierung, Maschinen- und Immobilienfinanzierung angewendet. Der Leasingvertrag wird zwischen dem Käufer, dem Händler bzw. Hersteller und der Leasinggesellschaft (Dreiecksverhältnis) abgeschlossen.

Der Leasinggeber ist wirtschaftlicher Eigentümer des Leasingobjekts und stellt das Leasinggut dem Leasingnehmer zur Gebrauchsüberlassung zur Verfügung. Der Leasingnehmer bezahlt einen monatlichen Betrag an den Leasinggeber für die Nutzung des Leasinggutes. Nach Ablauf der Leasingzeit erhält der Leasinggeber das Leasinggut wieder zurück. Allerdings hat der Leasingnehmer die Möglichkeit, nach Ablauf der Vertragslaufzeit das Leasinggut gegen einen verringerten Aufpreis zu übernehmen.

Leasingverträge haben ähnlichen Charakter wie Mietverträge. Der Unterschied hierbei ist, dass der Leasingnehmer mehr Verantwortung für den Leasinggegenstand übernimmt, z. B. Instandhaltungskosten, Wartungsleistungen und Gewährleistungsansprüche werden auf den Leasingnehmer übertragen.

Wenn der Leasingnehmer das Leasingangebot angenommen hat, wird der Leasingvertrag von der Leasinggesellschaft überprüft. Bei der Prüfung stellt die Leasinggesellschaft die Bonität und Zahlungsfähigkeit des Leasingnehmers fest. Nimmt die Leasinggesellschaft den Antrag an, so verkauft der Händler den Leasinggegenstand an die Leasinggesellschaft, die somit Eigentümerin des Leasinggutes wird. Der Leasingnehmer darf das Leasinggut nur zu einer im Vertrag festgelegten Mietzeit nutzen. Während der Mietzeit dürfen keine Veränderungen oder Reparaturen ohne Genehmigung der Leasinggesellschaft stattfinden. Der Leasingnehmer darf also nur in einem gewissen Umfang über das Leasinggut frei verfügen. Er hat allerdings für die Haltung des Leasinggutes fast die gleichen Rechte und Pflichten, als wenn es sein Eigentum wäre.

Vorteile von Leasing:
- Es wird nur der Wertverfall während der Nutzung des Leasinggutes bezahlt.
- Das Leasinggut wird am Ende der Vertragslaufzeit an den Leasinggeber zurückgegeben. Danach ergeben sich i. d. R. keine weiteren Verpflichtungen mehr.
- Beim Leasing ist kein Eigenkapital durch den Leasingnehmer einzusetzen.
- Für den Leasingnehmer ergibt sich eine feste Finanzplanung auf Basis der kalkulierten Leasingraten.
- Bei der Leasingfinanzierung werden eingeräumte Kreditlinien des Leasingnehmers geschont.
- Das Leasingobjekt finanziert sich selbst, wenn die Erträge höher als die Leasingraten sind.
- Eine Kostenerhöhung während der Vertragslaufzeit ist nicht möglich.
- Leasing ist bilanzneutral, da der Wert des Leasingfahrzeugs nicht beim Leasingnehmer aktiviert wird.
- Die Leasingrate kann in voller Höhe als Betriebsausgabe geltend gemacht werden.

Nachteile von Leasing:
- Der Leasingnehmer wird kein Eigentümer des Objekts.
- Die Leasingfinanzierung ist 20 bis 40 % teurer als die Kreditfinanzierung.
- Während der Vertragslaufzeit ist der Leasingvertrag unkündbar.
- Der Leasinggeber kann den Leasingvertrag fristlos kündigen, wenn der Leasingnehmer in Zahlungsverzug ist. Hinzu kommen noch evtl. Schadensersatzansprüche.

2.1 Kreditfinanzierung

Die Kreditfinanzierung ist zusammen mit der Beteiligungsfinanzierung der Außenfinanzierung zuzuordnen. Bei der Kreditfinanzierung wird dem Unternehmen Fremdkapital zugeführt, ohne dass der Geldgeber Anteilseigner wird. Bei der Fremdfinanzierung durch Kredite entsteht für den Kreditgeber lediglich der Anspruch auf Zins und Tilgung für die bereitgestellte Geldmenge, im Insolvenzfall auch der Anspruch auf einen Teil der Insolvenzmasse. Der Gläubiger (= Kreditgeber) hat weder das Recht auf Mitbestimmung innerhalb des Unternehmens, noch muss er für das Handeln des Schuldners (= Kreditnehmer) in irgendeiner Form haften.

Rechtsbeziehungen bestehen bei einem kreditfinanzierten Kaufvertrag also nur zwischen dem Investor und dem Lieferanten (Kaufvertrag) sowie zwischen dem Investor und dem Kreditinstitut (Kreditvertrag). Eine Rechtsbeziehung zwischen Lieferanten und Kreditinstitut besteht nicht.

Es ist zu beachten, dass der Kredit eigentlich immer befristet ist. Das heißt, dass das Kapital dem Schuldner nur für eine bestimmte Dauer überlassen wird (z. B. Kreditdauer 5 Jahre).

Vorteile der Kreditfinanzierung:
- Kreditgeber haben grundsätzlich keine Mitsprache-, Entscheidungs- und Kontrollbefugnisse. Ausnahme: Wenn eine große Abhängigkeit vom Kapitalgeber besteht.
- Elastizität des Gesamtkapitals (Erhöhung der Flexibilität des Unternehmens)

Nachteil der Kreditfinanzierung:
- Anspruch auf Zins und Rückzahlung

2.2 Mietkauf

Als Mischform zwischen Kredit und Leasing ist der Mietkauf als eine spezielle Form der Investitionsfinanzierung entwickelt worden. Der Mietkauf gleicht dem Leasing in Bezug auf Ratenverlauf und Konditionengestaltung. Besonderes Charakteristikum ist aber, dass das Eigentum am Mietgegenstand/Investitionsgut während der gesamten Mietdauer beim Vermieter liegt, mit Zahlung der letzten Mietrate jedoch automatisch auf den Mieter übergeht (aufschiebend bedingter Eigentumsübergang). Dies hat u. a. zur Folge, dass der Mieter den Mietgegenstand wie beim Barkauf von Anfang an bilanzieren muss. Während bei einer Leasingfinanzierung die Umsatzsteuer jeweils auf die einzelnen Leasingraten erhoben und damit z. B. in monatlichen Raten liquiditätswirksam wird, ist sie beim Mietkauf mit der ersten Rate für den gesamten Mietkaufpreis (= Gesamtsumme aller vom Mieter zu zahlenden Raten) fällig. Das bedeutet beim Mieter einen beträchtlichen Abfluss liquider Mittel, die er sich aber über den Vorsteuerabzug wieder zurückholen kann. Für die Zeitspanne zwischen Zahlung der Mehrwertsteuerschuld und Verrechnung des Vorsteuerbetrags entsteht auf jeden Fall ein Zinsverlust.

Der Mietkauf steht sowohl abwicklungs- als auch bilanztechnisch dem Ratenkredit nahe. Er hat besondere Bedeutung dort, wo Leasing aus speziellen Gründen nicht eingesetzt werden kann, z. B. bei Investitionsförderungsprogrammen, die zur Bedingung haben, dass der Antragsteller selbst bilanziert.

Beispiel:
Im Norderstedter Anzeiger finden Sie folgendes Leasingangebot:

Konditionen der *AutoLeasing GmbH*

Vertragsart	Leasingvertrag mit fester Abschlussrate
Anschaffungskosten	46.000,00 EUR
Nutzungsdauer nach AfA-Tabelle	6 Jahre
Vertragslaufzeit	30 Monate
Anzahlung	15.000,00 EUR
Restwert	60 % Mit der Zahlung der Abschlussrate geht das Eigentum am Pkw auf den Leasingnehmer über.
Kilometerleistung	20.000 km pro Jahr
Leasingrate	159,00 EUR pro Monat

a) Nennen Sie 3 Bedingungen für einen leasingerlasskonformen Leasingvertrag

b) Prüfen Sie, ob es sich in diesem Fall um einen leasingerlasskonformen Leasingvertrag handelt.

Anschaffungskosten	46.000,00 EUR
Anzahlung	18.000,00 EUR
Leasingraten 159,00 x 30 =	4.770,00 EUR
Abschlusszahlung	27.600,00 EUR
Gesamtkosten	50.370,00 EUR

2.3 Vermietung

Der Mietvertrag ist eine gegenseitige Vereinbarung zur zeitweisen Gebrauchsüberlassung gegen Entgelt, durch den sich eine Partei (der Vermieter) dazu verpflichtet, der anderen Partei (dem Mieter) den Gebrauch der gemieteten Sache zu gewähren, während die Gegenleistung des Mieters in der Zahlung der vereinbarten Miete besteht. Mögliche Mietgegenstände sind bewegliche und unbewegliche Sachen oder Sachteile, die gebrauchstauglich sind, z. B. Wohnungen oder Kraftfahrzeuge. Für das Mietrecht gelten die §§ 535 bis 580a des Bürgerlichen Gesetzbuchs (BGB).

2.4 Fragen zur Wiederholung und Vertiefung

1. Machen Sie die Unterschiede zwischen der Leasing- und der Kreditfinanzierung sowie einem Mietverhältnis deutlich.

2. Stellen Sie die Vorteile der Leasingfinanzierung und der Kreditfinanzierung gegenüber.

2.5 Kurzübersicht: Abgrenzung der Leasingfinanzierung von anderen Finanzierungsformen

	Leasing	Kredit	Mietkauf	Vermietung
Merk male	- Dreipunktbeziehung - Leasinggeber ist wirtschaftlicher Eigentümer des Leasingobjekts. - Nutzungsrecht des Leasingnehmers während der Leasinglaufzeit - Zahlung monatlicher Leasingraten durch den Leasingnehmer - Leasingnehmer übernimmt mehr Verantwortung für das Leasingobjekt, z. B. Instandhaltungskosten, Wartung, Wahrnehmung von Gewährleistungsansprüchen. - Rückgabe des Leasingobjekts am Ende der Vertragslaufzeit - Andere Vereinbarungen am Ende der Vertragslaufzeit möglich, z. B. Erwerb des Leasingobjekts	- Rechtsbeziehungen: - Kaufvertrag zwischen Investor und Lieferanten, - Kreditvertrag zwischen Investor und Kreditinstitut - Befristete Überlassung eines Geldbetrages - Außenfinanzierung - Zuführung von Fremdkapital - Kreditgeber hat Anspruch auf Zins- und Tilgungsleistungen, evtl. Anspruch auf einen Teil der Insolvenzmasse im Insolvenzfall. - Kreditgeber hat kein Recht auf Mitbestimmung innerhalb des Unternehmens des Kreditnehmers. - Kreditgeber übernimmt kein Investitionsrisiko.	- Mischform zwischen Kredit und Leasing - Ratenverlauf und Konditionengestaltung wie Leasing - Eigentum am Objekt während der Mietdauer liegt beim Vermieter - Aufschiebend bedingter Eigentumsübergang am Ende der Vertragslaufzeit - Mieter muss Mietgegenstand von Anfang an bilanzieren. - Beim Mietkauf ist die Umsatzsteuer mit der ersten Rate für den gesamten Mietkaufpreis fällig.	- Rechtsbeziehung: - Vertrag zur zeitweisen Gebrauchsüberlassung gegen Entgelt - Vermieter ist verpflichtet, dem Mieter den Gebrauch des Mietobjekts zu gewähren. - Mieter zahlt die vereinbarte Miete. - Eigentümer des Mietobjekts ist der Vermieter. - Sach- und Preisgefahr sowie Gewährleistungsrechte übernimmt der Vermieter.

2.6 Fallbeispiel: Verbraucherdarlehen

Herr Sebastian Brinkmann kommt heute wegen einer Finanzierung eines neuen Pkw in die *Nordbank AG*. Der Neuwagen soll 15.149,00 EUR kosten. Für seinen alten Pkw erhält Herr Brinkmann noch 3.650,00 EUR.

Ermitteln Sie ...

a) den Kreditbetrag. Runden Sie das Ergebnis auf volle TEUR ab.

b) mithilfe der beigefügten Tabelle die Höhe der monatlichen Raten.

Nordbank AG

Auszug aus dem Konditionentableau für Verbraucherdarlehen

Laufzeit: 48 Monate

Sollzinssatz p. a.:   3,90 %

Bearbeitungsprovision: 1,50 %

Kreditbetrag	Zinsen	Bearb.Prov.	Gesamtbetrag	Höhe der Raten 1-47	letzte Rate
8.500,00	692,94	127,50	9.320,44	196,96	63,32
9.000,00	733,76	135,00	9.868,76	208,53	67,85
10.000,00	815,31	150,00	10.965,31	231,70	75,41
11.000,00	896,83	165,00	12.061,83	254,88	82,47
12.000,00	978,35	180,00	13.158,35	278,05	90,00
13.000,00	1.059,90	195,00	14.254,90	301,22	97,56
14.000,00	1.141,46	210,00	15.351,46	324,39	105,13
15.000,00	1.222,96	225,00	16.447,96	347,55	113,11

c) Berechnen Sie das monatlich frei verfügbare Einkommen von Herrn Brinkmann.

d) Entscheiden Sie, ob Herr Brinkmann den Kredit von der *Nordbank AG* erhalten kann, und begründen Sie Ihre Entscheidung.

Sebastian Brinkmann	geb. am 23.07.1990, ledig
Beruf:	Speditionskaufmann
Gehalt:	1.443,00 EUR netto mtl.
Girokonto:	Saldo H 864,19 EUR
Sparkonto:	3-monatige Kündigungsfrist, Saldo 340,00 EUR
Miete (Wohnung 65 m^2):	357,50 EUR/mtl.

Tabelle der Haushaltspauschalen der *Nordbank AG* – Auszug –

Bei den aufgeführten Haushaltspauschalen handelt es sich um Mindestbeträge.

Mtl. Haushaltsnettoeinkommen des Antrag- bzw. Mitantragstellers	1 Person	2 Personen
EUR	EUR	EUR
ab 1.250,00	400,00	620,00
ab 1.500,00	460,00	680,00
ab 1.750,00	520,00	740,00
ab 2.000,00	580,00	800,00
ab 2.250,00	690,00	910,00

Hinweise:
Folgende Positionen sind in den Haushaltspauschalen nicht inbegriffen:
- Miete
- Nebenkosten (Gas, Strom, Wasser, Grundabgaben etc.); mindestens 2,00 EUR je Monat je m^2 Wohnfläche
- Kfz-Kosten pauschal 200,00 EUR je Monat je Pkw
- Finanzierungskosten
- Unterhaltszahlungen an haushaltsfremde Personen
- Vermögensbildung, Lebensversicherung, Sparraten etc.

2.7 Fallbeispiel: Firmenkundenkredit

Sie sind Firmenkundenberater/in der *Nordbank AG*. Ihr Kunde, die *Hansarundfahrt GmbH*, hat sich als Busreiseveranstalter auf die Durchführung von Kurz- und Städtereisen spezialisiert. Harald Schuster, geschäftsführender Gesellschafter der *Hansarundfahrt GmbH*, hat bei Ihnen die Finanzierung eines neuen Reisebusses zum Kaufpreis von 280.000,00 EUR beantragt. Die voraussichtliche Nutzungsdauer des Busses beträgt 8 Jahre. Der Kaufpreis soll vollständig durch ein Abzahlungsdarlehen mit einer Laufzeit von 8 Jahren finanziert werden. Die Tilgung des Darlehens soll in 8 gleichen Jahresraten erfolgen.

Sie verfügen über folgende Informationen:

Konto-Nr.	Konto-Art	Saldo	Bemerkungen
34567	Kontokorrent	34.500,00 EUR H	Limit 50.000,00 EUR
0534567	Darlehen	35.000,00 EUR S	Restlaufzeit 2 Jahre
1534567	Darlehen	80.000,00 EUR S	Restlaufzeit 4 Jahre

Der monatliche Kapitaldienst für die bestehenden Darlehen beträgt insgesamt 4.560,00 EUR. Diese Darlehen sind mit einer persönlichen Bürgschaft von Herrn Schuster und einer werthaltigen Grundschuld über 100.000,00 EUR an seinem Privatgrundstück abgesichert. Der Beleihungswert der Immobilie beträgt 300.000,00 EUR.

Aktuelle Konditionen für Investitionsdarlehen:
Festzinsdarlehen, Laufzeit 8 Jahre, besichert, Zinssatz 6,8 % p. a.
Aus den Jahresabschlüssen der beiden letzten Geschäftsjahre und der Ihnen vorliegenden Prognoserechnungen haben Sie u. a. folgende Kennziffern ermittelt. Außerdem liegen Ihnen Daten des Branchendurchschnitts vor.

Kennziffer	Vorletztes Geschäftsjahr	Letztes Geschäftsjahr	Planzahlen für das laufende Geschäftsjahr	Branchendurchschnitt im letzten Geschäftsjahr
Eigenkapitalquote	23,6 %	29,8 %	31,5 %	19,0 %
Gesamtkapitalrentabilität	5,8 %	7,5 %	8,5 %	7,0 %
Cash-Flow	127 TEUR	158 TEUR	169 TEUR	-

a) Erläutern Sie die vorliegenden Kennziffern und beurteilen Sie deren Entwicklung.

Zur Beurteilung der Bonität der *Hansarundfahrt GmbH* nutzen Sie nicht nur die Jahresabschlussanalyse.

b) Nennen Sie vier weitere Informationen, die für Ihre Kreditwürdigkeitsprüfung von Bedeutung sind.

Sie bereiten die Kreditentscheidung vor.

c) Ermitteln Sie den gesamten Kapitaldienst, den die *Hansarundfahrt GmbH* im 1. Jahr nach Auszahlung des neuen Darlehens an die *Nordbank AG* zu leisten hätte.

d) Nennen Sie auf Basis der Ihnen vorliegenden Informationen drei mögliche Sicherheiten und beurteilen Sie deren Werthaltigkeit.

e) Treffen Sie eine abschließende Kreditentscheidung und begründen Sie diese unter Berücksichtigung der Kapitaldienstfähigkeit und der Besicherung.

2.8 Kfz-Vermietung:
Vermietung eines Nissan durch die *CarRent GmbH*

Herr Müller (30 Jahre alt) mietet sich bei der Firma *CarRent GmbH* einen Pkw für 2 Tage.

a) Welche Verpflichtungen gehen beide Vertragspartner bei diesem Mietverhältnis ein?

b) Welche Kosten fallen bei dieser Vermietung für Herrn Müller an?

c) Worauf erstreckt sich der Versicherungsschutz für dieses Fahrzeug und welche Vertragspartei ist für den Versicherungsschutz verantwortlich?

Herr Müller benötigt das Fahrzeug in Düsseldorf nicht mehr. Die Rückfahrt nach Hamburg möchte Herr Müller mit dem ICE machen.

d) Wie muss sich Herr Müller vertragsgemäß verhalten?

Auf dem Weg nach Düsseldorf stellt Herr Müller fest, dass ein Scheinwerferlicht nicht mehr funktioniert.

e) Wie verhält sich Herr Müller vorschriftsmäßig in dieser Situation?

Auf der A7 gerät Herr Müller in einen unverschuldeten Unfall.

f) Welche Verpflichtungen ergeben sich für Herrn Müller?

g) Beschreiben Sie den grundsätzlichen Umfang der Haftung für Herrn Müller als Mieter des Kraftfahrzeugs. Verdeutlichen Sie dies an einem Fallbeispiel.

h) Welche Verpflichtungen hat Herr Müller bei Rückgabe des Fahrzeugs?

Die Geschäftsbedingungen der *CarRent GmbH Autovermietung*

A: Fahrzeugzustand / Reparaturen

1. Der Mieter verpflichtet sich, das Fahrzeug schonend und fachgerecht zu behandeln, alle für die Benutzung maßgeblichen Vorschriften und technischen Regeln zu beachten, regelmäßig zu prüfen, ob sich das Fahrzeug in verkehrssicheren Zustand befindet, sowie das Fahrzeug ordnungsgemäß zu verschließen.
2. Wird während der Mietzeit eine Reparatur des Kilometerzählers oder eine Reparatur zur Aufrechterhaltung des Betriebes oder der Verkehrssicherheit des Fahrzeuges notwendig, darf der Mieter eine Vertragswerkstätte bis zu voraussichtlichen Reparaturkostenhöhe von 100,00 EUR beauftragen.

B: Reservierungen

Inlands- und Auslandsreservierungen sind nur für Preisgruppen, nicht für Fahrzeugtypen verbindlich. Übernimmt der Mieter das Fahrzeug nicht spätestens eine Stunde nach der vereinbarten Zeit, besteht keine Reservierungsbindung mehr. Abbestellungen müssen 24 Stunden vor Mietbeginn erfolgen.

C: Berechtigte Fahrer

1. Das Fahrzeug darf nur von dem Mieter, mit dessen Zustimmung auch von dessen Arbeitnehmern, Mitarbeitern oder Mitgliedern seiner Familie oder den im Mietvertrag angegebenen Fahrern geführt bzw. genutzt werden. Der Mieter hat eigenständig zu prüfen, ob sich der berechtigte Fahrer im Besitz einer auf dem Gebiet der BRD noch gültigen Fahrerlaubnis befindet. Hierzu hat er alle ihm zur Verfügung stehenden Möglichkeiten auszuschöpfen und die notwendigen Erkundigungen einzuziehen. Der Mieter ist verpflichtet, dem Vermieter auf Verlangen Namen und Anschriften aller Fahrer schriftlich bekannt zu geben.
2. Der Mieter hat Handeln des Fahrers wie eigenes zu vertreten.
3. Dem Mieter ist es untersagt, das Fahrzeug zu motorsportlichen Übungen, zu Testzwecken, zur gewerblichen Personen- oder Güterfernverkehrsbeförderung sowie zu rechtswidrigen Zwecken zu benutzen, auch soweit sie nur nach dem Recht des Tatortes verboten sind, zu benutzen oder Dritten zur Verfügung zu stellen. Fahrten in ost- und südeuropäische Länder bedürfen der vorherigen schriftlichen Zustimmung der Vermieterin. Zuwiderhandlungen haben die fristlose Kündigung des Mietvertrages und ggf. die Beschlagnahme bzw. Zwangseinziehung des Fahrzeuges zur Folge.
4. Der Mieter ist verpflichtet, das Ladungsgut ordnungsgemäß zu sichern.

D: Mietpreis

1. Wird das Fahrzeug nicht an derselben Vermietstation zurückgegeben, an der es angemietet wurde, so ist der Mieter der Vermieterin zur Erstattung der Rückführungskosten verpflichtet, sofern keine andere schriftliche Vereinbarung getroffen wurde.
2. Als Mietpreis gelten grundsätzlich die bei Anmietung gültigen Tarife, deren Bedingungen in den Geschäftslokalen ausliegen, sofern nicht ein besonderer Mietzins vereinbart ist und diese Mietpreisvereinbarung nicht auf einem offensichtlichen Irrtum beruht. Im Mietpreis nicht enthalten sind Kosten für Betanken, Benzin, Servicegebühren sowie Zustellungs- und Abholungskosten. Das Fahrzeug ist grundsätzlich vollgetankt an die Vermieterin zurückzugeben. Sonderpreise und Preisnachlässe gelten nur für den Fall der fristgerechten Zahlung.

E: Fälligkeit, Zahlungsbedingungen, Sicherheitsleistung (Kaution)

1. Die Miete (zzgl. sonstiger vereinbarter Entgelte, wie z. B. Haftungsfreistellungen, Zustellungskosten, Flughafengebühren) zzgl. Umsatzsteuer in der jeweils geltenden gesetzlichen Höhe ist zu Beginn der Mietzeit fällig. Überschreitet die vereinbarte Mietdauer einen Zeitraum von 28 Tagen, so ist die Miete in Zeitabschnitten von 28 Tagen und zu Beginn eines jeden Zeitabschnitts zu entrichten.
2. Der Mieter ist verpflichtet, bei Beginn der Mietzeit für die Erfüllung seiner Pflichten eine Sicherheit (Kaution) in Höhe des Dreifachen der vereinbarten Miete (zzgl. sonstiger vereinbarter Entgelte, wie z. B. Haftungsfreistellungen, Zustellungskosten, Flughafengebühren) zzgl. Umsatzsteuer in der jeweils geltenden gesetzlichen Höhe zu leisten. Überschreitet die vereinbarte Mietdauer einen Zeitraum von 28 Tagen, so beträgt die Sicherheit jedoch höchstens das Dreifache der für einen Zeitraum von 28 Tagen vereinbarten Miete (zzgl. sonstiger vereinbarter Entgelte, wie z. B. Haftungsfreistellungen, Zustellungskosten, Flughafengebühren) zzgl. Umsatzsteuer in der jeweils geltenden gesetzlichen Höhe.
3. Sofern nicht Abweichendes vereinbart wird, werden die Miete, alle sonstigen vereinbarten Entgelte und die Sicherheitsleistung (Kaution) der Kreditkarte des Mieters belastet.

F: Versicherung

1. Der Versicherungsschutz für das gemietete Fahrzeug erstreckt sich auf eine Haftpflichtversicherung mit einer max. Deckungssumme bei Personenschäden und Sachschäden von EUR 50 Mio. Die max. Deckungssumme je geschädigte Person beläuft sich auf EUR 8 Mio. und ist auf Europa beschränkt.
2. Ausgenommen von der Versicherung ist die Verwendung der Fahrzeuge für die erlaubnispflichtige Beförderung gefährlicher Stoffe gem. § 7 GefahrgutVStr.
3. Der Versicherungsschutz für das gemietete Fahrzeug erstreckt sich weiterhin auf die Teilkaskoversicherung im üblichen Umfang (Brand/ Diebstahl).
4. Die Selbstbeteiligung pro Schadensfall, die der Mieter zu tragen hat, richtet sich nach den zum Zeitpunkt der Anmietung gültigen, ausliegenden Preislisten.
5. Bei Abschluss einer Insassenunfallversicherung beträgt die Deckungssumme: EUR 20.500,00 bei Invalidität, EUR 12.800,00 bei Tod, EUR 500,00 für Heilkosten. Bei zwei und mehr Insassen erhöhen sich die Versicherungssummen um einmalig 50 % bei anteiligem Anspruch der geschädigten Person.
6. Jeder im Rahmen des Mietvertrages vereinbarte Versicherungsschutz entfällt insbesondere, wenn ein unberechtigter Fahrer das Fahrzeug gebraucht, wenn der Fahrer des Fahrzeuges bei Eintritt des Versicherungsfalles nicht die vorgeschriebene Fahrerlaubnis hat sowie bei Vorliegen des Buchstaben I Nr. 3 dieser Bedingungen.

G: Unfälle / Diebstahl / Anzeigepflicht

1. Nach einem Unfall, Diebstahl, Brand, Wildschaden oder sonstigen Schaden hat der Mieter sofort die Polizei zu verständigen, hinzuzuziehen und den Schaden der Vermieterin unverzüglich anzuzeigen. Dies gilt auch bei geringfügigen Schäden und bei selbstverschuldeten Unfällen ohne Mitwirkung Dritter. Sollte die Polizei die Unfallaufnahme verweigern, hat der Mieter dies gegenüber der Vermieterin nachzuweisen.
2. Bei Schäden ist der Mieter verpflichtet, die Vermieterin unverzüglich, spätestens zwei Tage nach dem Vorfall über alle Einzelheiten schriftlich unter Verwendung des bei den Fahrzeugpapieren befindlichen Unfallberichtes, der in allen Punkten sorgfältig und vollständig auszufüllen ist, zu unterrichten.

I: Haftung des Mieters

1. Bei Fahrzeugschäden, Fahrzeugverlust und Mietvertragsverletzungen haftet der Mieter grundsätzlich nach den allgemeinen Haftungsregeln. Insbesondere hat der Mieter das Fahrzeug in dem mangelfreien Zustand zurückzugeben, in dem er es übernommen hat.

2. Dem Mieter steht es frei, die Haftung aus Unfällen für Schäden der Vermieterin durch Zahlung eines besonderen Entgeltes auszuschließen (= vertragliche Haftungsfreistellung). In diesem Fall haftet er für Schäden, abgesehen von der vereinbarten Selbstbeteiligung nur dann, wenn
   - er die Schadenanzeige entgegen seiner Verpflichtung, vgl. Absatz G Ziff. 2 nicht, nicht fristgemäß oder nicht vollständig an die Vermieterin übergibt.
   - er oder seine Erfüllungsgehilfen den Schaden durch Vorsatz oder grobe Fahrlässigkeit herbeigeführt haben.
   - er oder seine Erfüllungsgehilfen Unfallflucht begangen haben, soweit die berechtigten Interessen der Vermieterin an der Feststellung des Schadensfalles generell beeinträchtigt wurden, es sei denn, die Pflichtverletzung erfolgte nicht vorsätzlich oder grob fahrlässig.
   - er oder seine Erfüllungsgehilfen entgegen der Verpflichtung nach Buchstabe H bei einem Unfall auf die Hinzuziehung der Polizei verzichteten, soweit die berechtigten Interessen der Vermieterin an der Feststellung des Schadensfalles generell beeinträchtigt wurden, es sei denn, die Pflichtverletzung erfolgte nicht vorsätzlich oder grob fahrlässig.
   - er oder seine Erfüllungsgehilfen entgegen der Verpflichtung nach Buchstabe G den Schaden nicht der Vermieterin angezeigt oder bei der Erfüllung der Verpflichtung nach Buchstabe G falsche Angaben zum Unfallhergang gemacht haben, soweit die berechtigten Interessen der Vermieterin an der Feststellung des Schadensfalles generell beeinträchtigt wurden, es sei denn, die Pflichtverletzung erfolgte nicht vorsätzlich oder grob fahrlässig.
   - Die vertragliche Haftungsfreistellung gilt nur für den Mietvertragszeitraum.

3. Der Mieter und seine Erfüllungsgehilfen haften unbeschränkt für während der Mietzeit begangene Verstöße gegen gesetzliche Bestimmungen, insbesondere Verkehrs- und Ordnungsvorschriften. Der Mieter stellt die Vermieterin von sämtlichen Buß- und Verwarnungsgeldern, Gebühren und sonstigen Kosten frei, die Behörden anlässlich solcher Verstöße von der Vermieterin erheben. Als Ausgleich für den Verwaltungsaufwand, der der Vermieterin für die Bearbeitung von Anfragen entsteht, die Verfolgungsbehörden zur Ermittlung von während der Mietzeit begangener Ordnungswidrigkeiten und Straftaten an sie richten, erhält die Vermieterin vom Mieter für jede Behördenanfrage eine Aufwandspauschale von EUR 5,00 inkl. MwSt., es sei denn, der Mieter weist nach, dass der Vermieterin ein geringerer Aufwand und/oder Schaden entstanden ist; der Vermieterin ist es unbenommen, einen weitergehenden Schaden geltend zu machen.

4. Brems-, Betriebs-, und reine Bruchschäden sind keine Unfallschäden, dies gilt insbesondere für Schäden, die auf ein Verrutschen der Ladung zurückzuführen sind.

5. Der Mieter hat für Benutzung der Bundesautobahn mit einem angemieteten mautpflichtigen Lkw für die rechtzeitige und vollständige Entrichtung der Autobahnmaut zu sorgen. Der Mieter wird ausdrücklich darauf hingewiesen, dass für die Benutzung der Bundesautobahn eine Maut zu entrichten ist, sofern das zulässige Gesamtgewicht des Lkw bzw. einer Fahrzeugkombination bestehend aus Lkw und Anhänger 12 t erreicht oder überschreitet. Der Mieter stellt die Vermieterin von allen Ansprüchen, Gebühren (einschließlich Säumniszuschlägen und sonstigen Nebenforderungen), Kosten, Buß- und Verwarnungsgeldern frei, die Behörden und/oder Dritte wegen der nicht rechtzeitigen oder unvollständigen Entrichtung der Maut der Vermieterin auferlegen bzw. gegen die Vermieterin geltend machen.

6. Für Lkw mit einem zulässigen Gesamtgewicht von 7,5 t und 11,99 t wird von der Vermieterin keine um einen Anhängerzuschlag erhöhte Kraftfahrzeugsteuer entrichtet. Soweit ein angemieteter Lkw mit einem Anhänger betrieben wird, hat der Mieter deshalb dafür Sorge zu tragen, dass die Kraftfahrzeugsteuer für den Anhänger (Anhängerzuschlag) rechtzeitig und vollständig entrichtet wird. Der Mieter stellt die Vermieterin von allen Ansprüchen, Steuern (einschließlich Zinsen, Säumniszuschlägen und sonstigen Nebenforderungen), Kosten, Buß- und Verwarnungsgeldern frei, die Behörden wegen eines Verstoßes gegen die vorstehende Obliegenheit der Vermieterin gegenüber geltend machen.

7. Diese Regelungen gelten neben dem Mieter auch für den berechtigten Fahrer, wobei die vertragliche Haftungsfreistellung nicht zugunsten unberechtigter Nutzer der Mietwagen gilt.

J: Rückgabe des Fahrzeuges

1. Der Mietvertrag endet zum vereinbarten Zeitpunkt und kann im Rahmen dieses Vertrages mit vorheriger Zustimmung der Vermieterin verlängert werden, sofern der Mieter die Verlängerung der Vermieterin drei Tage vor Ablauf der vereinbarten Mietzeit bekannt gibt. Bei Fahrzeugtausch und Anmietdauer von mehr als 28 Tagen gilt der Erstmietvertrag.

2. Der Mieter ist verpflichtet, das Fahrzeug bei Ablauf der Mietzeit der Vermieterin am vereinbarten Ort während der üblichen Geschäftszeiten, die in den Geschäftslokalen der Vermieterin durch Aushang bekannt gemacht werden, zurückzugeben.

3. Sondertarife gelten nur für den angebotenen Zeitraum. Bei Überschreitung gilt für den gesamten Zeitraum der Normaltarif.

4. Bei Verletzung der Rückgabepflicht haften mehrere Mieter als Gesamtschuldner. Bis zum Rückgabetag werden die jeweils gültigen Mietpreise berechnet.

5. Gibt der Mieter das Fahrzeug - auch unverschuldet - nach Ablauf der vereinbarten Mietdauer nicht an die Vermieterin zurück, ist diese berechtigt, für den über die Vertragsdauer hinausgehenden Zeitraum ein Nutzungsentgelt in Höhe des zuvor vereinbarten Mietzinses zu verlangen.

6. Die Parteien sind berechtigt, die Mietverträge entsprechend den gesetzlichen Bestimmungen zu kündigen. Die Vermieterin kann die Mietverträge fristlos kündigen, sofern der Mieter mehr als sieben Tage ab Fälligkeit mit seinen Zahlungen in Rückstand gerät, sich seine Vermögensverhältnisse erheblich verschlechtern oder andere wichtige Gründe eintreten.
Als solche Gründe gelten vor allem:
- nicht eingelöste Bankeinzüge/Schecks,
- gegen den Mieter gerichtete Zwangsvollstreckungsmaßnahmen,
- mangelnde Pflege des Fahrzeuges,
- unsachgemäßer und unrechtmäßiger Gebrauch,
- Missachtung der Vorschriften über den Einsatz von Kraftfahrzeugen im Güterkraftverkehr,
- die Unzumutbarkeit der Fortsetzung des Mietvertrages. z. B. wegen zu hoher Schadensquote.
Kündigt die Vermieterin einen Mietvertrag, ist der Mieter verpflichtet, die Fahrzeuge samt Fahrzeugpapieren, sämtlichem Zubehör und aller Fahrzeugschlüssel unverzüglich an die Vermieterin herauszugeben.

2.9 Fallbeispiel: Leasing- oder Kreditfinanzierung

Sie sind Kundenberater/-in der *Nordbank AG*. Nach einem Arbeitgeberwechsel hat sich Jan Schwarz vor einem Monat zu einem Umzug entschlossen und gleichzeitig seine Konten von der *Nationalbank AG* auf die *Nordbank AG* übertragen. Heute führen Sie mit Herrn Schwarz ein Beratungsgespräch, in dessen Verlauf er Ihnen mitteilt, dass er sich einen Neuwagen der Marke „Opel" kaufen möchte. Für seinen alten Pkw wird er noch 3.650,00 EUR erhalten. Die *Auto Dellus GmbH* hat ihm ein Leasing- und ein Finanzierungsangebot unterbreitet.

a) Erläutern Sie Herrn Schwarz anhand von drei Aspekten den Unterschied zwischen einer Leasing- und einer Kreditfinanzierung.

Da Herr Schwarz noch keine endgültige Entscheidung getroffen hat, möchten Sie ihn für eine Finanzierung bei der *Nordbank AG* gewinnen und unterbreiten dem Kunden ein weiteres Angebot.

b) Ermitteln Sie den Kreditbetrag. Runden Sie das Ergebnis auf volle TEUR ab.

c) Ermitteln Sie mithilfe der beigefügten Tabelle die Höhe der monatlichen Raten.

Auto Dellus GmbH

Unverbindliches Finanzierungsangebot (Auszug)
Nachstehend unterbreiten wir Ihnen unter Zugrundelegung der Darlehensbedingungen ein unverbindliches Finanzierungsangebot.

Fahrzeugpreis	15.149,00 EUR
- Anzahlung	3.650,00 EUR
= Nettokreditbetrag	11.499,00 EUR
Laufzeit (Monate)	48
effektiver Jahreszins	4,90 %
Schlussrate	5.977,00 EUR
47 monatliche Raten á	153,27 EUR

Nordbank AG
Auszug aus dem Konditionentableau für Verbraucherdarlehen
Laufzeit: 48 Monate   Sollzinssatz p. a.: 3,90 % Bearbeitungsprovision: 1,50 %

Kreditbetrag in EUR	Zinsen in EUR	Bearb. Prov. in EUR	Gesamtbetrag in EUR	Höhe der Raten 1-47 in EUR	letzte Rate in EUR
8.500,00	692,94	127,50	9.320,44	196,96	63,32
9.000,00	733,76	135,00	9.868,76	208,53	67,85
10.000,00	815,31	150,00	10.965,31	231,70	75,41
11.000,00	896,83	165,00	12.061,83	254,88	82,47
12.000,00	978,35	180,00	13.158,35	278,05	90,00
13.000,00	1.059,90	195,00	14.254,90	301,22	97,56
14.000,00	1.141,46	210,00	15.351,46	324,39	105,13
15.000,00	1.222,96	225,00	16.447,96	347,55	113,11

Die monatlichen Belastungen für den Kredit sind bei der *Nordbank AG* höher als bei der *Auto Dellus GmbH*.

d) Erklären Sie Herrn Schwarz anhand von drei Aspekten den Vorteil einer Finanzierung über die *Nordbank AG.*

Herr Schwarz bittet vor einem weiteren Gespräch mit der *Auto Dellus GmbH* um Ihre Kreditentscheidung. Sie benötigen zusätzliche Angaben, um eine Kreditentscheidung treffen zu können.

e) Nennen Sie Herrn Schwarz drei Informationsquellen und erklären Sie ihm, welche Informationen Sie diesen entnehmen wollen.

3 Vertriebswege im Leasing

3.1 Direktvertrieb

Der Leasinganbieter sucht bei dieser Vertriebsform den Kontakt zum potentiellen Kunden. Anzeigen in Tageszeitungen und Fachzeitschriften sollen Aufmerksamkeit erregen und die Leasinggesellschaft bekannt machen. Erfahrungsgemäß ist bei diesen Ansprechformen die Erfolgsquote gering, da die Hemmschwelle beim Investor nicht weggeräumt wird. Es besteht Misstrauen gegenüber dieser Art von Werbung.

Als erfolgswirksamer Direktvertrieb hat sich der eigene Außendienst erwiesen. Die Größe des Erfolgs hängt dabei wesentlich von der Nähe zum möglichen Kunden ab, denn ein wachsendes Geschäft bedeutet zunehmende räumliche Entfernung, sodass sich die Kommunikations- und Betreuungsprobleme vergrößern. Deshalb muss eine auf Wachstum ausgerichtete Leasinggesellschaft die Nähe zum Kunden durch ein niederlassungsenges Vertriebssystem verstärken.

Das Hauptproblem des Direktvertriebs liegt darin, Interessenten zu finden oder investitionswillige Unternehmen zu Leasingkunden zu machen. Der Leasingvertrieb erfordert daher sowohl verkäuferisch als auch betriebs- und finanzwirtschaftlich überdurchschnittlich qualifizierte und überzeugungsfähige Mitarbeiter. Der Leasingdirektvertrieb ist beratungsintensiv mit hohen Personal- und Personalnebenkosten.

3.2 Vertriebs- und Absatzleasing (Herstellerleasing)

Ein wesentliches Instrument der Absatzförderung ist für den Lieferanten (Hersteller) neben dem Verkauf seiner Investitionsgüter dem Kunden gleichzeitig eine attraktive Finanzierung anzubieten. Ein solches Angebot richtet sich zum einen an jene Kunden, die von ihrem Lieferanten eine produktbezogene und zugleich individuelle Lösung ihres Finanzierungsproblems erwarten. Zum anderen richtet sich das Angebot auch an jene Kunden, die aus den unterschiedlichsten Motiven eine Paketlösung für ihr Investitionsprojekt vom Hersteller erwarten. Die Initiative für ein Komplettangebot geht in der Regel vom Vertrieb des Herstellers/Lieferanten aus. Dieser erfährt täglich durch seine direkten Marktkontakte, dass neben Produktion, Lieferung, Gewährleistung und Wartung verstärkt weitere Dienstleistungen von den Kunden verlangt werden. Für den Lieferanten ist es allerdings problematisch, die Rolle des Finanzierers unmittelbar zu übernehmen, da diese Dienstleistung zusätzliche Debitorenrisiken mit sich bringt und ein wirksames Kreditmanagement erfordert. Hier bietet sich für den Lieferanten die Zusammenarbeit mit einem Kreditinstitut (z. B. für eine Ratenfinanzierung) oder die Einschaltung einer Leasinggesellschaft an.

Man unterscheidet zwischen indirektem Vertriebsleasing (Zusammenarbeit mit einem unabhängigen Leasinganbieter) und direktem Vertriebsleasing (Gründung einer eigenen Leasinggesellschaft).

3.3 Indirektes Vertriebsleasing

Die Zusammenarbeit zwischen dem Lieferanten und einer fremden Leasinggesellschaft kann von einer sehr lockeren bis hin zur engen Bindung gehen. Im ersteren Fall empfiehlt der Lieferant dem Kunden die Leasinggesellschaft seines Vertrauens. Oder der Lieferant empfiehlt der Leasinggesellschaft den Kunden für eine gezielte Akquisition. Der Lieferant hat dann auf den weiteren Gang der Dinge wenig Einfluss. Er ist u. a. von der Annahmeentscheidung des Leasinggebers abhängig. Lehnt dieser das Geschäft aus Bonitätsgründen ab, läuft der Hersteller /Händler Gefahr, sein Liefergeschäft ebenfalls zu verlieren. Deshalb wird eine enge und dauerhafte Kooperation sowohl vom Lieferanten als auch von der Leasinggesellschaft bevorzugt. Für die Leasinggesellschaft hat diese enge Kooperation noch den Vorteil, dass sie auf diese Weise ein Lieferanten- und Produkt-Know-how entwickeln kann. Diese Zusammenarbeit ist in der Regel vertraglich geregelt und enthält Absprachen über die Grundzüge der Annahmepolitik des Leasinggebers, über Voraussetzungen und Bedingungen einer eventuellen Mithaftung des Lieferanten und über Konditionen und zusätzliche Dienstleistungen des Leasinggebers, z. B. Einschluss von Versicherungen sowie statistische und betriebswirtschaftliche Auswertungen. Außerdem kann mit einer solchen engen Kooperation auch besser geregelt werden, was mit dem Leasinggut nach Ablauf der Grundmietzeit geschehen soll (z. B. Weitervermietung, Verkauf an einen Dritten, Rückgabe an den Lieferanten).

Bei dieser Konstruktion ist der Lieferant der rechtliche Erfüllungsgehilfe des Leasinggebers. Er benutzt die Leasingverträge seines Vertragspartners, er handelt mit dem Kunden die Modalitäten aus (Vertragstyp, Laufzeit, Ratenverlauf etc.), und zwar in dem mit dem Leasinggeber vorher abgesprochenen Ermessensrahmen. Dem Kunden wird Liefergeschäft und Leasing als ein in sich schlüssiges Paket angeboten. Die Bonitätsprüfung liegt beim Leasinggeber, der grundsätzlich auch das Bonitätsrisiko trägt. Der Lieferant kann sich aber u. U. mit verpflichten, wenn er das Liefergeschäft keinesfalls verlieren will, und zwar durch Rücknahmegarantie, Verwertungsgarantie (mit Mindesterlös), Ausfallgarantie, bürgschaftsähnliche Mithaftungserklärung usw.

3.4 Direktes Vertriebsleasing

Hersteller/Händler mit einem hohen Aufkommen an Finanzierungen haben in der Vergangenheit eigene Leasinggesellschaften gegründet. Folgende Gründe können für diese Entwicklung angeführt werden:
- Kunden werden von der Akquisition über die Finanzierung bis zur Entscheidung über das Schicksal des Objektes nach Ablauf der Grundmietzeit „in einer Hand" gehalten, insbesondere durch die Nutzung moderner Computertechniken.
- Es sollen evtl. Nachfolgegeschäfte gesichert werden.
- Es können schnellere und kundenorientierte Bonitätsentscheidungen getroffen werden.
- Durch die enge Verbindung zwischen Hersteller und Leasinggesellschaft lassen sich Probleme, die sowohl bei programmgemäßem als auch bei vorzeitigem Ablauf von Leasingverträgen auftreten können, leichter lösen als bei Einschaltung einer fremden Leasinggesellschaft.

Bei Leasingobjekten, die einem schnellen technischen Wandel unterliegen, wie z. B. Computer, Kopierer, aber auch in bestimmten Bereichen des Maschinenbaues und bei Kraftfahrzeugen, kann in den Verträgen von Hersteller-Leasinggesellschaften sowohl die Mietverlängerungs- als auch die Kaufoption fehlen. Der Hersteller ist dann weder an einer Mietverlängerung noch an einem Verkauf der Anlage an den Leasingnehmer oder auch einen Dritten nach Auslaufen des Leasingvertrages interessiert. Sein Interesse liegt in erster Linie im Abschluss eines neuen Liefergeschäftes und eines neuen Leasingvertrages. Mit dieser Strategie möchte er einerseits Produktion und Umsatz fördern. Andererseits will der Hersteller aus dem

Leasinggeschäft eine Zusatzrendite oder die oft im Liefergeschäft nicht erreichbare Rendite durch einen zusätzlichen Deckungsbeitrag erzielen.

Für den Leasingnehmer kann die Einschaltung einer vom Lieferanten unabhängigen Leasing-gesellschaft aber u. U. empfehlenswerter sein. Er kann dann beim Lieferanten bessere Zah-lungskonditionen (Rabatte, Skonti) durchsetzen und informiert den Hersteller über seinen Lea-singfinanzierer erst nach Aushandeln aller Vertragsbedingungen.

3.5 Leasing über den Bankschalter

Für Banken ist das Leasinggeschäft eine Ergänzung des Kreditgeschäfts. Außerdem eignet sich das Leasinggeschäft als Marketinginstrument, sodass sich die Banken an Leasinggesell-schaften beteiligt haben. Zudem haben sich die Kreditinstitute über die Refinanzierung von Leasingverträgen indirekt im Leasing beteiligt.

Grundsätzlich schließt der Kunde mit dem Kreditinstitut einen Leasingvertrag ab, wenn er der Auffassung ist, dass er auf diese Weise die ihm adäquate, auf seine Verhältnisse, Nutzungs-möglichkeiten und das Produkt abgestimmte Finanzierung erhält. Gegenüber unabhängigen Leasinggesellschaften hat die Bank den Vorteil, den Kunden zu kennen. Diese Kenntnis seiner personellen, unternehmerischen, organisatorischen und finanziellen Stärken und Schwächen lässt eine gezielte Beratung zu.

Problematisch ist die Leasingfinanzierung aber dann, wenn sich KWG-rechtliche Probleme ergeben. Beispielsweise ist innerhalb des Bankenkonzerns die Ausweitung des Kreditrahmens über Leasing nicht möglich, wenn die Grenze nach dem Bonitätskriterien der Bank erreicht ist.

Nachteilig für die Leasingfinanzierung des Kunden bei seinem Kreditinstitut ist es, dass er sich in eine starke Abhängigkeit von seinem Kreditinstitut begibt. Dadurch wird seine unternehmeri-sche Beweglichkeit möglicherweise stark eingeschränkt.

Bei den Banken setzt die Aufnahme des Leasinggeschäfts in ihre Finanzierungsprogramme voraus, dass ihre Mitarbeiter das Finanzierungsprodukt Leasing genauso gut kennen wie den Kredit. Außerdem müssen die Bankberater die vielfältigen Aspekte, Besonderheiten und Vari-anten der Finanzierungsform Leasing, ihre Unterscheidung vom banküblichen Kredit und ihre Vorteile und Nachteile generell und im Einzelfall beurteilen können.

3.6 Fragen zur Wiederholung und Vertiefung

Kennzeichnen Sie die Vertriebswege im Leasinggeschäft über
- unabhängige Leasinggesellschaften,
- Herstellerleasinggesellschaften,
- Kooperation von Herstellern mit unabhängigen Leasinggesellschaften sowie
- bankeigene Leasinggesellschaften.

Machen Sie in diesem Zusammenhang auch die Vorteile bzw. Nachteile der betreffenden Vertriebswege für die Leasinggesellschaft, den Hersteller und den Leasingnehmer deutlich.

3.7 Kurzübersicht: Vertriebswege im Leasing

Vertriebswege	Bedeutung für die Leasinggesellschaft	Bedeutung für den Leasingnehmer
Direktvertrieb	- Anzeigen in Fachzeitschriften - Nähe zum Kunden erforderlich - enges Niederlassungsnetz - überdurchschnittlich qualifizierte Mitarbeiter erforderlich - beratungsintensives Leasinggeschäft - hoher finanzieller und personeller Aufwand	
Hersteller-leasing (Absatz-leasing)	- Absatzförderung durch Investitions- und gleichzeitige Finanzierungsangebote - Produktion, Lieferung, Gewährleistung, Wartung und Finanzierungsleistungen werden als Paketlösung angeboten. - Problem: Übernahme von Debitorenrisiken macht ein Kreditmanagement erforderlich. - Alternative: Einschaltung einer Leasinggesellschaft	- Produktbezogene und individuelle Finanzierungsleistungen werden erwartet. - Paketlösungen werden vom Kunden verlangt.
Kooperation des Herstellers mit einer Leasinggesellschaft	- Hersteller ist von der Annahme des Leasingvertrages zwischen der Leasinggesellschaft und dem Leasingnehmer abhängig. - Eine enge Verbindung zwischen Hersteller und Leasinggeber führt i. d. R. zu einem Lieferanten und Produkt-Know-how. - Absprachen bezüglich Annahmepolitik und Verwertung des Leasinggutes nach der Leasinglaufzeit vorteilhaft - Bonitätsprüfung und Kreditrisiko liegen beim Leasinggeber.	- ungünstige Konditionen- und Rabattgewährung
Direktes Vertriebsleasing	- Paketlösungen in einer Hand - Sicherung von Nachfolgegeschäften - schnelle kundenorientierte Bonitätsentscheidungen - Probleme während der Leasinglaufzeit können leichter gelöst werden.	

Vertriebswege	Bedeutung für die Leasinggesellschaft	Bedeutung für den Leasingnehmer
Einschaltung einer unabhängigen Leasinggesellschaft		- Rabattgewährung an den Leasingnehmer macht die Leasingfinanzierung kostengünstiger.
Leasing über den Bankschalter	- Ergänzung des Kreditgeschäfts - Marketinginstrument für die Banken - Refinanzierung von Leasingverträgen - Kunde erhält auf seine Investition individuell abgestimmte Finanzierungsleistung. - Gezielte Beratung, da Kunde bekannt ist. - Problem: Ausweitung des Kreditrahmens über die Leasingfinanzierung (KWG, Basel III) - Erfordert qualifizierte Bankberater, die die vielfältigen Ausrichtungen des Finanzierungsprodukts Leasing kennen.	- Problem: Starke Abhängigkeit des Kunden von seinem Kreditinstitut

35

4 Dreipunktbeziehung

4.1 Die Rechtskonstruktion des Leasingvertrags

Dem Abschluss eines Leasingvertrags liegt i. d. R. folgender wirtschaftlicher Sachverhalt zugrunde:

Ein Unternehmer trifft eine Investitionsentscheidung, sucht das Investitionsobjekt und dessen Lieferanten aus. Er handelt mit dem Lieferanten den Preis und die Bedingungen des Kaufvertrages aus und schließt regelmäßig den Kaufvertrag ab. Entscheidet der Unternehmer sich daraufhin für eine Leasingfinanzierung, wählt er eine Leasinggesellschaft (Leasinggeber) aus. Er beauftragt nun die Leasinggesellschaft, in den von ihm bereits mit dem Lieferanten abgeschlossenen Kaufvertrag einzutreten. Rechtlich bedeutet dies, dass die Leasinggesellschaft das von ihm ausgesuchte Kaufobjekt vom Lieferanten erwirbt. Mit dem daran anschließenden Abschluss eines Leasingvertrages überlässt die Leasinggesellschaft dem Leasingnehmer das Leasingobjekt zum Gebrauch. Die Leasinggesellschaft tritt also in das zwischen Unternehmer (Leasingnehmer) und Lieferant bestehende Kaufvertragsverhältnis durch eine Absprache mit dem Lieferanten ein. Der Leasingnehmer scheidet aus dem Kaufvertragsverhältnis aus und wird Vertragspartner der Leasinggesellschaft durch den Leasingvertrag. Dieses Dreiecksvertragsverhältnis bezeichnet man auch als Dreipunktbeziehung.

Eine Dreipunktbeziehung kann auch entstehen, wenn der spätere Leasingnehmer mit dem Lieferanten zunächst die Einzelheiten des Kaufvertrages aushandelt. Der Kaufvertrag wird allerdings dann unmittelbar zwischen Lieferant und Leasinggesellschaft zu den vom Leasingnehmer ausgehandelten und akzeptierten Bedingungen abgeschlossen. Die Auslieferung des Leasingobjekts erfolgt in beiden Fällen unmittelbar vom Lieferanten an den Leasingnehmer.

4.2 Die Dreipunktbeziehung im Detail

Bei der kreditfinanzierten Investition entstehen unmittelbare Vertragsbeziehungen nur zwischen dem Investor und dem Lieferanten einerseits und Investor und Kreditinstitut andererseits. Diese beiden Beziehungslinien bestehen selbstständig und unabhängig voneinander, die Beziehungspunkte Lieferant und Kreditinstitut werden nicht miteinander verbunden.

Bei der Leasingfinanzierung ist das anders. Der Leasingvertrag vereinigt die Elemente Finanzierung, Nutzungsüberlassung (Miete) und Dienstleistungen miteinander. Das führt zu komplizierten Rechtsbeziehungen zwischen Leasingnehmer, Lieferant und Leasinggeber. Jeder steht mit jedem anderen in direkter rechtlicher und wirtschaftlicher Verbindung. Die Beziehungen sind teilweise mehrschichtig. Wirtschaftliches und rechtliches Beziehungsgeflecht sind dabei nicht von einander zu trennen.

4.3 Bestellung

Die Entscheidung über die Investition wird vom Leasingnehmer völlig selbstständig und in eigener Verantwortung getroffen. Er sucht auch den Lieferanten aus. Mit ihm legt er alle Einzelheiten der Investition (z. B. technische Auslegung und Preis) fest.

Die erste Beziehung kommt zwischen dem Leasingnehmer und dem Lieferanten zustande, wenn der Investor die Angebote für das von ihm beabsichtigte Investitionsvorhaben einholt. Die Einschaltung des Leasinggebers (zweite Beziehungsebene: Leasingnehmer – Leasinggeber) erfolgt oft erst, wenn der Kaufvertrag unterzeichnet ist. Der Leasinggeber sieht sich dann einem fertigen Vertragswerk gegenüber und er muss nun entscheiden, ob es für ihn die geeignete Grundlage ist, die Leasingzusage zu geben und in die Bestellung einzutreten (dritte Beziehungsebene: Leasinggeber – Lieferant).

Mit dem Eintritt in die Bestellung entsteht die dritte Beziehungsebene (Leasinggeber – Lieferant). Die erste Stufe der mehrschichtigen Dreipunktbeziehung ist damit gebildet. Sie beinhaltet.

1. die Beziehung Leasingnehmer – Lieferant:
   - durch Investitions- und Finanzierungsentscheidung des Leasingnehmers;
   - durch Bestellung des Investitionsobjektes durch den Leasingnehmer und Annahme der Bestellung durch den Lieferanten;
2. die Beziehung Leasingnehmer – Leasinggeber:
   - mit Unterzeichnung des Leasingvertrags durch den Leasingnehmer und Annahme und Gegenzeichnung durch den Leasinggeber;
3. die Beziehung Leasinggeber – Lieferant:
   - mit Eintritt des Leasinggebers in die Bestellung und Annahme durch den Lieferanten.

4.4 Lieferung

In der zweiten Stufe der mehrschichtigen Dreipunktbeziehung liefert der Hersteller (Händler) vertragsgemäß an den Leasingnehmer. Die Rechnung sendet er an den Leasinggeber, der nach dem Eintritt in die Bestellung sein Vertragspartner geworden ist. Dieser wird die Rechnung erst nach Erhalt der vom Leasingnehmer ausgestellten Abnahmebestätigung (Übernahmebestätigung) begleichen.

Der Leasinggeber kann sich nicht voll auf die Abnahmebestätigung verlassen, sie begründet keine Schuldanerkenntnis des Leasingnehmers. Zahlt der Leasinggeber aufgrund der Abnahmebestätigung den Rechnungsbetrag an den Lieferanten, obwohl die Sache nicht vollständig oder mangelhaft geliefert wurde, so kehrt sich lediglich die Beweislast zu ungunsten des Leasingnehmers um. Die Doppelaktivität des Lieferanten ist eine der Besonderheiten des Leasinggeschäfts, bei dem – anders als bei der kreditfinanzierten Investition – Leistungsempfänger im wirtschaftlichen Sinne (Leasingnehmer) und Besteller (Rechnungsempfänger, Eigentümer, Leasinggeber) nicht identisch sind.

4.5 Risikoverteilung beim Leasing

Dadurch dass der Leasinggeber gegenüber dem Leasingnehmer die Verpflichtung zur Lieferung des Leasingobjekts übernommen hat, wird der Lieferant Erfüllungsgehilfe des Leasinggebers, da er in seinem Auftrag das Leasingobjekt unmittelbar an den Leasingnehmer ausliefert. Der Leasinggeber hat damit für schuldhaft begangene Pflichtverletzungen des Lieferanten gegenüber dem Leasingnehmer einzustehen. Der Leasingnehmer ist bezüglich der Verpflichtung des Leasinggebers, das Leasingobjekt dem Lieferanten abzunehmen, Erfüllungsgehilfe des Leasinggebers. Da der Leasinggeber erst nach Ablauf der Leasingdauer Besitzer des Leasingobjekts werden kann, hat er selbst keine Möglichkeit, das Leasingobjekt auf seine Übereinstimmung mit dem Kaufobjekt und seine Tauglichkeit für den vertraglich vorausgesetzten Zweck zu überprüfen. Auch ist der Leasinggeber technisch nicht in der Lage, die Tauglichkeit des vom Leasingnehmer für seine betrieblichen Zwecke ausgesuchten Leasingobjekts zu beurteilen. Außerdem fehlen dem Leasinggeber die technischen Kenntnisse, um die Ordnungsgemäßheit und Fehlerfreiheit der Lieferung zu überprüfen. Deshalb ist es bei Leasingverträgen üblich, dass der Leasinggeber dem Leasingnehmer die vertragliche Verpflichtung überträgt, das Leasingobjekt zu untersuchen und dabei festgestellte Mängel unverzüglich anzuzeigen.

4.6 Regelung der Sach- und Preisgefahr

Kennzeichen für einen typischen Leasingvertrag ist die Überwälzung der Sach- und Preisgefahr auf den Leasingnehmer. Üblich ist es deshalb, dass der Leasingnehmer das Leasingobjekt auf eigene Kosten während der Leasingdauer versichert. Regelmäßig ist der Leasingnehmer vertraglich zur Instandhaltung des Leasingobjekts verpflichtet.

Der Leasinggeber ist grundsätzlich verpflichtet, erhaltene Versicherungsleistungen für die Reparatur oder Wiederbeschaffung des Leasingobjekts zu verwenden. Bei Beendigung und Abwicklung des Leasingverhältnisses ist der Leasinggeber ebenfalls verpflichtet, erhaltene Versicherungsleistungen auf mögliche Schadensersatz- oder Ausgleichsforderungen anzurechnen. Nur wenn der Leasingvertrag dieses berücksichtigt, ist die Überwälzung der Sach- und Preisgefahr auf den Leasingnehmer wirksam. Das bedeutet, dass eine Entschädigungsleistung im Teilschadensfall für die Wiederherstellung des beschädigten Leasingobjekts zu verwenden ist, im Totalschadensfall ist sie auf die vom Leasingnehmer bis zum Erreichen der Vollamortisation beim Leasinggeber geschuldeten Beträge anzurechnen. Bei der vorzeitigen Beendigung eines Leasingvertrags mit Andienungsrecht ohne Mehrerlösbeteiligung steht eine Versicherungsentschädigung (Beschädigung, Untergang, Verlust, Diebstahl des Leasingobjekts) dem Leasinggeber zu, auch wenn sie den noch nicht amortisierten Gesamtaufwand einschließlich des kalkulierten Gewinns übersteigt.

4.7 Regelung der Gewährleistungsrechte

Kennzeichen eines Leasingvertrages ist es, dass der Leasinggeber seine eigene Gewährleistungspflicht regelmäßig dem Leasingnehmer überträgt. Da sich der Leasinggeber von der eigenen Gewährleistungspflicht entbindet, überträgt er als Ausgleich dem Leasingnehmer im Gegenzug die Gewährleistungsansprüche gegenüber dem Lieferanten, die ihm als Käufer aus dem zugrunde liegenden Kaufvertrag zustehen. Nimmt der Leasingnehmer beispielsweise seine Gewährleistungsansprüche gegenüber dem Lieferanten wahr, muss der Leasinggeber die daraus entstehenden Rechtsfolgen tragen.

Dem Leasingnehmer stehen aufgrund der Abtretung folgende Gewährleistungsansprüche zur Verfügung:
- Nach §§ 434, 437, 439 BGB kann der Leasingnehmer Nacherfüllung, das ist die Beseitigung des Mangels (Nachbesserung) oder die Lieferung einer mangelfreien Sache (Neulieferung) verlangen.
- Nach §§ 434, 437 Nr. 2, 441 BGB kann er Minderung verlangen.
- Nach §§ 434, 437 Nr. 2, 440, 323 Abs. 1, 346 BGB kann er von dem Vertrag zurücktreten.
- Nach §§ 434, 437 Nr. 3, 440, 280, 281 BGB kann er Schadensersatz und nach § 284 BGB Ersatz vergeblicher Aufwendungen verlangen.

Wählt der Leasingnehmer die Neulieferung, so kann der Lieferant vom Leasingnehmer nach § 439 Abs. 4 BGB die Rückgabe des ursprünglich gelieferten Leasingobjekts verlangen. Daneben muss sich der Leasingnehmer die bereits erfolgte Nutzung und die Gebrauchsvorteile als Nutzungsentschädigung für den Lieferanten anrechnen lassen. Als Ausgleich für die Nutzungsentschädigung erhält der Leasingnehmer vom Leasinggeber eine kostenlose Verlängerung der Leasinglaufzeit. Im Falle des Vertragsrücktritts ist der Leasingnehmer erst dann berechtigt, seine Ratenzahlungen einzustellen, wenn er den Lieferanten im Klageweg auf Rückzahlung des Kaufpreises in Anspruch genommen hat.

4.8 Regelung der Insolvenzrisiken

Im Insolvenzfall des vermögenslosen Lieferanten können die vom Leasinggeber abgetretenen kaufrechtlichen Gewährleistungsansprüche des Leasingnehmers nicht mehr durchgesetzt werden. In diesem Fall verbleibt das Insolvenzrisiko beim Leasinggeber. Das Risiko der Insolvenz des Lieferanten kann selbst im kaufmännischen Verkehr nicht durch AGB auf den Leasingnehmer abgewälzt werden.

Im Leasingdreiecksverhältnis trägt der Leasinggeber das Insolvenzrisiko des Leasingnehmers und das Insolvenzrisiko des Lieferanten, während der Lieferant lediglich das Insolvenzrisiko des Leasinggebers trägt. Der Leasingnehmer hingegen trägt das Insolvenzrisiko des Leasinggebers nur formal. Wirtschaftlich trägt er dieses Risiko jedoch nicht, da sich der Leasingvertrag in der Insolvenz des Leasinggebers mit Wirkung für die Insolvenzmasse fortsetzt.

4.9 Die Restwertproblematik im Leasinggeschäft am Beispiel der Altwagenvermarktung

Wenn Unternehmen die eigene Flotte leasen, übernehmen die Leasinggesellschaften in der Regel für ihre Geschäftskunden die gesamte Rückabwicklung von der Logistik der Fahrzeugrückgabe bis zur Vermarktung der Gebrauchtwagen. Oft tragen sie auch die Restwertrisiken.

Die Fahrzeuge, die aus dem relevanten Flottenmarkt stammen, sind im Durchschnitt 5 Jahre alt, entsprechend einer Regellaufzeit von Leasingverträgen von 3 bis 4 Jahren. Gebrauchte Flottenfahrzeuge gehen nach der Rückgabe durch die Fuhrparkbetreiber überwiegend in zwei Absatzkanäle: Sie werden an bekannte Gebrauchtwagenhändler verkauft (38,5 %) oder im Autohaus in Zahlung genommen (38,1 %). Insbesondere Leasinggesellschaften, die jährlich mehrere Tausend Rückläufer haben, vermarkten diese über geschlossene Online-Auktionen an große Gebrauchtwagenhändler im In- und Ausland. Große Leasinggesellschaften bieten zurückgenommene Leasingfahrzeuge auch in eigenen Internetbörsen an. Die Angebote aus dem Leasingbestand, die viele Marken und Modelle umfassen, richten sich sowohl an Privatkäufer als auch an Gebrauchtwagenhändler. Solche Fahrzeuge bieten den Käufern lückenlose Fahrzeughistorien, gewährleistete Kilometerstände, genaue Servicedokumentationen sowie die Verkäufergarantie.

Bei der Kalkulation eines neuen Leasingvertrags schätzt der Leasinggeber den Restwert, der durch den Verkauf des gebrauchten Fahrzeugs am Ende der Vertragslaufzeit zu realisieren ist. Die exakte Bestimmung des Restwerts nach Ablauf des Leasingvertrags hängt vom allgemeinen Zustand des Fahrzeugs entsprechend dem Kilometerstand und der Vertragslaufzeit ab. Gibt ein Flottenbetreiber ein Fahrzeug nicht in einem laufzeitanalogen Zustand zurück – etwa aufgrund von Schäden, die über die normale Abnutzung hinausgehen, sinkt der Restwert des Fahrzeugs.

Die endgültige Bewertung des Fahrzeugzustands am Ende der Laufzeit erfolgt bei der Rückgabe. Die Bewertungskriterien für das Fahrzeug werden aber bereits bei Vertragsabschluss festgelegt. Dadurch genießt der Leasingnehmer zusätzliche Sicherheit und mehr Transparenz.

Viele Leasinggesellschaften bewerten die Leasingfahrzeuge nach Kriterienkatalogen. Mit Hilfe eines Bewertungsverfahrens können durch Schadenbeschreibung und Minderwertdefinition die einzelnen festgestellten laufzeitanalogen Mängel von nicht laufzeitanalogen Mängeln unterschieden werden. Damit ist die Bewertung der Fahrzeuge nachzuvollziehen. Es werden vier Bewertungskriterien unterschieden:

1. Laufleistungsanaloge Schäden: Solche Schäden sind durch die Kilometerleistung und das Fahrzeugalter als unvermeidlich und damit laufleistungsanalog anzusehen. Je höher das Fahrzeugalter und der Kilometerstand sind, desto größer ist die Akzeptanz der Schäden. Typische laufleistungsanaloge Schäden sind etwa ein Steinschlag auf der Motorhaube und leichte Parkdellen.
2. Nicht laufleistungsanaloge Schäden mit 100 % Belastung: Solche Reparaturen dienen dem Erhalt der Verkehrs- und Betriebssicherheit. Dabei müssen fehlende Teile ersetzt oder Unfallschäden repariert werden. Zu Schäden dieser Art zählen beispielsweise fehlendes Zubehör und defekte Scheinwerfer.
3. Nicht laufleistungsanaloge Schäden mit anteiliger Berechnung: Hierbei handelt es sich um Schäden, die nicht laufleistungsanalog sind und somit den Wert des Fahrzeugs zusätzlich beeinträchtigen. Typische Schäden dieser Kategorie sind vermeidbare Karosserieschäden, Brandlöcher in den Sitzen, verbogene Teile und mutwillig verursachte Kratzer.
4. Nicht bewertete Schäden: Full-Service-Anbieter decken häufig bestimmte Schadenarten im Rahmen der Servicegarantie ab. Bei einem üblichen Full-Service-Vertrag betrifft das alle technischen Mängel und die Reifen. Zu typischen Schäden zählen fehlender Service oder Undichtigkeiten, technischer Verschleiß und abgefahrene Reifen.

Kunden erhalten ihre Bewertungsprotokolle häufig in Form eines Reports. Auf dieser Basis lassen sich Fragen und Unklarheiten noch vor dem Verkauf des Fahrzeugs klären. Die Bewertungsprotokolle geben dem Leasingnehmer und Fuhrparkbetreiber die Möglichkeit, unwirtschaftliches Verhalten der Fahrzeugnutzer zu identifizieren und zu verändern.

4.10 Fragen zur Wiederholung und Vertiefung

1. Nennen und begründen Sie, wer von den beiden Vertragspartnern (Leasinggeber und Leasingnehmer) die nachstehenden Risiken übernimmt:
   - Investitionsrisiko
   - Lieferungsrisiko
   - Sach- und Preisgefahr
   - Mängelgewährleistungsrisiko
   - Restwertrisiko
   - Insolvenzrisiko des Leasinggebers, des Lieferanten sowie des Leasingnehmers

2. Beschreiben Sie die Dreipunktbeziehung im Leasinggeschäft!

3. Durch welche Handlung wird die Zahlung der monatlichen Leasingrate ausgelöst?

4. Wie beurteilen Sie die Aufteilung des Insolvenzrisikos auf den Leasinggeber, den Lieferanten sowie den Leasingnehmer?

5 Leasingverträge im Steuerrecht

5.1 Steuerliche Zuordnung des Leasings nach der Abgabenordnung

Auszug aus der Abgabenordnung

Steuerschuldverhältnis

§ 39 (Zurechnung)

(1) Wirtschaftsgüter sind dem Eigentümer zuzurechnen.

(2) Abweichend von Absatz 1 gelten die folgenden Vorschriften:

1. Übt ein anderer als der Eigentümer die tatsächliche Herrschaft über ein Wirtschaftsgut in der Weise aus, dass er den Eigentümer im Regelfall für die gewöhnliche Nutzungsdauer von der Einwirkung auf das Wirtschaftsgut wirtschaftlich ausschließen kann, so ist ihm das Wirtschaftsgut zuzurechnen. Bei Treuhandverhältnissen sind die Wirtschaftsgüter dem Treugeber, beim Sicherungseigentum dem Sicherungsgeber und beim Eigenbesitz dem Eigenbesitzer zuzurechnen.

2. Wirtschaftsgüter, die mehreren zur gesamten Hand zustehen, werden den Beteiligten anteilig zugerechnet, soweit eine getrennte Zurechnung für die Besteuerung erforderlich ist.

5.2 Finanzierungsleasing

Der Begriff Finanzierungsleasing – die in Deutschland vorherrschende Vertragsform – weist darauf hin, dass Leasingverträge eine dem Kredit vergleichbare Finanzierungsfunktion erfüllen, indem der Leasingnehmer grundsätzlich das Investitionsrisiko für das Leasingobjekt trägt. Entsprechend sehen die Zahlungsverpflichtungen des Leasingnehmers während der Vertragsdauer die volle Rückführung der Anschaffungs- oder Herstellungskosten einschließlich aller Nebenkosten des Leasinggebers für die Beschaffung und Bereitstellung des Leasinggegenstandes vor. Voll- und Teilamortisationsverträge sind die vorrangig verwendeten Formen des Finanzierungsleasings.

5.3 Gemeinsame Voraussetzungen für alle Vertragsformen

Um die i. d. R. angestrebte bilanzielle Zurechnung beim Leasinggeber zu erreichen, muss sich die unkündbare Grundmietzeit grundsätzlich in einem Intervall von mindestens 40 % und höchstens 90 % der betriebsgewöhnlichen Nutzungsdauer des Leasingobjekts bewegen. Die Obergrenze von 90 % erklärt sich aus der Überlegung, dass sich der Leasingnehmer bei einer noch längeren unkündbaren Laufzeit nahezu das gesamte Nutzenpotenzial des Leasingobjekts aneignen könnte. Durch bloße Erfüllung seiner vertraglichen Pflichten wäre er dann in der Lage, den Leasinggeber als zivilrechtlichen Eigentümer im Sinne von § 39 Abs. 2 AO dauerhaft von der Einwirkung auf das Wirtschaftsgut wirtschaftlich auszuschließen.

Die Laufzeituntergrenze von 40 % kann damit begründet werden, dass die Finanzverwaltung verdeckte Abzahlungsgeschäfte verhindern will. Die Finanzverwaltung ist der Ansicht, dass ein Leasingnehmer nur dann zur vollen Amortisation des Objekts über einen derart kurzen Zeitraum bereit ist, wenn er davon ausgehen kann, es am Ende zu erwerben.

Nach dem Wortlaut des Erlasses ist als betriebsgewöhnliche Nutzungsdauer der in den amtlichen AfA-Tabellen angegebene Zeitraum zugrunde zu legen.

Eine weitere bei allen Vertragsformen zu prüfende Voraussetzung für die bilanzielle Zurechnung beim Leasinggeber ist der Ausschluss von Spezialleasing. Spezialleasing liegt vor, wenn der Leasinggegenstand in einem solchen Maß auf die speziellen Anforderungen und Verhältnisse des Leasingnehmers zugeschnitten ist, dass eine wirtschaftlich sinnvolle anderweitige Nutzung oder Verwertung nicht möglich erscheint. In diesem Fall soll die bilanzielle Zurechnung beim Leasingnehmer erfolgen, wenn diesem eine Kaufoption eingeräumt ist. Ein Beispiel für Spezialleasing wäre, wenn eine Brauerei ihre firmenspezifischen Bierkästen leasen wollte. Da diese Bierkästen am Ende der betriebsgewöhnlichen Nutzungsdauer von der Leasinggesellschaft wirtschaftlich nicht genutzt werden können, würde das Finanzamt den Leasingvertrag nicht anerkennen und das Leasinggut dem Leasingnehmer zurechnen. Die Brauerei wäre also mit Vertragsschluss wirtschaftliche Eigentümerin des Leasinggutes, nicht aber die Leasinggesellschaft.

5.4 Anschlussverträge bei Vollamortisationsverträgen am Ende der Vertragslaufzeit

-   **Optionslose Verträge:** Bei optionslosen Vollamortisationsverträgen wird das Leasingobjekt nach Laufzeitende an den Leasinggeber zurückgegeben und von diesem freihändig verwertet. Die bilanzielle Zuordnung erfolgt beim Leasinggeber, wenn sich die unkündbare Grundmietzeit in dem Intervall zwischen 40 % und 90 % der betriebsgewöhnlichen Nutzungsdauer bewegt und kein Spezialleasing vorliegt.
-   **Verträge mit Kaufoption:** Bei Verträgen mit Kaufoption ist dem Leasingnehmer von vornherein vertraglich das Recht eingeräumt, das Leasingobjekt nach Ablauf der Grundmietzeit zu einem vorher festgelegten Preis zu erwerben. Es besteht für den Leasingnehmer keine Verpflichtung für den Kauf. Bei diesem Vertragstyp wird für eine bilanzielle Zurechnung beim Leasinggeber zusätzlich zu den vorgenannten Kriterien (Laufzeit, Spezialleasing) vorausgesetzt, dass der Ausübungspreis der Option nicht niedriger ist als der Restbuchwert. Der Restbuchwert ist dabei nach der linearen Abschreibungsmethode unter Verwendung der amtlichen AfA-Tabellen zu ermitteln.
-   **Verträge mit Mietverlängerungsfunktion:** Ähnliches gilt, wenn dem Leasingnehmer ein Recht eingeräumt ist, den Vertrag nach Ablauf der Grundmietzeit zu vorher festgelegten Konditionen auf bestimmte oder unbestimmte Zeit zu verlängern. Hier muss für eine Zurechnung beim Leasinggeber die vorab vereinbarte Anschlussmiete so bemessen sein, dass sie mindestens den Werteverzehr des Leasingobjekts im Verlängerungszeitraum deckt.

5.5 Anschlussverträge bei Teilamortisationsverträgen am Ende der Vertragslaufzeit

Beim Teilamortisationsvertrag soll ebenfalls die bilanzielle Zuordnung des Leasingobjekts beim Leasinggeber erfolgen. Bei den Vertragsmodellen wird eine unkündbare Grundmietzeit in dem Intervall von mehr als 40 % und nicht mehr als 90 % der betriebsgewöhnlichen Nutzungsdauer angenommen.

-   **Verträge mit Andienungsrecht des Leasinggebers:** Bei Verträgen mit Andienungsrecht ist der Leasingnehmer auf Verlangen des Leasinggebers verpflichtet, das Leasingobjekt nach Ablauf der Grundmietzeit zu einem bereits bei Abschluss des Leasingvertrags fest vereinbarten Preis zu erwerben. Der Leasingnehmer kann aber nicht auf einem Erwerb bestehen, insofern darf das Andienungsrecht des Leasinggebers nicht mit einer Kaufoption des Leasingnehmers verwechselt werden. Der Leasinggeber ist frei, das Leasingobjekt auch anderweitig ggf. zu einem höheren Preis zu verwerten. Den Andienungspreis bezeichnet man als kalkulatorischen Restwert. Er ist so bemessen, dass er zusammen mit dem bereits während der Grundmietzeit geleisteten Zahlungen die Gesamtkosten des Leasinggebers, einschl. Neben- und Finanzierungskosten, deckt. Durch das Andienungsrecht wird das Restwertrisiko auf den Leasingnehmer übertragen. Er muss das Objekt auf Verlangen des Leasinggebers auch dann zu dem vereinbarten kalkulatorischen Restwert erwerben, wenn der tatsächliche Marktpreis darunter liegt. Die Chance auf Wertsteigerung steht demgegenüber dem Leasinggeber zu. Das wirtschaftliche Eigentum an dem Leasingobjekt und damit die bilanzielle Zurechnung liegen bei diesen Verträgen beim Leasinggeber.

- **Verträge mit Aufteilung des Mehrerlöses:** Bei Verträgen mit Mehrerlösaufteilung wird das Leasingobjekt nach Ablauf der Grundmietzeit vom Leasinggeber veräußert. Der dabei erzielte Veräußerungserlös wird mit der sog. Restamortisation verglichen, also der Differenz zwischen den Gesamtkosten des Leasinggebers und den während der Laufzeit geleisteten Zahlungen des Leasingnehmers. Wenn der Verwertungserlös die Restamortisation nicht deckt, hat der Leasingnehmer in Höhe des noch fehlenden Betrages eine Abschlusszahlung zu leisten. Ist der Veräußerungserlös hingegen höher als die Restamortisation, so wird der überschießende Betrag, der sog. Mehrerlös, zwischen Leasinggeber und Leasingnehmer aufgeteilt. Der Anteil des Leasingnehmers darf dabei 75 % nicht überschreiten. Auch bei diesem Vertragsmodell liegt das Restwertrisiko beim Leasingnehmer, da er einen evtl. Fehlbetrag zwischen Veräußerungserlös und Restamortisation im Wege der Abschlusszahlung ausgleichen muss. Die Wertsteigerungschance wird zwischen Leasinggeber und Leasingnehmer geteilt. Gemäß dem Erlass ist von einer wirtschaftlich ins Gewicht fallenden Beteiligung des Leasinggebers auszugehen, wenn dessen Anteil am Mehrerlös mindestens 25 % beträgt. Unter dieser Voraussetzung ist ihm das Leasingobjekt bilanziell zuzurechnen.

- **Kündbare Verträge mit Abschlusszahlung und Anrechnung des Verwertungserlöses:** Bei dieser Vertragsart ist das Leasinggeschäft zunächst auf unbestimmte Zeit abgeschlossen. Es wird von einer betriebsgewöhnlichen Nutzungsdauer von 40 % ausgegangen. Danach kann der Leasingnehmer den Vertrag kündigen, wobei häufig bestimmte Kündigungszeitpunkte vorgegeben sind. Mit der Kündigung wird eine Abschlusszahlung des Leasingnehmers fällig, die sich wiederum nach der Restamortisation in Höhe der Differenz zwischen den Gesamtkosten des Leasinggebers und bereits geleisteten Zahlungen des Leasingnehmers bemisst. Das Leasingobjekt wird vom Leasinggeber verwertet und der Erlös aus der Veräußerung zu 90 % auf die Abschlusszahlung des Leasingnehmers angerechnet. Ein evtl. über der Restamortisation liegender Teil des Veräußerungserlöses steht im vollen Umfang dem Leasinggeber zu. Dies führt zu einer bilanziellen Zurechnung des Leasingobjekts beim Leasinggeber.

5.6 Kurzübersicht: Leasingverträge

Arten	- Vollamortisationsvertrag - Teilamortisationsvertrag
Zweck	- alternative Finanzierungsfunktion zur Kreditfinanzierung - Das Investitionsrisiko trägt der Leasingnehmer. - Während der Vertragslaufzeit übernimmt der Leasingnehmer die volle Amortisation des Leasingobjekts (Anschaffungskosten, Zinsen und alle weiteren Kosten).
Gemeinsame Voraussetzungen für Vollamortisations- und Teilamortisationsverträge	- bilanzielle Zurechnung des Leasingobjekts beim Leasinggeber - Die Grundmietzeit liegt zwischen 40 % und 90 % der betriebsgewöhnlichen Nutzungsdauer. - Die betriebsgewöhnliche Nutzungsdauer von Leasingobjekten entspricht den AfA-Tabellen. - Ausschluss von Spezialleasing
Anschlussverträge bei Vollamortisationsverträgen	Optionslose Verträge Verträge mit Kaufoption: - Der Ausübungspreis wird vorher festgelegt. - Der Ausübungspreis darf nicht niedriger sein als Restbuchwert. - Der Leasingnehmer hat keine Kaufverpflichtung. Verträge mit Mietverlängerungsfunktion
Anschlussverträge bei Teilamortisationsverträgen	Verträge mit Andienungsrecht des Leasingnehmers: - Der Restwertpreis ist bei Vertragsabschluss festgelegt. - Der Leasinggeber ist nicht verpflichtet sein Andienungsrecht auszuüben. - keine Kaufoption des Leasingnehmers - Das Restwertrisiko liegt beim Leasingnehmer. - Die Chance auf Wertsteigerung steht dem Leasinggeber zu. Verträge mit Aufteilung des Mehrerlöses: - Ist der Restwerterlös zu niedrig, dann muss der Leasingnehmer eine Ausgleichszahlung leisten. - Ist der Restwerterlös hoch, dann wird der Mehrerlös aufgeteilt, 25 % erhält der Leasinggeber und 75 % der Leasingnehmer. - Das Restwertrisiko liegt beim Leasingnehmer. Kündbare Verträge mit Abschlusszahlungen und Anrechnung des Verwertungserlöses: - zunächst unkündbarer Vertrag - betriebsgewöhnliche Nutzungsdauer von 40 % - danach Kündigungsrecht des Leasingnehmers - Eine Ausgleichszahlung wird fällig. - Die Vollamortisation muss gewährleistet sein. - Das Leasingobjekt wird vom Leasinggeber verwertet. - Der Erlös aus der Verwertung wird auf die Ausgleichszahlung zu 90 % angerechnet.

5.7 Fragen zur Wiederholung und Vertiefung

1. Unter welchen Voraussetzungen werden die Leasingobjekte dem Leasinggeber steuerlich zugerechnet?

2. Beschreiben Sie die möglichen Anschlussverträge beim Vollamortisations- und Teilamortisationsvertrag am Ende der Grundmietzeit.

5.8 Fallbeispiel: Vergleich Kreditfinanzierung – Leasingfinanzierung

Die *Kora GmbH* produziert Alarm- und Sicherheitsanlagen für private und gewerbliche Zwecke. Die Nachfrage nach Sicherheitstechnik ist in den letzten Monaten stark angestiegen, sodass die Geschäftsleitung beschlossen hat, die Produktionskapazitäten zu erweitern. Im Zusammenhang mit dieser Erweiterungsproduktion sollen jetzt zusätzlich neue Gabelstapler für die Lagerhaltung und den Vertrieb angeschafft werden. Zunächst sollen 5 zusätzliche Gabelstapler beschafft werden. Der Preis pro Fahrzeug soll 50.000,00 EUR betragen.

Unklar ist noch die Finanzierung der Investition:

Eine Kreditfinanzierung über die *Nordbank AG* könnte zu einem Jahreszinssatz von 8 % durchgeführt werden. Die Kreditlinie bei der *Nordbank AG* beträgt zurzeit noch 300.000,00 EUR.

Alternativ könnte die Finanzierung auch über die *NordLeasing GmbH* abgewickelt werden. Die betriebsgewöhnliche Nutzungsdauer beträgt 60 Monate. Die Vertragslaufzeit soll 80 % der Nutzungsdauer betragen.

Die *NordLeasing GmbH* bietet folgende Leasingverträge an:

Vollamortisationsvertrag, bei dem ein Leasingfaktor von 3,15 zugrunde gelegt wird.

Teilamortisationsvertrag, Verzinsung 12 % p. a. bei einem geschätzten Restwert von jeweils 7.000,00 EUR. Der Leasingvertrag sieht eine Restwerterlösbeteiligung für den Leasingnehmer von 75 % vor. Die Leasinggesellschaft behält sich ein Andienungsrecht für den Fall vor, dass die Gabelstapler am Markt nicht bzw. nur zu einem geringen Teil des geschätzten Restwertes veräußert werden können.

a) Wer wird Eigentümer, wer wird Besitzer der Leasingobjekte bei den beiden Finanzierungsalternativen? Machen Sie in diesem Zusammenhang den Unterschied zwischen Besitz und Eigentum deutlich.

b) Prüfen Sie, wer das Investitionsrisiko für die Anschaffung der Leasingobjekte bei beiden Finanzierungsformen trägt.

c) Welcher Vertragspartner trägt bei beiden Finanzierungsformen die Sach- und Preisgefahr der Investition?

d) Wer trägt in beiden Finanzierungsformen das Gewährleistungsrisiko, d. h. welcher Vertragspartner setzt im Falle eines Produktionsmangels der Gabelstapler die Gewährleistungsrechte beim Lieferanten (Hersteller der Gabelstapler) durch?

e) Welcher Vertragspartner trägt im Falle der Leasingfinanzierung das Restwertrisiko?

f) Ermitteln Sie die monatlichen Kreditkosten für den Kreditvertrag sowie die Leasingraten für den Vollamortisations- und Teilamortisationsvertrag.

g) Welche Finanzierungsform ist für die *Kora GmbH* zu empfehlen? Begründen Sie Ihre Entscheidung.

6 Kaufvertrag

Der Kaufvertrag gehört zu den wichtigsten und im Wirtschaftsleben am häufigsten getätigten Umsatzgeschäften. Ziel dieses Vertragstyps ist die Übereignung von Waren oder Rechten gegen Entgelt. Der Kaufvertrag ist ein gegenseitiger Vertrag, denn die zu erbringenden Leistungen von Käufer und Verkäufer stehen in einem Gegenseitigkeitsverhältnis. Der Vertrag ist ein Verpflichtungsgeschäft. In ihm verpflichtet sich der Verkäufer, den Kaufgegenstand zu übereignen und der Käufer verpflichtet sich, diesen Gegenstand zu bezahlen. Wegen des Abstraktionsprinzips ist der Kaufvertrag stets rechtlich vom Erfüllungsgeschäft, also der tatsächlichen Übereignung der Kaufsache, zu trennen. Der Kaufvertrag ist den §§ 433 ff. BGB geregelt. Auf ihn finden die allgemeinen Regelungen der §§ 145 ff. BGB Anwendung. Der Vertrag ist grundsätzlich formfrei. Dies bedeutet, dass er sowohl schriftlich, mündlich als auch durch schlüssiges Verhalten zustande kommen kann.

6.1 Rechte des Käufers bei Mängeln

Da die Mangelfreiheit der Kaufsache zu den Hauptpflichten des Verkäufers gehört, haftet dieser, wenn Mängel an der Kaufsache vorliegen. Ein Mangel kann in einem Sach- oder in einem Rechtsmangel bestehen. Eine bewegliche Sache ist nach § 434 Abs. 1 BGB mangelhaft, wenn sie nicht die vereinbarte Beschaffenheit aufweist.

Auch wenn der § 437 BGB mit seinen Ziffern 1 bis 3 mehrere unterschiedliche Rechte des Käufers bei Sach- und Rechtsmängeln ermöglicht, so darf sich der betroffene Käufer hier nicht frei für einen der unter den Ziffern 1 bis 3 genannten Wege entscheiden, sondern er hat hierbei zwingend eine bestimmte Reihenfolge einzuhalten.

Zunächst hat der Käufer nur den in § 437 Nr. 1 BGB genannten Anspruch auf Nacherfüllung. Der Begriff der Nacherfüllung stellt hier den Oberbegriff für Nachlieferung und Nachbesserung dar. Zwischen diesen beiden Alternativen hat der Kunde nach § 439 BGB die Wahl. Er kann also frei entscheiden, ob der Mangel durch Reparatur der Kaufsache behoben werden soll oder ob er lieber ein neues fehlerfreies identisches Produkt haben möchte. Das Wahlrecht liegt beim Kunden. Der Verkäufer darf dem Kunden nicht vorschreiben, welche der beiden Alternativen zur Mängelbeseitigung durchgeführt wird. Nur in sehr begrenzten Fällen kann das Wahlrecht des Kunden auf eine Alternative eingeschränkt sein. So kann es beispielsweise vorkommen, dass ein Kunde ein limitiertes Gerät kauft, welches zum Zeitpunkt der Inanspruchnahme der Mängelgewährleistung nicht mehr vorrätig ist und auch nicht mehr beschafft werden kann. In derartigen Fällen wären die Alternativen auf die Nachbesserung – also auf eine Reparatur – beschränkt. Ebenso sind Fälle denkbar, bei welchen die Nachbesserung einen unverhältnismäßigen Kostenaufwand erfordert. Auch in derartigen Fällen wird die Wahl des Kunden auf eine Alternative beschränkt.

Die Mängelgewährleistungsrechte des Kaufvertrags verjähren nach § 438 Abs. 1 Nr. 3 BGB bei beweglichen Sachen gewöhnlich nach zwei Jahren ab Übereignung der Ware. Zwar kann die Verjährungsfrist grundsätzlich durch vertragliche Vereinbarungen verkürzt werden, doch ist dies gemäß § 475 Abs. 2 BGB nur bei Verträgen zwischen Unternehmern, nicht aber bei Verträgen mit Verbrauchern möglich.

Nach § 476 BGB wenden Gerichte innerhalb der ersten 6 Monate nach der Übereignung der Ware zugunsten des Verbrauchers eine Beweislastumkehr an. D. h. weist eine Ware, wie z. B. ein Fernsehgerät, innerhalb der ersten 6 Monate einen Mangel auf, so trägt der Verkäufer die Beweislast dafür, dass er den Fernseher mangelfrei übereignet hat. Es wird also unterstellt, dass der Fehler bereits bei Übereignung in dem Produkt angelegt war.

Tritt der Mangel erst in einem Zeitpunkt auf, welcher mehr als 6 Monate nach der Übereignung der Ware liegt, so muss der Käufer beweisen, dass der Gegenstand bereits bei Übereignung mangelhaft war.

6.2 Sachenrecht

Zu den dinglichen Rechten gehören beispielsweise: Besitz, Eigentum, Anwartschaftsrecht, Grundschuld, Erbbaurecht, Nießbrauch und Pfandrecht. Die dinglichen Rechte können nur in der Form begründet und übertragen werden, wie sie im Gesetz geregelt sind.

6.3 Besitz

Die tatsächliche Herrschaft über eine Sache, also die Möglichkeit, über eine Sache verfügen zu können, wird als Besitz bezeichnet. Der Besitzerwerb wird in § 854 BGB geregelt.

6.4 Eigentum

Eigentum kann als Zuordnung einer Sache zu einem Rechtssubjekt verstanden werden, sodass hieraus für den Eigentümer ein absolutes Recht an der Sache entsteht. Unter den Begriff des Eigentums fallen bewegliche Sachen und Immobilien. Das Eigentum gibt dem Eigentümer nach § 903 BGB das Recht, im Rahmen der geltenden Gesetze nach Belieben mit seinem Eigentum zu verfahren. Hierzu gehört das Recht, den Gegenstand zu benutzen, zu verbrauchen oder ihn zu zerstören. Der Eigentümer darf andere Personen von jedweder Einwirkung auf sein Eigentum ausschließen.

6.5 Eigentumsübertragung beweglicher Gegenstände

Der Erwerb des Eigentums an beweglichen Sachen findet im Zivilrecht nach den Regelungen des § 929 BGB statt. Nach dieser Vorschrift ist es erforderlich, dass beide Beteiligten sich darüber einig sind, dass das Eigentum auf den Erwerber übergehen soll. Darüber hinaus ist als Publizitätsmerkmal die Übergabe der Sache erforderlich.

Man braucht zum Erwerb des Eigentums einer beweglichen Sache grundsätzlich Einigung und Übergabe. Wenn der Erwerber allerdings bereits im Besitz der Sache ist, wird nach § 929 Satz 2 BGB ausnahmsweise auf die Übergabe verzichtet.

Nach § 930 BGB kann die Übergabe in Fällen, in welchen der veräußernde Eigentümer die Sache im Besitz hat, dadurch ersetzt werden, dass eine Vereinbarung darüber getroffen wird, dass der Veräußerer weiterhin im Besitz der Sache bleibt (sog. Besitzkonstitut). Hierfür ist es erforderlich, das zwischen dem Eigentümer und dem Erwerber ein Rechtsverhältnis vereinbart wird, durch das der Erwerber den mittelbaren Besitz erlangt.

6.6 Programmierte Aufgaben zum Kaufvertrag

Aufgabe 1

Welche der nachstehenden Formen der Eigentumsübertragungen kommen in den nachstehenden Fällen zur Anwendung? Ordnen Sie zu!

Formen der Eigentumsübertragung

1. Einigung und Übergabe
2. Bloße Einigung
3. Einigung und Vereinbarung eines konkreten Besitzkonstituts
4. Einigung und Abtretung des Herausgabeanspruchs

Fälle

A Verkauf von Waren, die bei einem Lagerhalter eingelagert sind

B Verkauf von Waren, die der Verkäufer dem Käufer zur Ansicht überlassen hatte

C Verkauf einer Goldmünze am Bankschalter

D Verkauf des geleasten Pkw an den Leasingnehmer nach Ablauf der Grundmietzeit, den der Leasingnehmer (Käufer) bereits in Besitz hat

A	B	C	D

Aufgabe 2

Die *Kora GmbH* hatte am 17.01.2013 einen Fotokopierer für 1.500,00 EUR gekauft. Die Lieferung erfolgte am 19.01.2013, bezahlt wurde an diesem Tag mittels Scheck. Bestandteil des Kaufvertrags waren die Allgemeinen Geschäftsbedingungen, in denen ein Eigentumsvorbehalt enthalten war. Welche Aussagen zum Eigentumsvorbehalt sind richtig?

A Der Eigentumsvorbehalt ist im gegenseitigen Interesse, denn er schützt Käufer und Verkäufer gleichermaßen.

B Der Eigentumsvorbehalt liegt im Interesse des Verkäufers, weil der Fotokopierer per Scheck bezahlt wird.

C Der Eigentumsvorbehalt sichert die Ansprüche des Verkäufers auf Herausgabe des Fotokopierers, wenn der Fotokopierer nicht vollständig bezahlt wird.

D Ein Eigentumsvorbehalt lässt sich grundsätzlich nicht durch Allgemeine Geschäftsbedingungen vereinbaren.

E Der unter Eigentumsvorbehalt gekaufte Fotokopierer kann bis zur endgültigen Bezahlung nicht von der *Kora GmbH* bilanziert werden.

F Ohne Vereinbarung des Eigentumsvorbehalts wäre das Eigentum am 17.01.2013 übergegangen.

Aufgabe 3

Geben Sie in den nachstehenden Fällen an,
-   welche der unten stehenden Rechtspositionen (I) die unterstrichene Person bzw. Institution jeweils innehat,
-   welche der unten stehenden Begründungen (II) jeweils zutrifft.

Fälle

A Der kaufmännische Angestellte Martin Scholz nutzt mit Zustimmung seines Arbeitgebers das Geschäftsfahrzeug für eine private Urlaubsreise.

B Im Rahmen einer Kreditgewährung lässt sich die Nordbank AG von einem Firmenkunden einen Gabelstapler sicherungsübereignen.

C Ulrike Sommer kauft von einer Freundin einen Motorroller, der sich zurzeit in einer Werkstatt befindet. Bei der Übereignung wird vereinbart, dass Frau Sommer sich den Roller zu einem späteren Zeitpunkt selbst dort abholt.

D Ein Kunde der Nordbank AG zahlt einen Kredit über 10.000,00 EUR mit Geld zurück, das er zuvor gestohlen hatte.

Rechtspositionen (I)
1. Eigentümer und mittelbarer Besitzer
2. Eigentümer und unmittelbarer Besitzer
3. lediglich unmittelbarer Besitzer
4. weder Eigentümer noch Besitzer

Begründungen (II)
a) Die Eigentumsübertragung erfolgte durch Einigung und Vereinbarung eines Besitzkonstituts.
b) Die Eigentumsübertragung erfolgte durch Einigung und Abtretung des Herausgabeanspruchs.
c) Es konnte kein Eigentum übertragen werden, da die Sache abhanden gekommen war.
d) Die betreffende Person übt die tatsächliche Gewalt über die Sache aus, ohne Eigentümerin zu sein.
e) Es konnte Eigentum von einem Nichtberechtigten übertragen werden, da der Erwerber im guten Glauben handelte.

	A	B	C	D
(I)				
(II)				

Aufgabe 4

Frau Böhmer kauft sich bei *Tchibo* ein Pfund Kaffee „Milde Sorte" zum Preis von 5,50 EUR. Während die Kaffeebohnen in der Maschine gemahlen werden, legt Frau Böhmer der Verkäuferin einen 10-Euro-Schein auf die Ladentheke. Nachdem sie das Wechselgeld erhalten hat, überreicht ihr die Verkäuferin die Tüte mit dem Kaffee. Daraufhin verlässt Frau Böhmer den Laden. Wann wurde Frau Böhmer Eigentümerin des Pfundes Kaffee?

A Sobald sie die 10-Euro-Banknote auf die Ladentheke gelegt hat.

B Als Frau Böhmer den Laden verlassen hat.

C Nachdem Frau Böhmer das Wechselgeld von der Verkäuferin erhalten hat.

D Erst mit Übergabe des Pfundes Kaffee

E Mit Äußerung des Wunsches an der Ladentheke, ein Pfund Kaffee haben zu wollen.

Aufgabe 5

Die Eheleute Laufer beabsichtigen, ein Grundstück in der Lohmühlenstraße 17 zu erwerben. Sie wollen wissen, ab wann sie Eigentümer des Grundstücks sind.

Die Eheleute Laufer werden Eigentümer des Grundstücks mit ...

A Beurkundung des unterschriebenen Kaufvertrags durch den Notar.

B Beurkundung der Auflassung durch den Notar.

C Eintragung der Auflassungsvormerkung in das Grundbuch.

D fristgerechte Zahlung des Kaufpreises.

E Eintragung der Eheleute in Abteilung I des Grundbuches.

Aufgabe 6

Herr Gabriel Wirth (35 Jahre alt) hat mit der *Nordimmobilien AG* einen Kaufvertrag über den Erwerb einer Eigentumswohnung abgeschlossen. Der Verkauf wird vereinbarungsgemäß abgewickelt:

Abwicklung des Verkaufs

05.02.2013	Abschluss eines Vorvertrags mit der Absichtserklärung beider Vertragspartner zur Veräußerung bzw. Kaufs der Eigentumswohnung
09.02.2013	Notarieller Abschluss des Kaufvertrages
09.02.2013	Auflassung
11.02.2013	Eintragung einer Auflassungsvormerkung zu Gunsten von Herrn Wirth und erste Teilzahlung des Kaufpreises
15.02.2013	Übergabe der Schlüssel an den Hausherrn Wirth
14.03.2013	Eintragung der Eigentumsübertragung im Grundbuch und zweite Teilzahlung des Kaufpreises
28.03.2013	Eintragungsbestätigung des Notars und Aushändigung des neuesten Grundbuchauszuges
01.04.2013	Restzahlung des Kaufpreises

a) An welchem Tag hat Herr Wirth einen dinglichen Anspruch auf die Eigentumsübertragung erworben?

b) An welchem Tag hat Herr Wirth das Eigentum an der Wohnung erworben?

c) An welchem Tag geht die Haftung am Grundeigentum auf Herrn Wirth über?

Aufgabe 7

Als Mitarbeiter/-in der *Nordbank AG* verkaufen Sie der Kundin Sabrina Freitag eine Goldmünze. Sie übergeben Frau Freitag die Goldmünze und veranlassen die Belastung des Girokontos von Frau Freitag mit dem Kaufpreis. Stellen Sie fest, in welchem Fall das Besitz- bzw. Eigentumsverhältnis zutreffend beschrieben ist!

A Frau Freitag kann nur deshalb Besitzerin der Goldmünze werden, da sie sie auf rechtmäßige Weise erworben hat.

B Frau Freitag hat mit dem Besitz die rechtliche und mit dem Eigentum die tatsächliche Herrschaft über die Goldmünze erworben.

C Frau Freitag wird erst Eigentümerin der Goldmünze, wenn der Kaufpreis ihrem Girokonto belastet wurde.

D Frau Freitag kann nur Besitzerin der Goldmünze werden, wenn ihr zuvor die *Nordbank AG* auch das Eigentum übertragen hat.

E Bewahrt Frau Freitag die Goldmünze in ihrem angemieteten Schließfach bei der *Nordbank AG* auf, so bleibt sie weiterhin unmittelbare Besitzerin der Goldmünze.

Aufgabe 8

Die *Nordbank AG* schließt mit ihrer Kundin, der *Kora GmbH*, einen Kreditvertrag zur Finanzierung einer Computeranlage. Der Kredit soll aus den laufenden Geschäftseinnahmen innerhalb von zwei Jahren getilgt werden.

Der Kreditvertrag beinhaltet folgende Sicherungsvereinbarung:

Zur Sicherung des Anspruchs übereignet die *Kora GmbH* der *Nordbank AG* das nachstehend näher beschriebene Sicherungsgut. (...) Die Übergabe des Sicherungsguts an die *Nordbank AG* wird dadurch ersetzt, dass die *Kora GmbH* das Sicherungsgut sorgfältig und sachgemäß für die *Nordbank AG* verwahrt. (...)

Welche der folgenden Aussagen zu den Besitz- und Eigentumsverhältnissen nach Abschluss der Kreditsicherungsvereinbarung ist zutreffend?

A Die *Kora GmbH* wird Eigentümerin und unmittelbare Besitzerin der Computeranlage.

B Die *Kora GmbH* wird nur dann Eigentümerin der Computeranlage, wenn die Computeranlage an sie übergeben wird.

C Die *Nordbank AG* wird Eigentümerin und mittelbare Besitzerin der Computeranlage.

D Die *Nordbank AG* wird mit der Abtretung des Herausgabeanspruchs der *Kora GmbH* Eigentümerin der Computeranlage.

E Die *Nordbank AG* wird unmittelbare Besitzerin der Computeranlage, die *Kora GmbH* wird Eigentümerin.

Aufgabe 9

Sebastian Schulte kauft in einem Elektrogeräte-Einzelhandelsgeschäft eine Waschmaschine zum Selbstabholerpreis von 800,00 EUR und bezahlt sie sofort bar. Er vereinbart mit dem Verkäufer, die Waschmaschine innerhalb einer Woche selbst abzuholen. Als Herr Schulte die Waschmaschine am übernächsten Tag abholen will, ist das Geschäft wegen Insolvenz geschlossen. Welche der folgenden Aussagen zu den Besitz- und Eigentumsverhältnissen an der Waschmaschine ist zutreffend?

A Herr Schulte ist Eigentümer, aber nicht Besitzer der Waschmaschine.

B Herr Schulte ist Besitzer, aber nicht Eigentümer der Waschmaschine.

C Das Elektrogeräte-Einzelhandelsgeschäft ist Besitzer, aber nicht Eigentümer der Waschmaschine.

D Herr Schulte ist Eigentümer und Besitzer der Waschmaschine.

E Das Elektrogeräte-Einzelhandelsgeschäft ist Eigentümer und Besitzer der Waschmaschine.

Aufgabe 10

Die *Nordbank AG* kauft für den Bau einer neuen Geschäftsstelle ein Grundstück. Mit welcher der folgenden Rechtshandlungen wird die *Nordbank AG* Eigentümerin des Grundstücks?
Die *Nordbank AG* wird Eigentümerin des Grundstücks mit ...

A dem Abschluss des schriftlichen Kaufvertrags.
B der Auflassung und der Eintragung des Eigentumsübergangs im Grundbuch.
C der Zahlung des Kaufpreises.
D der notariellen Beurkundung des Kaufvertrags.
E der Einigung und der Abtretung des dinglichen Anspruchs des Verkäufers.

☐

Aufgabe 11

Petra Sander kaufte bei der *Elektro AG* eine Waschmaschine für 699,00 EUR.
Der Kauf wurde in folgenden Schritten abgewickelt:
Am 13.08.2013 wurde der Kaufvertrag abgeschlossen.
Am 21.08.2013 wurde die Waschmaschine geliefert.
Am 27.08.2013 erhielt Frau Sander die Rechnung über 699,00 EUR.
Am 30.08.2013 überwies Frau Sander den Rechnungsbetrag.
Am 02.09.2013 erfolgte die Gutschrift auf dem Konto der *Elektro AG*.

a) Ein Eigentumsvorbehalt wurde nicht vereinbart. Wann wurde Frau Sander Eigentümerin der Waschmaschine?

b) Angenommen, es wäre ein Eigentumsvorbehalt vereinbart worden. Wann wäre Frau Sander in diesem Fall Eigentümerin der Waschmaschine geworden?

Aufgabe 12

Die *Nordbank AG* bestellt für die Neueröffnung einer Geschäftsstelle Sparschweine zu Werbezwecken bei der *Klein & Co. KG*. Die Lieferung erfolgte am 18.01.2013 zusammen mit der Rechnung. Im Kaufvertrag und in den AGB der Klein & Co. KG wurden keine Vereinbarungen über den Zahlungszeitpunkt getroffen. Welche der folgenden Aussagen hinsichtlich des Zahlungsverzugs ist zutreffend?
Die *Nordbank AG* kommt ...

A sieben Tage nach dem Rechnungsdatum in Zahlungsverzug.
B 14 Tage nach dem Rechnungsdatum in Zahlungsverzug.
C erst durch die Zustellung einer Mahnung in Verzug.
D 30 Tage nach der Lieferung in Zahlungsverzug.
E 30 Tage nach dem Rechnungsdatum in Zahlungsverzug.

☐

Wichtige Rechnungsdaten:

Adressat	Nordbank AG
Aussteller der Rechnung	Klein & Co. KG
Ort	Hamburg
Rechnungsdatum	16.01.2013
Eingang bei der Nordbank AG	18.01.2013
Auftrag vom	15.12.2012
Rechnungsbetrag netto	875,00 EUR
Umsatzsteuer 19 %	166,25 EUR
Rechnungsbetrag brutto	1.041,25 EUR
Zahlbar innerhalb von 7 Tagen ab Rechnungsdatum mit 3 % Skonto oder 14 Tagen netto ohne Abzug	

Aufgabe 13

Die Nordbank AG mietet für die Eröffnung einer neuen Filiale Geschäftsräume an. Welche der folgenden Aussagen zum Mietvertrag ist zutreffend?

A Durch einen Mietvertrag wird der Mieter verpflichtet, die zum Verbrauch überlassene Sache in gleicher Art, Menge und Güte zurückzuerstatten.

B Durch den Mietvertrag ist der Vermieter verpflichtet, dem Mieter den Gebrauch der Sache zu überlassen.

C Hat die zur Miete überlassene Sache zur Zeit der Überlassung einen Mangel, so ist der Mieter verpflichtet, diesen zu beseitigen.

D Durch den Mietvertrag wird das Eigentum an der vermieteten Sache entgeltlich übertragen.

E Dem Mieter stehen die Erträge zu, die bei ordnungsgemäßer Bewirtschaftung der gemieteten Sache entstehen.

Aufgabe 14

Ordnen Sie den nachstehenden Rechtsgeschäften die jeweils gesetzlich vorgeschriebene Form zu.

Fälle

A Frau Freese kauft ihren neuen Geschirrspüler auf Raten.

B Herr Jürgen Grau zahlt sein neues Motorrad in bar.

C Der Landwirt Rainer Messner verkauft einen Acker an seinen Nachbarn per Handschlag.

D Martin Grube (19 Jahre alt) schließt mit der Nordbank AG mündlich einen Ausbildungsvertrag ab.

E Herr Georg Saxinger möchte ein öffentliches Testament aufsetzen.

F Frau Sybille Rose verspricht, dass sie ihrem Neffen zu seinem 18. Geburtstag 10.000,00 EUR schenken wird.

Formvorschriften

1. formfrei
2. Schriftform
3. öffentliche Beglaubigung
4. notarielle Beurkundung

A	B	C	D	E	F

Aufgabe 15

Die *Nordbank AG* bestellt seit vielen Jahren ihr Büromaterial bei der *Schaum GmbH*. Am 18.01.2013 sandten Sie als zuständiger Mitarbeiter/zuständige Mitarbeiterin der *Nordbank AG* an die *Schaum GmbH* eine E-Mail mit folgendem Inhalt:

Sehr geehrte Damen und Herren,

aus Ihrem aktuellen Angebot, das uns gestern per E-Mail zugegangen ist, bestellen wir 2.500 Stück Gesprächsnotizblöcke A 5, Art.-Nr.130-2010-202, zum Nettopreis von 0,96 EUR/Stück.

Mit freundlichen Grüßen

Nordbank AG

Hamburg

Einige Tage später fällt Ihnen auf, dass Sie lediglich 250 Notizblöcke bestellen wollten. Welche der folgenden Aussagen zur Gültigkeit des Kaufvertrags ist zutreffend?

A   Da die Willenserklärungen von der *Schaum GmbH* und der *Nordbank AG* per E-Mail abgegeben wurden, ist kein Kaufvertrag zustande gekommen.

B   Da die *Nordbank AG* irrtümlicherweise eine zu große Menge an Notizblöcken bestellt hat, ist die Bestellung von Anfang an rechtlich nicht verbindlich.

C   Da die *Nordbank AG* und die *Schaum GmbH* seit vielen Jahren in Geschäftsverbindung stehen, kann dieser Kaufvertrag nicht angefochten werden.

D   Da die *Nordbank AG* versehentlich zu viele Notizblöcke bestellt hat, kann die *Nordbank AG* diesen Kaufvertrag anfechten.

E   Da Angebote per E-Mail unverbindlich sind, ist kein Kaufvertrag zustande gekommen.

Aufgabe 16

Frau Neumann ist Mitarbeiterin einer Boutique und hat ohne Zustimmung der Inhaberin der Boutique Frau Jäger am 17.01.2013 Abendkleider im Wert von 18.000,00 EUR bei der *Outlet AG* bestellt. Die Auftragsbestätigung der *Outlet AG* erfolgte am 19.01.2013. Welche der folgenden Aussagen ist in diesem Zusammenhang richtig?

Das Rechtsgeschäft mit der *Outlet AG* ...

1. kommt nur rechtswirksam zustande, wenn Frau Jäger das Rechtsgeschäft im Nachhinein genehmigt.
2. kommt nur rechtswirksam zustande, wenn die Boutique die Ware annimmt.
3. kann von der Boutique erfolgreich angefochten werden, weil die erforderliche Genehmigung von Frau Jäger fehlt.
4. ist am 19.01.2013 rechtswirksam zustande gekommen.
5. ist von Anfang an nichtig, weil die Einwilligung von Frau Jäger fehlt.

Aufgabe 17

Welche der nachstehenden Aussagen treffen auf
1. einen Kaufvertrag
2. einen Leihvertrag
3. einen Mietvertrag
4. einen Pachtvertrag
5. einen Schenkungsvertrag
zu? Ordnen Sie zu!

Aussagen

Er regelt eine…

A entgeltliche Überlassung von Sachen, die lediglich den Gebrauch beinhaltet.

B unentgeltliche Überlassung von Sachen zum Gebrauch.

C Entgeltliche Überlassung des Gegenstandes zum Gebrauch und zum Genuss der Früchte.

D unentgeltliche Übereignung von Sachen.

E entgeltliche Übereignung von Sachen.

A	B	C	D	E

6.7 Fragen zur Wiederholung und Vertiefung

1. Der Kaufvertrag ist in den §§ 433 ff. BGB geregelt. Nennen Sie die Verpflichtungen, die der Käufer und der Verkäufer im Rahmen des Verpflichtungsgeschäfts nach § 433 BGB eingehen.

2. Welche Besonderheit im BGB schützt im Rahmen der Gewährleistungsrechte den Verbraucher?

3. In welcher Reihenfolge können nach dem BGB die Mängelgewährleistungsrechte wahrgenommen werden?

4. Wegen des Abstraktionsprinzips ist das Erfüllungsgeschäft rechtlich vom Kaufvertrag zu trennen. Nennen Sie die Verpflichtungen für Käufer und Verkäufer, die sich aus dem Erfüllungsgeschäft ergeben.

5. Was versteht man unter der „Beweislastumkehr" nach § 476 BGB?

6. Unterscheiden Sie die Begriffe „Besitz" und „Eigentum".

7. Beschreiben Sie den Vorgang der Eigentumsübertragung.

7 Leasing und Allgemeine Geschäftsbedingungen

Die Freiheit der inhaltlichen Gestaltung des Vertrags wird oft weitgehend durch AGB (§§ 305 bis 309 BGB) eingeschränkt. Die Anwendbarkeit der §§ 305 bis 309 BGB setzt voraus, dass es um die Gestaltung eines Vertrages durch AGB geht. AGB sind alle für eine Vielzahl von Verträgen vorformulierten Vertragsbedingungen, die eine Vertragspartei (Verwender) der anderen bei Abschluss eines Vertrages stellt (§ 305 Abs. 1 BGB).

Unter Vertragsbedingungen sind Bestimmungen zu verstehen, die Inhalt des Vertrages werden sollen. Dabei kann es sich um fast den ganzen Vertragsinhalt oder nur um einzelne Vertragsbestandteile handeln.

Beispiel:

Ein Formularvertrag wie der Einheitsmietvertrag enthält bis auf die Angabe des Mietobjekts, des Mietzinses und des Beginns der Mietzeit alle Vertragsbestimmungen.

Die Vertragsbedingungen müssen für eine Vielzahl von Verträgen vorformuliert sein. Eine Vielzahl setzt die Absicht einer mindestens dreimaligen Verwendung voraus.

Die Vertragsbedingungen müssen dem Vertragspartner von dem Verwender gestellt, also einseitig auferlegt werden.

Vorteile von AGB für den Verwender:

Der Verwender verspricht sich von der Vertragsgestaltung durch vorformulierte Bedingungen mehrere Vorteile.

- So haben die ABG beim Abschluss von Massenverträgen (Banken und Versicherungen) eine Rationalisierungsaufgabe.
- Gleichlautende Lieferungs- und Zahlungsbedingungen für eine Vielzahl von täglich geschlossenen Verträgen erleichtern die Geschäftsabwicklung.
- Ferner dienen die AGB der Risikobegrenzung des Verwenders. Diese wird insbesondere durch die vorformulierte Vereinbarung eines Eigentumsvorbehalts, eines Ausschlusses bestimmter Schadensersatzansprüche sowie einer Einschränkung der Rechte des Vertragspartners bei mangelhafter Leistung erreicht.
- Schließlich kann durch AGB bei solchen Vertragsverhältnissen, die im Gesetz nur unzureichend geregelt sind (z. B. Leasingvertrag), erreicht werden, dass die gegenseitigen Rechte und Pflichten immer umfassend geregelt sind.

Nachteile von AGB für den Vertragspartner

Auf der anderen Seite ist nicht zu verkennen, dass die Verwendung von AGB für den Vertragspartner des Verwenders schwere Nachteile mit sich bringen kann.

- Es unterbleibt ein Aushandeln der Vertragsbestimmungen insoweit, als sie in den AGB festgelegt sind. Der Vertragspartner ist zwar frei darin, ob er mit dem Verwender überhaupt einen Vertrag abschließt; entscheidet er sich aber dazu, muss er sich mit der Geltung der AGB einverstanden erklären. Dazu ist er praktisch gezwungen, wenn er die Ware dringend braucht und der Verwender der AGB eine Monopolstellung hat.
- Es liegt nahe, dass die Interessen dessen, der die AGB formuliert, in den AGB besser geschützt werden als die des Vertragspartners (z. B. günstigere Risikoverteilung).

- Nicht selten werden die Rechte des Partners einseitig verkürzt, z. B. Ausschluss von Schadensersatzansprüchen. Es kommt hinzu, dass ein juristisch und geschäftlich ungeschulter
Partner die vielen, oft sehr klein gedruckten Bestimmungen nicht liest oder in ihrer Bedeutung
nicht erkennt.

Vor diesen Gefahren soll der Vertragspartner des Verwenders, insbesondere der Verbraucher,
durch die §§ 305 ff. BGB geschützt werden. Zu diesem Zweck enthalten die §§ 305 ff. BGB
detaillierten Regelungen dazu, unter welchen Voraussetzungen AGB Bestandteil eines Vertrages werden, wie sie auszulegen sind und wann sie inhaltlich unwirksam sind.

7.1 Einbeziehung der AGB in den Vertrag

Die Geltung der AGB beruht immer auf rechtsgeschäftlicher Grundlage. Rechtlich verbindlich
werden sie erst, wenn sie durch Einbeziehungs- oder Rahmenvereinbarung zum Inhalt des
einzelnen Vertrages geworden sind. Die Einbeziehungsvereinbarung ist kein besonderes
Rechtsgeschäft, sondern ein Teil des Vertrages.

Der Verwender muss die andere Vertragspartei bei Vertragsschluss ausdrücklich auf die AGB
hinweisen (§ 305 Abs. 2 Nr. 1 BGB). Das gilt auch dann, wenn bereits beim Abschluss früherer
Verträge auf die AGB Bezug genommen worden war. Ausnahmsweise, wenn nämlich ein
ausdrücklicher Hinweis wegen der Art des Vertragsschlusses nur unter unverhältnismäßigen
Schwierigkeiten möglich ist, genügt ein deutlich sichtbarer Aushang am Ort des Vertragsschlusses. Das gilt für Verträge des täglichen Lebens, bei denen AGB üblicherweise zu erwarten sind, ein ausdrücklicher Hinweis in der Praxis aber kaum möglich ist.

Beispiele: Beförderung durch die Straßenbahn, Bewachung des Kraftfahrzeuges auf einem
bewachten Parkplatz.

Der Vertragspartner muss in zumutbarer Weise von dem Inhalt der AGB Kenntnis nehmen
können. Die AGB müssen nach Art und Größe des Schriftbildes für einen Durchschnittskunden
mühelos lesbar und ohne übermäßigen Zeitaufwand auch verständlich sein. Bei einer Bestellung über das Internet genügt es, wenn die AGB des Anbieters über einen auf der Bestellseite
gut sichtbaren Link aufgerufen und ausgedruckt werden können.

Der Vertragspartner muss mit der Geltung der AGB einverstanden sein (§ 305 Abs. 2 BGB).
Das Einverständnis kann ausdrücklich oder konkludent erklärt werden.

Selbst wenn die Voraussetzungen des § 305 Abs. 2 und 3 BGB erfüllt sind, so wird eine Bestim-
mung der AGB dennoch nicht Vertragsbestandteil, wenn sie nach den Umständen, insbeson-
dere nach dem äußeren Erscheinungsbild des Vertrags, so ungewöhnlich ist, dass der
Vertragspartner des Verwenders mit ihr nicht zu rechnen braucht. Diese Bestimmung will den
Partner vor Überraschungen schützen; er soll darauf vertrauen dürfen, dass die AGB sich im
Rahmen dessen halten, was bei einem solchen Vertrag normalerweise zu erwarten ist (§ 305 c
Abs .1 BGB).

Beispiel:
K kauft von V eine Kaffeemaschine. Nach den AGB verpflichtet er sich außerdem zum monatlichen Bezug einer bestimmten Menge Kaffee. Obwohl es auf der Vorderseite des Vertragsformulars „Dauer 1 Jahr" heißt, ist auf der Rückseite eine Klausel enthalten, nach der sich die
Vertragsdauer automatisch verlängert, wenn nicht bis zu einem bestimmten Termin gekündigt
wird.

7.2 Auslegung der AGB und Vorrang der Individualabrede

Nach § 305 c Abs. 2 BGB gehen Auslegungszweifel zulasten des Verwenders. Diese Regel der kundenfreundlichen Auslegung kommt allerdings nur dann zum Zug, wenn sich durch Auslegung kein eindeutiges Ergebnis erzielen lässt.

Nach § 305 b BGB gilt der Vorrang der Individualabrede. Diese Vorschrift spielt immer dann eine Rolle, wenn eine Klausel in AGB im Widerspruch zu einer einzeln ausgehandelten Vereinbarung steht.

7.3 Inhaltskontrolle

Aus den §§ 307 bis 309 BGB ergibt sich, unter welchen Voraussetzungen solche AGB, die wirksam in den Vertrag einbezogen wurden, aus inhaltlichen Gründen unwirksam sind. Die in diesen Vorschriften geregelte Inhaltskontrolle ist bei denjenigen Bestimmungen in AGB vorzunehmen, durch die von Rechtsvorschriften abweichende oder diese ergänzende Regelungen vereinbart werden (§ 307 Abs. 3 BGB). § 307 BGB ist die Generalklausel der Inhaltskontrolle. Die Vorschrift spielt als Auffangtatbestand nur dann eine Rolle, wenn die Klausel nicht schon nach den §§ 308, 309 BGB unwirksam ist.

Die in § 308 BGB aufgelisteten konkreten Klauseln sind nicht immer unwirksam, können aber im Einzelfall unwirksam sein, wenn sie zu einer unangemessenen Benachteiligung des Vertragspartners führen. Die in § 309 BGB genannten Klauseln sind dagegen immer unwirksam.

Aus dem Inhalt der §§ 307 bis 309 BGB ergibt sich, dass diese Vorschriften in umgekehrter Reihenfolge zu prüfen sind. Erst dann ist zu untersuchen, ob die Klausel nach § 309 immer unwirksam ist. Nur wenn das nicht der Fall ist, stellt sich die Frage, ob die Klausel unter § 308 fällt und jedenfalls im Einzelfall unwirksam ist. Nur wenn auch das zu verneinen ist, geht es zuletzt um die Frage, ob ein Verstoß gegen den Auffangtatbestand des § 307 vorliegt.

7.4 Klauselverbote ohne Wertungsmöglichkeit

Die in den 13 Nummern des § 309 BGB aufgelisteten Klauseln sind immer unwirksam, ohne dass es auf eine Einzelfallprüfung ankommt.

Beispiele:

- In den AGB eines Möbelverkäufers heißt es: „Die Haftung für Schäden, die nicht auf der Verletzung des Lebens, des Körpers oder der Gesundheit beruhen, ist ausgeschlossen, es sei denn, dass die Pflichtverletzung des Verkäufers oder seines Erfüllungsgehilfen vorsätzlich begangen wurde." Dieser Haftungsausschluss für jedes nicht vorsätzliche Verschulden verstößt gegen § 309 Nr. 7 b BGB. Danach kann nämlich die Haftung auch für grob fahrlässige Pflichtverletzungen nicht ausgeschlossen werden.
- Die Klausel in den AGB eines Luftfahrtunternehmens, wonach bei einer Rücklastschrift eine Bearbeitungsgebühr von 50,00 EUR pro Buchung anfällt, stellt eine nach § 309 Nr. 5 BGB unwirksame Schadenspauschalierung dar.
- Dagegen verstößt folgende Schadenspauschalisierungsklausel in einem Kfz-Kaufvertrag für den Fall der Nichtabnahme des Fahrzeugs nicht gegen § 309 Nr. 5 Buchstabe b BGB: „Verlangt der Verkäufer Schadensersatz, so beträgt dieser 10 % des Kaufpreises. Der Schadensersatz ist höher oder niedriger anzusetzen, wenn der Verkäufer einen höheren oder der Käufer einen niedrigeren Schaden nachweist".

7.5 Klauselverbote mit Wertungsmöglichkeit

Alle in § 308 BGB aufgelisteten Klauseln enthalten bestimmte Rechtsbegriffe (z. B. „unangemessen lange", „hinreichend bestimmt", „sachlich gerechtfertigter Grund", „zumutbar", „besondere Bedeutung"). Das Vorliegen muss in jedem Einzelfall unter Vornahme einer Wertung
geprüft werden.

Beispiele:
- Eine in den AGB vorgesehene Lieferfrist von 6 Monaten kann beim Kauf eines Möbelstücks
  unangemessen lange im Sinne von § 308 Nr. 1 BGB sein, während sie beim Kauf eines neuen
  Pkw üblich und zulässig sein kann.
- Die Klausel eines Versandhandelsunternehmens, bei fehlender Lieferbarkeit einen gleichwertigen Ersatzartikel zu liefern, kann einen für den Verbraucher unzumutbaren Änderungsvorbehalt im Sinne von § 308 Nr. 4 BGB enthalten.

7.6 Generalklausel zur Inhaltskontrolle

Da der gesetzliche Katalog unzulässiger Klauseln nicht alle in der Praxis vorkommenden
Klauseln, die aus Gründen der Vertragsgerechtigkeit unzulässig sein sollen, enthalten kann,
stellt § 307 BGB als Auffangtatbestand eine Generalklausel auf. Danach sind AGB unwirksam,
wenn sie den Vertragspartner des Verwenders entgegen den Geboten von Treu und Glauben
unangemessen benachteiligen (§ 307 Abs. 1 Satz 1 BGB).

Beispiel:
- Die Preisanpassungsklausel eines Gasversorgungsunternehmens, wonach das Unterneh-
  men bei einer Änderung der Bezugspreise die Kundenpreise anpassen darf, benachteiligt den
  Vertragspartner unangemessen, wenn keine Anpassungspflicht nach unten bei gesunkenen
  Bezugskosten besteht.

Eine Bestimmung der AGB schränkt wesentliche Rechte oder Pflichten, die sich aus der Natur
des Vertrags ergeben, so ein, dass die Erreichung des Vertragszwecks gefährdet ist (§ 307
Abs. 2 Satz 2 BGB). Insbesondere dürfen die AGB nicht zu einer Aushöhlung von Haupt-
leistungspflichten der Parteien eines gegenseitigen Vertrages führen.

Beispiel:
- In den AGB eines Bewachungsunternehmens ist die Haftung für fahrlässig mangelhafte
  Bewachung ausgeschlossen. Damit ist eine ordnungsgemäße Erfüllung des Bewachungs-
  vertrages in Frage gestellt, sodass der Vertragszweck gefährdet ist.

7.7 Transparenzgebot

Eine unangemessene Benachteiligung kann sich auch daraus ergeben, dass die Bestimmung
nicht klar und verständlich ist (§ 307 Abs. 1 Satz 2 BGB). Diese Vorschrift regelt das sog. Transparenzgebot für AGB. In AGB sollen die Rechte und Pflichten des Vertragspartners durch eine
entsprechende Ausgestaltung und geeignete Formulierung der Vertragsbedingungen durch-
schaubar, richtig, bestimmt und möglichst klar dargestellt werden.

Beispiel:
Die Koppelung der ausdrücklichen vertraglichen Zusage des Arbeitgebers, jedes Jahr ein Weih-
nachtsgeld in bestimmter Höhe zu zahlen, mit dem Vorbehalt, die Zahlung erfolge freiwillig und
begründe keinen Rechtsanspruch, ist nach der Rechtssprechung des Bundesarbeitsgerichts wi-
dersprüchlich und verstößt gegen das Transparenzgebot.

7.8 Umgehungsverbot

Da nach den §§ 307 ff. BGB viele Klauseln gesetzlich verboten sind, werden „findige" Verfasser von AGB nach Wegen suchen, die Vorschriften zur Gestaltung der AGB zu umgehen. Das soll das Umgehungsverbot des § 306 a BGB verhindern.

Beispiel:
Der Warenumsatz wird nicht durch Kaufverträge, sondern durch Gesellschaftsverträge geregelt, da die §§ 305 ff. BGB bei Gesellschaftsverträgen keine Anwendung finden (§ 310 Abs. 4 Satz 1 BGB).

7.9 Wirksamkeit des Vertrags im Übrigen

Welche Rechtsfolgen sich für den Vertrag im Übrigen ergeben, wenn AGB entweder nicht wirksam in den Vertrag einbezogen wurden oder inhaltlich unwirksam sind, ist in § 306 BGB geregelt. Nach § 306 Abs. 1 bleibt grundsätzlich der Vertrag im Übrigen (also ohne die betreffenden AGB) wirksam.

7.10 Kurzübersicht: Gesetzliche Regelungen der AGB im BGB

Kennzeichnung	- Die Vertragsbedingungen sind für eine Vielzahl von Verträgen vorformuliert. - Vielzahl von Verwendern, mindestens dreimalige Verwendung - Die Vertragsbedingungen sind einseitig vom Verwender dem Vertragspartner auferlegt.
Vorteile für den Verwender	- Rationalisierungseffekte bei Massengeschäften - Erleichterung der Geschäftsabwicklung - Risikobegrenzung des Verwenders (z. B. vorformulierte Einräumung eines Eigentumsvorbehalts, Ausschluss bestimmter Schadensersatzansprüche, Einsschränkung von Nacherfüllungsrechten) - Rechte und Pflichten werden umfassend geregelt.
Nachteile für den Vertragspartner	- Die Vertragsbedingungen werden nicht ausgehandelt, sondern formulmäßig durch den Verwender festgelegt. - Die Vertragspartner muss sich bei Vertragsschluss mit der Verwendung der AGB einverstanden erklären. - Die Interessen des Verwenders werden in AGB besser geschützt als die der Vertragspartner. - Der Vertragspartner erkennt häufig die Bedeutung der AGB nicht oder liest sie gar nicht, weil er sie nicht versteht. Deshalb soll der Vertragspartner durch die §§ 305 bis 310 BGB geschützt werden. - **Überraschungsklauseln** sind ungültig. - Vorrang der Individualabrede - Auslegungszweifel gehen zu Lasten des Verwenders. - **Inhaltskontrolle:** In den §§ 307, 308 und 309 BGB sind Klauseln aufgeführt, die wirksam in den Vertrag eingebunden, aber inhaltlich nicht zulässig also unwirksam sind. - Ggf. Anwendung der **Generalklausel**, wenn Vertragspartner durch eine Klausel unangemessen benachteiligt wird (§ 307 und § 308 BGB, Klauselverbote mit Wertungsmöglichkeit). - Der § 309 BGB enthält Klauseln, die immer unwirksam sind. - Klauselverbote mit Wertungsmöglichkeit nach § 308 BGB

	- Alle in § 308 BGB aufgelisteten Klauseln enthalten bestimmte Rechtsbegriffe (z. B. „unangemessen lange", „hinreichend bestimmt", „sachlich gerechtfertigter Grund", „zumutbar", „besondere Bedeutung"). Das Vorliegen muss in jedem Einzelfall unter Vornahme einer Wertung geprüft werden.
Nachteile für den Vertragspartner	**Generalklausel zur Inhaltskontrolle** Da der gesetzliche Katalog unzulässiger Klauseln nicht alle in der Praxis vorkommenden Klauseln, die aus Gründen der Vertragsgerechtigkeit unzulässig sein sollen, enthalten kann, stellt § 307 BGB als Auffangtatbestand eine Generalklausel auf. Danach sind AGB unwirksam, wenn sie den Vertragspartner des Verwenders entgegen den Geboten von Treu und Glauben unangemessen benachteiligen (§ 307 Abs. 1 Satz 1 BGB).

7.11 Beispiel der AGB in einem Leasingvertrag

Typische Klauseln eines Vollamortisationsvertrages

Angebotsbindungsfrist

Der Leasingnehmer ist an sein Vertragsangebot für einen Zeitraum von einem Monat nach Zugang beim Leasinggeber gebunden. Über eine Annahme des Leasingvertrags wird der Leasinggeber den Leasingnehmer unverzüglich unterrichten.

Preisberechnung – Preisanpassung

Die Kalkulation der Leasingraten (Sonderzahlungen, einzelne Leasingraten, Schlusszahlung) beruht auf den Anschaffungskosten des Leasingobjekts, dem zum Zeitpunkt des Abschlusses des Leasingvertrags gültigen Steuer- und Abgabenrechts und der Geld- und Kapitalmarktlage. Ändern sich diese Grundlagen für die Kalkulation der Leasingraten bis zur Übernahme des Leasingobjekts, so werden die Leasingraten entsprechend angepasst.

Eine Änderung der Geld- und Kapitalmarktlage tritt ein, wenn sich der Referenzzinssatz um mehr als ... Prozentpunkte ändert.

Leasingnehmer und Leasinggeber sind berechtigt, eine entsprechende Anpassung der Leasingraten zu verlangen, wenn sich die bei Vertragsabschluss geltenden, dem Leasinggeber in seiner Funktion als Leasinggeber oder in seiner Funktion als Eigentümer des Leasingobjekts betreffenden Abgaben (Steuern, Gebühren, Beiträge) nach der Übernahme ändern oder neu eingeführt werden.

Erwerb des Leasingobjekts

Dem Leasingnehmer ist bekannt, dass der Leasinggeber das Objekt erst von einem vom Leasingnehmer ausgewählten Lieferanten erwerben muss. Hat der Leasingnehmer das Leasingobjekt bereits bestellt, so wird er den Leasinggeber umfassend informieren und ihm sämtliche Unterlagen aushändigen.

Der Leasingnehmer ist einverstanden, dass der Leasinggeber in einen bereits zwischen Leasingnehmer und Lieferanten bestehenden Beschaffungsvertrag eintritt. Der Leasinggeber wird ermächtigt, nach seiner Wahl den bereits zwischen dem Leasingnehmer und Lieferanten bestehenden Beschaffungsvertrag aufzuheben und mit dem Lieferanten einen neuen Beschaffungsvertrag über das Leasingobjekt abzuschließen (Bestelleintritt).

Auslieferung und Übernahme

Die Auslieferung des Leasingobjekts durch den Lieferanten erfolgt unmittelbar an den Leasingnehmer.

Der Leasingnehmer ist verpflichtet, das Leasingobjekt unverzüglich auf Mängel, Vollständigkeit und Übereinstimmung mit dem zwischen den Parteien des Beschaffungsvertrages Vereinbarten zu untersuchen, und das Ergebnis spezifiziert dem Lieferanten und dem Leasinggeber unverzüglich schriftlich anzuzeigen. Entsprechend ist im Falle der Nacherfüllung vorzugehen.

Der Leasingnehmer hat das Leasingobjekt zu übernehmen und dies dem Leasinggeber schriftlich zu bestätigen, sofern sich keine Beanstandungen ergeben.

Nach Eingang der Übernahmeerklärung wird der Leasinggeber an den Lieferanten den im Beschaffungsvertrag vereinbarten Preis entrichten. Mit Zugang beim Leasinggeber wird die Übernahmeerklärung zum wesentlichen Bestandteil des Leasingvertrages.

Mit Abschluss des Leasingvertrags verzichtet der Leasingnehmer zugunsten des Leasinggebers auf evtl. verbleibende Rechte am Leasingobjekt. Diese Klausel soll sicherstellen, dass der Leasinggeber möglichst von Rechten Dritter unbelastetes Eigentum erwirbt (Schutz für einen lastenfreien Eigentumserwerb).

Kosten und Gefahren der Lieferung des Leasingobjekts trägt der Leasingnehmer.

Bei Gefahreintritt durch Beschädigung oder Untergang vor der Übernahme des Leasingobjekts können Leasinggeber und Leasingnehmer vom Leasingvertrag zurücktreten. Der Leasingnehmer ist in diesen Fällen verpflichtet, dem Leasinggeber im Zusammenhang mit der Beschaffung des Leasingobjekts entstandenen Kosten zu erstatten.

Ansprüche des Leasingnehmers bei Pflichtverletzung und Mängeln des Leasingobjekts
Sollte das Leasingobjekt nicht oder nicht fristgerecht geliefert werden oder sollte der Lieferant sonstige Pflichtverletzungen begangen haben, stehen dem Leasingnehmer Rechte und Ansprüche gegen den Lieferanten zu. Ansprüche gegen den Leasinggeber sind in solchen Fällen ausgeschlossen.

Alle Ansprüche und Rechte des Leasingnehmers gegen den Leasinggeber wegen der Beschaffenheit, Sach- und Rechtsmängel des Leasingobjekts oder wegen dessen mangelnder Verwendbarkeit sind zu jeder Zeit ausgeschlossen.

Zum Ausgleich für die Haftungsausschlüsse tritt der Leasinggeber dem Leasingnehmer seine Ansprüche und Rechte gegen den Lieferanten wegen Pflichtverletzung, insbesondere auf Nacherfüllung, Minderung und Schadensersatz ab. Ausgenommen von der Abtretung sind die Ansprüche des Leasinggebers auf Verschaffung des Eigentums, aus einer Rückabwicklung des Beschaffungsvertrags, Ansprüche auf Rückgewähr, z. B. geleisteter Anzahlungen vom Leasinggeber sowie Ersatz eines dem Leasinggeber entstandenen Schadens. Der Leasingnehmer ist verpflichtet, die abgetretenen Rechte und Ansprüche unverzüglich auf seine Kosten ggf. auch gerichtlich geltend zu machen und durchzusetzen.

Sofern Lieferant und Leasingnehmer sich nach Auslieferung des Leasingobjekts nicht über die Wirksamkeit eines vom Leasingnehmer erklärten Rücktritts, eines Schadensersatzes statt der Leistung oder einer Minderung einigen, kann der Leasingnehmer die Zahlung der Leasingraten wegen etwaiger Mängel erst dann im Falle der Minderung anteilig vorläufig verweigern, wenn er Klage gegen Lieferanten auf Rückabwicklung des Beschaffungsvertrages, Schadensersatz statt der Leistung oder Minderung des Beschaffungspreises erhoben hat.

Nutzt der Leasingnehmer das Leasingobjekt während der Durchsetzung der Ansprüche gegen den Lieferanten, ist er zur Fortzahlung der Leasingraten verpflichtet. Der Leasingnehmer kann verlangen, dass die Zahlung auf ein von ihm zugunsten des Leasinggebers eingerichtetes Treuhandkonto erfolgt.

Nutzt der Leasingnehmer das Leasingobjekt nicht, ist er bis zu einer abschließenden Klärung, ob die geltend gemachten Ansprüche gegen den Lieferanten bestehen, verpflichtet, das Leasingobjekt auf eigene Kosten mit der Sorgfalt eines ordentlichen Kaufmanns zu verwahren.

Die gerichtliche Geltendmachung von Nacherfüllungsansprüchen entbindet den Leasingnehmer nicht von der Verpflichtung zur Leistung der vereinbarten Leasingraten.

Hat der Leasingnehmer eine Minderung durchgesetzt, tritt eine Anpassung des Leasingvertrags ein, sodass sich die Leasingraten und der vereinbarte Restwert und/oder vereinbarte Abschlusszahlungen von Anfang an entsprechend ermäßigen.

Hat der Leasingnehmer einen Rücktritt oder eine Rückabwicklung des Vertrags mit dem Lieferanten im Zusammenhang mit der Geltendmachung von Schadensersatzansprüchen statt der Erfüllung durchgesetzt, entfällt die Geschäftsgrundlage des Leasingvertrags.

Eine Rückgewähr des Leasingobjekts an den Lieferanten führt der Leasingnehmer auf eigene Kosten und Gefahren Zug um Zug gegen Erfüllung der Zahlungsverpflichtung des Lieferanten gegenüber dem Leasinggeber durch.

Gebrauch und Instandhaltung des Leasingobjekts

Der Leasingnehmer hat das Leasingobjekt schonend zu behandeln (Gebrauchs- und Pflegeempfehlungen). Der Leasingnehmer hat auf seine Kosten das Leasingobjekt in einem funktionsfähigen Zustand zu erhalten, insbesondere die erforderlichen Ersatzteile zu beschaffen, die jeweils erforderlichen Reparaturen durchführen zu lassen und einen Wartungsvertrag abzuschließen, wenn dies aufgrund des Leasingobjekts erforderlich ist.

Der Leasingnehmer hat alle Gesetze und Vorschriften, die den Besitz und den Betrieb des Leasingobjekts regeln, einzuhalten und alle daraus evtl. entstehenden Pflichten einzuhalten und zu erfüllen. Der Leasingnehmer stellt den Leasinggeber von allen Ansprüchen Dritter in Bezug auf das Leasingobjekt frei.

Versicherungen und Abtretung von Schadensersatzansprüchen

Der Leasingnehmer wird für das Leasingobjekt bei einem in der BRD tätigen Versicherer auf eigene Kosten eine Sachversicherung gegen Feuer, Einbruch, Diebstahl gegen Neuwert abschließen und aufrechterhalten.

Für Fahrzeuge ist eine Vollkaskoversicherung mit Selbstbeteiligung von höchstens EUR ..., für Produktions- bzw. Baumaschinen eine Maschinenkaskoversicherung, für Software eine Datenträgerversicherung abzuschließen.

Der Leasingnehmer tritt zur Absicherung der Ansprüche des Leasinggebers aus dem Leasingvertrag alle Rechte und Ansprüche aus den Versicherungsverträgen sowie gegen Schädiger und deren Absicherer dem Leasinggeber ab.

Der Leasingnehmer hat alles zu tun, damit der Versicherer einen Versicherungsschein auf den Leasinggeber ausstellt und ihm diesen übersendet.

Der Leasingnehmer ist verpflichtet, die abgetretenen Ansprüche gegen den Versicherer auf eigene Kosten geltend zu machen und den Schadensfall ab zuwickeln.

Sach- und Preisgefahr

Der Leasingnehmer trägt für das Leasingobjekt die Sach- und Preisgefahr, insbesondere alle Gefahren des zufälligen Untergangs, des Abhandenkommens, des Totalschadens, des Wegfalls der Gebrauchsfähigkeit, der Beschädigung, des vorzeitigen Wertverfalls sowie der sonstigen Verschlechterung, sofern diese Gründe nicht vom Leasinggeber zu vertreten sind.

Die Verpflichtungen aus dem Leasingvertrag bleiben davon unberührt (z. B. Zahlung der Leasingraten).

Ordentliche Kündigung

Die ordentliche Kündigung des Leasingvertrags vor Ablauf der vereinbarten Leasingdauer ist ausgeschlossen.

Außerordentliche Kündigung

Das Recht beider Vertragsparteien zur außerordentlichen Kündigung des Leasingvertrags bei Vorliegen eines wichtigen Grundes bleibt unberührt.

Der Leasinggeber ist zur außerordentlichen Kündigung insbesondere berechtigt, wenn
-   der Leasingnehmer mit einem Betrag von mindestens 2 Leasingraten in Verzug ist oder
-   nachweisbar eine wesentliche Verschlechterung der Vermögensverhältnisse eintreten ist.

Rückgabe des Leasingobjekts
Nach Beendigung des Leasingvertrags hat der Leasingnehmer auf eigene Kosten und Gefahr das Leasingobjekt an eine vom Leasinggeber zu benennende Anschrift zu liefern oder auf Weisung des Leasinggebers kostenpflichtig zu entsorgen.

Kosten und Steuern
Der Leasingnehmer übernimmt alle öffentlich-rechtliche Kosten, Gebühren und Beiträge und Steuern in ihrer jeweils gültigen Höhe, die gegenwärtig oder zukünftig aufgrund dieses Vertrages oder Besitzes und/oder Gebrauchs oder im Zusammenhang mit der Rückgabe des Leasingobjekts anfallen.

Auskünfte, Besichtigung
Der Leasingnehmer hat einen Wechsels seines Sitzes sowie Veränderungen des gewöhnlichen Aufenthaltsortes und Standortes des Leasingobjekts dem Leasinggeber unverzüglich anzuzeigen.
Der Leasingnehmer wird während der Vertragsdauer auf Verlangen des Leasinggebers jederzeit seine Vermögensverhältnisse offen legen und darüber hinaus seine Jahresabschlüsse unverzüglich nach ihrer Aufstellung, spätestens 9 Monate nach Abschluss des Wirtschaftsjahres, zur Verfügung stellen.

Aufgaben
Stellen Sie die Abwicklung eines Leasingvertrages in einzelnen Schritten dar. Gehen Sie dabei auf folgende Fragen ein:

a) Was versteht man unter einem „Bestelleintritt" im Rahmen eines Leasingvertrages?

b) Stellen Sie fest, an welchen Vertragspartner der Lieferant das Leasingobjekt ausliefert.

c) Welcher Vertragspartner überprüft das Leasingobjekt auf mängelfreie Lieferung?

d) Welcher Sachverhalt löst die Zahlung des Leasingobjekts aus?

e) Welcher Vertragspartner muss im Falle eines Mangels am Leasingobjekt die Nacherfüllungsrechte wahrnehmen?

f) Wie ist der Gebrauch und die Instandhaltung des Leasingobjekts im Leasingvertrag geregelt?

g) Mit welchem Versicherungsschutz wird das Leasingobjekt ausgestattet und welcher Vertragspartner muss die Kosten der anfallenden Versicherungen und die anfallenden Steuern (z. B. Kfz-Steuer) übernehmen?

h) Wie ist die Rückgabe des Leasingobjekts an den Leasinggeber geregelt?

7.12 Programmierte Aufgaben zu den AGB

Aufgabe 1

Wenn die *Nordbank AG* mit ihren Kunden Kontoverträge abschließt, erkennen die Kunden die Allgemeinen Geschäftsbedingungen (AGB) der *Nordbank AG* an. Welche der folgenden Aussagen zu den Regelungen des Bürgerlichen Gesetzbuchs (BGB) über die AGB ist in diesem Zusammenhang zutreffend?

A Die *Nordbank AG* muss den Kunden die AGB aushändigen, damit sie Bestandteil der Kontoverträge werden.

B Die AGB werden auch dann Bestandteil der Kontoverträge, wenn die *Nordbank AG* nicht ausdrücklich auf die Einbeziehung der AGB hinweist.

C Bestimmungen in den AGB sind auch dann wirksam, wenn sie den Kunden unangemessen benachteiligen.

D Zweifel bei der Auslegung der AGB gehen zu Lasten der *Nordbank AG* und der Kunden gleichermaßen.

E Änderungen der AGB, die den Kunden mitgeteilt wurden, können von ihnen auch stillschweigend anerkannt werden.

Aufgabe 2

Die *Nordbank AG* nutzte bisher folgende Formulierung in ihren AGB:
Alle Kosten und Barauslagen zur Beitreibung und Einbringung der Forderungen der Bank sind vom Kunden zu tragen.
Diese Klausel hat die Rechtsprechung für unzulässig erklärt, da sie sich nicht auf notwendige Kosten beschränkt. Hieraus entstehen Rechtsfolgen für die mit der *Nordbank AG* abgeschlossenen Verträge. Welche der folgenden Rechtsfolgen ist zutreffend?

A sind die gesamten AGB der *Nordbank AG* nicht mehr Vertragsbestandteil.

B bleiben die AGB nur mit erneuter Unterschrift des Kunden Vertragsbestandteil.

C gelten alle Verträge aufgrund des Formmangels von Anfang an als nichtig.

D bleiben die übrigen AGB-Klauseln der *Nordbank AG* als Vertragsbestandteil gültig.

E bleiben die gesamten AGB der *Nordbank AG* weiterhin Vertragsbestandteil.

Aufgabe 3

Der *Hansa-Markt* beabsichtigt, ab dem kommenden Monat neue AGB einzuführen. Welche der folgenden Aussagen zu den AGB sind zutreffend?

A Die Vorschriften zur inhaltlichen Ausgestaltung der AGB sind im BGB geregelt.

B Einzelne unwirksame Regelungen in den AGB machen den Vertrag im Übrigen unwirksam.

C Regelungen in den AGB sind auch dann unwirksam, wenn sie den Kunden nur unwesentlich benachteiligen.

D Die AGB unterliegen nicht der Zustimmung der Verbraucherschutzverbände.

E Der Kunde muss auf die Existenz von AGB nicht hingewiesen werden.

F Die Bestimmungen der AGB lassen sich nicht durch einzelvertragliche Abreden ersetzen.

Aufgabe 4

Welche der folgenden Aussagen zu den AGB-Regelungen des BGB sind richtig?

A AGB werden nur dann Vertragsbestandteil, wenn der Vertragspartner in schriftlicher Form die AGB anerkennt.

B Werden AGB Vertragsbestandteil, so ist es dennoch möglich, individuelle Vereinbarungen zu treffen, die dann Vorrang vor den vereinbarten AGB haben.

C Sollte sich herausstellen, dass eine verwendete AGB-Klausel nichtig ist, so führt das regelmäßig dazu, dass auch die anderen AGB-Regelungen nicht mehr angewendet werden dürfen.

D AGB werden nur dann Vertragsbestandteil, wenn der Verwender bei Vertragsabschluss der anderen Vertragspartei die Möglichkeit verschafft, in zumutbarer Weise von ihrem Inhalt Kenntnis zu nehmen.

E Zweifel bei der Auslegung der AGB gehen nicht zu Lasten des Verwenders.

F AGB werden nur dann Vertragsbestandteil, wenn der Verwender dem Vertragspartner eine Ausfertigung der AGB aushändigt.

Aufgabe 5

Die Freiheit der inhaltlichen Gestaltung des Vertrags wird oft weitgehend durch AGB eingeschränkt. Welche der nachfolgenden Aussagen kennzeichnet die Nachteile der AGB für den Vertragspartner richtig?

A Die AGB erfüllen beim Abschluss von Massenverträgen z. B. für Versicherungsverträge eine Rationalisierungsaufgabe.

B Die AGB begrenzen die Risiken des Verwenders, z. B. durch die vorformulierte Vereinbarung eines Eigentumsvorbehalts sowie den Ausschluss von bestimmten Schadensersatzansprüchen.

C Die Interessen des Verwenders werden in den AGB besser geschützt als die des Vertragspartners, z. B. günstige Risikoverteilung.

D Durch die AGB können gegenseitige Rechte und Pflichten immer umfassend geregelt werden.

E Individuelle Vereinbarungen haben stets Vorrang vor den vorformulierten AGB.

F Der juristisch ungeschulte Vertragspartner liest die vielen sehr klein gedruckten Bestimmungen nicht oder erkennt nicht ihre Bedeutung.

Aufgabe 6

Ordnen Sie die Aussagen den Grundsätzen der AGB zu

Aussagen

1. Die AGB werden erst rechtlich verbindlich, wenn der Verwender die andere Vertragspartei bei Vertragsschluss ausdrücklich auf die AGB hingewiesen hat.
2. Nach den AGB verpflichtet sich ein Kunde zu einem Bezug einer monatlichen Menge Kaffee. Obwohl es auf der Vorderseite eines Vertragsformulars „Dauer ein Jahr" heißt, ist auf der Rückseite eine Klausel enthalten, nach der sich die Vertragsdauer automatisch verlängert, wenn nicht bis zu einem bestimmten Termin gekündigt wird.
3. Dieser Grundsatz kommt nur zum Zuge, wenn sich durch Auslegung kein eindeutiges Ergebnis erzielen lässt.
4. Eine Klausel in den AGB steht im Widerspruch zu einer einzeln ausgehandelten Vereinbarung.
5. Folgende Klausel befindet sich in den AGB einer Möbelfirma: Die Haftung für Schäden, die nicht auf der Verletzung des Lebens, des Körpers oder der Gesundheit beruhen, ist ausgeschlossen, es sei denn, dass die Pflichtverletzung des Verkäufers vorsätzlich begangen wurde.
6. Alle Kosten und Barauslagen zur Beitreibung und Einbringung der Forderungen der Bank sind vom Kunden zu tragen.

Grundsätze

A Überraschungsklauseln sind nicht zulässig.

B Vorrang der Individualabrede

C Pauschalierungsverbot

D Die Haftung des Verwenders für grob fahrlässige Pflichtverletzungen kann durch die AGB nicht ausgeschlossen werden.

E Auslegungszweifel gehen zu Lasten des Verwenders.

F Einbeziehung der AGB in den Vertrag

A	B	C	D	E	F

7.13 Fragen zur Wiederholung und Vertiefung

1. Welche Vorteile haben die AGB für den Verwender (Verkäufer)?

2. Welche Nachteile haben die AGB für den Vertragspartner?

3. Erklären Sie, wie die AGB in den zugrundeliegenden Kaufvertrag rechtswirksam einbezogen werden müssen.

4. In welcher Weise muss der Verwender dem Vertragspartner die AGB rechtsverbindlich zukommen lassen?

5. In welcher Weise kann sich der Vertragspartner mit den AGB einverstanden erklären?

6. Was versteht man unter dem „Vorrang der Individualabrede"?

7. Unter welchen Voraussetzungen sind AGB, die wirksam in den Vertrag einbezogen wurden, aus inhaltlichen Gründen unwirksam (§§ 307 bis 309 BGB)?

8. Erklären Sie die Begriffe
   - Generalklausel,
   - Transparenzgebot,
   - Klauselverbote ohne und mit Wertungsmöglichkeit,
   - Umgehungsverbot.

8 Übernahme der Gewährleistungsrechte

8.1 Gewährleistungsrechte

Da die Leasinggesellschaft keinen direkten Einfluss auf die Investitionsentscheidung des Leasingnehmers hat, wird die Leasinggesellschaft rechtlich geschützt, indem dem Leasingnehmer sämtliche Erfüllungsrechte (Nacherfüllung, Schadensersatz und Rücktritt), die ursprünglich dem Leasinggeber aus dem Kaufvertrag gegen den Lieferanten/Hersteller zustehen, bedingungslos abgetreten werden. Die mietrechtliche Mängelhaftung des Leasinggebers (§§ 536 ff. BGB) lebt jedoch immer wieder dann auf, wenn es dem Leasingnehmer wegen zwischenzeitlicher Insolvenz des Lieferanten unmöglich wird, die Ansprüche durchzusetzen.

Zu den Pflichten des Herstellers nach dem Kauf- und Werkvertragsrecht gehört es, dem Käufer die Sache frei von Sach- oder Rechtsmängeln auszuliefern (§ 433 Abs. 1 Satz 2 BGB und § 633 Abs. 1 BGB). Sobald der Leasingnehmer einen Sachmangel feststellt, hat er Leasinggeber und Lieferant unverzüglich in Kenntnis zu setzen und vom Lieferanten Erfüllung zu verlangen. Eine Fristsetzung mit Ablehnungsandrohung ist nicht erforderlich. In welcher Form die Mängelbeseitigung zu erfolgen hat, bestimmt sich nach der Verhältnismäßigkeit aus der Art und dem Umfang des Mangels. Der Gesetzgeber benennt für Kaufverträge und Werkverträge unterschiedliche Regelungen (§ 437 BGB bei Kaufverträgen und § 634 BGB bei Werkverträgen).

Die Behebung der Leistungsstörung erfolgt bei einem Kaufvertrag nach Wahl des Leasingnehmers durch Nachbesserung oder Nachlieferung. Der Lieferant kann die vom Leasingnehmer gewählte Art der Nacherfüllung jedoch dann ablehnen, wenn die dadurch von ihm zu tragenden Kosten unverhältnismäßig sind. Bei Werkverträgen liegt die Vorgehensweise im Ermessen des Herstellers. Im Falle der Nachlieferung ersetzt der Lieferant das mängelbehaftete Wirtschaftsgut durch ein gleichwertiges mängelfreies. Mit diesem Austausch kommt er seiner Leistungsverpflichtung aus dem Kauf- oder Werkvertrag nach, ohne dass es einer vertraglichen Rückabwicklung bedürfte. Damit bleibt auch die Geschäftsgrundlage für den Leasingvertrag unverändert bestehen. Die Verpflichtung des Leasingnehmers, die vereinbarten Leasingzahlungen zu leisten, bleibt davon unberührt.

Kommt der Lieferant innerhalb einer adäquaten Frist seiner Nacherfüllungspflicht nicht nach, schlägt die Nacherfüllung auch nach dem 2. Versuch fehl oder ist sie dem Leasingnehmer nicht mehr zuzumuten, kann der Leasingnehmer den Kaufpreis mindern, vom Kaufvertrag zurücktreten oder Schadensersatz statt der Leistungserfüllung verlangen oder alternativ für vergebliche Aufwendungen verlangen. Ein Rücktritt kommt auch dann in Frage, wenn der Lieferant die Mängelbeseitigung verweigert oder das Scheitern der Nacherfüllung erkennbar ist.

Die Minderung des Kaufpreises führt analog im Leasingvertrag bei ansonsten unveränderten Vertragskonditionen zur Anpassung der Raten und des Restwertes. Den Minderungsbetrag erhält der Leasinggeber vom Lieferanten erstattet.

Tritt der Leasingnehmer vom Kaufvertrag zurück, entfällt rückwirkend die Geschäftsgrundlage für den Leasingvertrag. Mit der Rückgabe des mängelbehafteten Leasinggutes erhält der Leasinggeber den Kaufpreis vom Lieferanten erstattet zuzüglich der ihm entstandenen Kosten der Transaktion. Die bereits vereinnahmten Leasingzahlungen werden dem Leasingnehmer nach Bereicherungsrecht rückvergütet. Für eine evtl. Nutzung kann der Lieferant ein angemessenes Nutzungsentgelt in Rechnung stellen. Verweigert der Lieferant die Minderung oder Rücknahme des mängelbehafteten Wirtschaftsgutes, muss der Leasingnehmer seine Forderungen auf dem Klageweg geltend machen. Seine Verpflichtung zur vertragsgemäßen Zahlung der Leasingraten wird ab dem Zeitpunkt der Klageerhebung bis zur Verfahrensentscheidung ausgesetzt. Im Erfolgsfall ersetzt das Urteil das Einverständnis des Lieferanten.

8.2 Verjährungsfristen

Die Sach- und Rechtsansprüche einschließlich der Verjährungsfristen können die Vertragsparteien grundsätzlich individualvertraglich regeln. Bei neu erworbenen oder hergestellten Leasingobjekten ist eine Verjährung von weniger als einem Jahr rechtlich unwirksam. Die für mobile Wirtschaftsgüter gültige Verjährungsfrist beträgt zwei Jahre. Dies bedeutet für den Leasinggeber, dass er für die Erfüllungsansprüche des Leasingnehmers bei der Insolvenz eines Lieferanten zwei Jahre einstehen muss. Bei Werkverträgen über Bauwerke beträgt die Verjährungsfrist 5 Jahre. Die Verjährungsfrist beginnt mit der Übernahme, bei Bauwerken mit der Abnahme des Wirtschaftsgutes.

Auch wenn der Leasingnehmer Verbraucher ist, gilt die leasingtypische Abtretung der kaufrechtlichen Erfüllungsansprüche. Rechte und Pflichten der Vertragsparteien stimmen weitgehend mit den oben beschriebenen Regelungen überein. Von den gesetzlichen Regelungen des Kaufrechts abweichende Vereinbarungen (Erfüllungsansprüche, Gefahrübergang) sind indessen unwirksam (§ 475 Abs. 1 BGB). Dies gilt auch für die Verjährungsfristen von Erfüllungsansprüchen. Sie dürfen bei Verbrauchern nicht kürzer als zwei Jahre, bei gebrauchten Leasingobjekten nicht kürzer als ein Jahr sein (§ 275 Abs. 2 BGB). Eine ebenfalls verbraucherspezifische Regelung – die Beweislastumkehr – kommt zur Geltung, wenn der Leasinggegenstand während der ersten 6 Monate nach Übernahme einen Mangel aufweist. Bis zum Nachweis des Gegenteils wird zugunsten des Leasingnehmers ein von Beginn an vorhandener Mangel vermutet (§ 476 BGB).

8.3 Kurzübersicht: Gewährleistungsrechte

Lieferungspflicht	Bei Gefahr durch Beschädigung oder Untergang des Leasingobjekts vor der Übernahme des Leasingobjekts können Leasinggeber und Leasingnehmer vom Leasingvertrag zurücktreten. Der Leasingnehmer ist in diesen Fällen verpflichtet, dem Leasinggeber im Zusammenhang mit der Beschaffung des Leasingobjekts entstandene oder entstehende Kosten zu erstatten. Zum Ausgleich erhält der Leasingnehmer die Ansprüche des Leasinggebers gegenüber dem Lieferanten und sonstigen an der Lieferung beteiligten Dritten. Kern der oben aufgeführten Klauseln ist es, dass sich der Leasinggeber gegen das Risiko der nicht rechtzeitigen Lieferung oder einer Nichtlieferung absichert, unter der Voraussetzung, dass zwischen dem Leasingnehmer und dem Leasinggeber keine feste Lieferzeit vereinbart wurde und der Leasingnehmer bei Nichtlieferung ein Rücktrittsrecht hat. Die Vertragsgestaltung kann auch vorsehen, dass der Leasingvertrag erst wirksam wird, wenn der Lieferant das Leasingobjekt an den Leasingnehmer geliefert und dieser eine Abnahmebestätigung ausgestellt hat. Dann erst beginnt die Zahlungspflicht des Leasingnehmers. Unzulässig ist die Erstattung entstandener Kosten/Aufwendungen des Leasingnehmers an den Leasinggeber bei Nichtlieferung des Leasingobjekts (§ 307 BGB).
Ansprüche des Leasingnehmers bei Pflichtverletzungen und Mängeln des Leasingobjekts	Sollte das Leasingobjekt nicht oder nicht fristgerecht geliefert werden oder sollte der Lieferant sonstige Pflichtverletzungen begangen haben, stehen dem Leasingnehmer Rechte und Ansprüche gegen den Lieferanten zu. Ansprüche gegen den Leasinggeber sind ausgeschlossen.
Ansprüche des Leasingnehmers bei Mängeln des Leasingobjekts	Alle Ansprüche und Rechte des Leasingnehmers gegen den Leasinggeber wegen der Beschaffenheit, Sach- und Rechtsmängeln des Leasingobjekts oder wegen dessen mangelnder Verwendbarkeit sind zu jeder Zeit ausgeschlossen. Zum Ausgleich tritt der Leasinggeber dem Leasingnehmer seine Ansprüche und Rechte gegen den Lieferanten wegen Pflichtverletzungen, insbesondere auf Nacherfüllung, Rücktritt, Minderung und Schadensersatz, ab. Ausgenommen von der Abtretung sind die Ansprüche des Leasinggebers auf Verschaffung des Eigentums. Der Leasingnehmer ist verpflichtet, die abgetretenen Rechte und Ansprüche unverzüglich auf seine Kosten (ggf. auch gerichtlich) geltend zu machen und durchzusetzen. Sofern Lieferant und Leasingnehmer sich nach Auslieferung des Leasingobjekts nicht über die Wirksamkeit eines vom Leasingnehmer erklärten Rücktritts, eines Schadensersatzes statt der Leistung oder einer Minderung einigen, kann der Leasingnehmer die Zahlung der Leasingraten wegen etwaiger Mängel erst dann (im Fall der Minderung anteilig) vorläufig verweigern, wenn er Klage gegen den Lieferanten auf Rückabwicklung des Beschaffungsvertrages, Schadensersatz statt der Leistung oder Minderung des Beschaffungs-

	preises erhoben hat. Nutzt der Leasingnehmer das Leasingobjekt während der Durchsetzung der Ansprüche gegen den Lieferanten, ist er zur Fortzahlung der Leasingraten verpflichtet. Der Leasingnehmer kann verlangen, dass die Zahlung auf ein von ihm zu Gunsten des Leasinggebers eingerichtetes Treuhandkonto erfolgt. Statt der Fortzahlung kann der Leasingnehmer dem Leasinggeber auch eine Bankbürgschaft für die laufenden Leasingraten stellen. Nutzt der Leasingnehmer das Leasingobjekt nicht, ist er bis zu einer abschließenden Klärung, ob die geltend gemachten Ansprüche gegen den Lieferanten bestehen, verpflichtet, das Leasingobjekt auf eigene Kosten mit der Sorgfalt eines ordentlichen Kaufmanns zu verwahren. Die gerichtliche Geltendmachung von Nacherfüllungsansprüchen entbindet den Leasingnehmer hingegen nicht von der Verpflichtung zur Leistung der vereinbarten Zahlungen. Setzt der Leasingnehmer gegen den Lieferanten im Wege der Nacherfüllung einen Anspruch auf Lieferung eines neuen Leasingobjekts durch, so ist der Leasinggeber damit einverstanden, dass das bisherige Leasingobjekt gegen ein gleichwertiges neues Leasingobjekt ausgetauscht wird. Hat der Leasingnehmer eine Minderung durchgesetzt, tritt eine Anpassung des Leasingvertrags dahingehend ein, dass sich die Leasingraten und ein etwa vereinbarter Restwert und/oder etwa vereinbarte Abschlusszahlungen von Anfang an entsprechend ermäßigen. Hat der Leasingnehmer einen Rücktritt oder eine Rückabwicklung des Vertrages mit dem Lieferanten im Zusammenhang mit der Geltendmachung von Schadenersatz statt der Erfüllung durchgesetzt, entfällt die Geschäftsgrundlage des Leasingvertrags. Eine Rückgewähr des Leasingobjekts an den Lieferanten führt der Leasingnehmer auf eigene Kosten und Gefahr nur Zug um Zug gegen Erfüllung der Zahlungsverpflichtung des Lieferanten gegenüber dem Leasinggeber durch.
Gewährleistung	Mit der Abtretung der kaufrechtlichen Gewährleistungsansprüche des Leasinggebers gegen den Lieferanten an den Leasingnehmer schließt der Leasinggeber regelmäßig seine eigene Gewährleistung für den Leasinggegenstand aus. Stattdessen wird der Leasingnehmer auf die Ansprüche des Leasinggebers verwiesen, die ihm aufgrund des Kauf- oder Werklieferungsvertrages gegenüber dem jeweiligen Lieferanten zustehen. Der Leasingnehmer muss die Gewährleistungsauseinandersetzung mit dem Lieferanten führen und erforderlichenfalls Klage erheben. Ist das Leasingobjekt mangelbehaftet, kann der Leasingvertrag aufgrund eines Rücktritts vom Kaufvertrag wegfallen. Der Leasinggeber hat dann gegen den Leasingnehmer im Hinblick auf die erfolgte Nutzung des Leasingobjekts lediglich einen Bereicherungsanspruch auf Nutzungsentschädigung. Der Leasinggeber würde in diesem Fall keine Zahlungen auf die vertraglich vereinbarten Leasingraten mehr erhalten können.

	Der Leasingnehmer muss die an ihn abgetretenen Mängelansprüche gegen den Lieferanten geltend machen. Der Leasingnehmer kann dem Leasinggeber den Wegfall der Geschäftsgrundlage aufgrund seines Rücktritts erst entgegenhalten und seine Zahlung der Leasingraten einstellen, wenn entweder der Lieferant sich mit der Rückabwicklung einverstanden erklärt oder der Leasingnehmer die Rücktrittsklage gegen den bestreitenden Lieferanten erhoben hat. Wird der Lieferant insolvent, kann die Rückabwicklung des Kaufvertrags, also die Rückzahlung des Kaufpreises, nicht durchgesetzt werden. Eine Abwälzung dieses Insolvenzrisikos auf den Leasingnehmer ist sowohl im nichtkaufmännischen als auch im kaufmännischen Bereich unwirksam.
Sach- und Preisgefahr	Der Leasingnehmer trägt für das Leasingobjekt die Sach- und Preisgefahr, insbesondere alle Gefahren des zufälligen Untergangs, des Abhandenkommens, des Totalschadens, des Wegfalls der Gebrauchsfähigkeit, der Beschädigung, des vorzeitigen Werteverfalls sowie der sonstigen Verschlechterung, sofern diese Gründe nicht vom Leasinggeber zu vertreten sind. Der Eintritt derartiger Ereignisse entbindet den Leasingnehmer nicht von der Verpflichtung zur Zahlung der vereinbarten Leasingraten. Der Leasingnehmer wird den Leasinggeber unverzüglich über derartige Vorkommnisse unterrichten. Bei Eintritt eines der vorgenannten Ereignisse hat der Leasingnehmer die Wahl, - entweder unverzüglich das Leasingobjekt auf seine Kosten instand zu setzen oder es durch ein gleichartiges oder gleichwertiges Objekt zu ersetzen und den Leasingvertrag in diesen Fällen unverändert fortzusetzen, - oder im Falle des zufälligen Untergangs, des Abhandenkommens, des Totalschadens oder der erheblichen Beschädigung des Leasingobjekts den Leasingvertrag zu kündigen. Im Falle der Kündigung des Leasingvertrags hat der Leasingnehmer dem Leasinggeber nach dessen Wahl den Zeitwert des Leasingobjekts im vertragsgemäßen Zustand zu ersetzen. Der Leasingnehmer hat insbesondere alle ausstehenden Leasingraten, einen evtl. vereinbarten Restwert, eine evtl. vereinbarte Abschlusszahlung sowie eine anfallende Vorfälligkeitsentschädigung an den Leasinggeber zu zahlen. Entsprechende Zahlungsverpflichtungen sind dabei um einen evtl. Verwertungserlös für das Leasingobjekt, gemindert um entstandene Verwertungskosten, zu kürzen.

8.4 Fallbeispiel: Wahrnehmung der Gewährleistungsrechte

Die *Bäckerei Hausmann GmbH* hatte zur Finanzierung eines Kleintransporters im Wert von 40.000,00 EUR die *NordLeasing GmbH* als Leasinggeber eingeschaltet. Die Bäckerei hatte den Kleintransporter bei der *Fuhrpark AG* auf Grund eines attraktiven Angebots bestellt. Die *NordLeasing GmbH* war nach der Prüfung des Angebots und der Überprüfung der Bonität der Bäckerei und der *Fuhrpark AG* in den Kaufvertrag eingetreten. Im Kaufvertrag und im Leasingvertrag wurde der 15. Juni 2012 als Liefertermin bestimmt.

a) 14 Tage nach Abschluss des Vertrages möchte die Bäckerei in der Bestellung einige Änderungen an der Ausstattung des Transporters vornehmen. Welche Auswirkungen kann diese Vertragsänderung auf die Lieferung des Transporters mit sich bringen?

b) Obwohl die *Fuhrpark AG* die Lieferung des Kleintransporters bis zum 15. Juni 2012 zugesagt hatte, kann der Transporter aufgrund eines vierwöchigen Metallerstreiks nicht mehr fristgerecht geliefert werden. Daraufhin will die Bäckerei vom Leasingvertrag zurücktreten. Prüfen Sie die rechtliche Situation der Bäckerei.

c) Sechs Wochen nach dem vereinbarten Lieferzeitpunkt kann die Bäckerei den Kleintransporter bei der *Fuhrpark AG* abholen. Der Wagen wurde aber nicht wie vereinbart in dunkelblau sondern in schwarz und außerdem ohne Zentralverriegelung geliefert. Prüfen Sie, ob die Bäckerei in den beiden Fällen die vertraglich vereinbarten Leasingraten zahlen muss.

d) Der Kleintransporter wird von der *Fuhrpark AG* ordnungsgemäß der Bäckerei geliefert. Die *NordLeasing GmbH* erhält vorschriftsgemäß eine Übernahmebescheinigung von der *Hausmann GmbH*. Welche weiteren Pflichten ergeben sich aus dem Leasingvertrag für den Leasingnehmer?

e) In den ersten Wochen der Inbetriebnahme des Kleintransporters stellt die Geschäftsführung der *Hausmann GmbH* fest, dass das Fahrzeug nicht wie im Kraftfahrzeugschein angegeben 8,3 Liter sondern 10,8 Liter Benzin auf 100 km verbraucht. Nach Ansicht von der GmbH fährt der Transporter unter diesen Umständen unwirtschaftlich. In der Werkstatt kann auch durch mehrmalige Einstellungen des Motors der Benzinverbrauch nicht gedrosselt werden. Die Geschäftsführung der *Hausmann GmbH* entscheidet sich daher, der *NordLeasing* das Fahrzeug zurückzugeben und stellt die Zahlung der Leasingraten ein. Nehmen Sie Stellung.

f) Aufgrund eines Motorschadens einige Wochen nach Ablauf der Gewährleistungsfrist muss der Kleintransporter für acht Tage in die Reparaturwerkstatt. Prüfen Sie, ob die *Hausmann GmbH* die Reparaturkosten der *NordLeasing GmbH* in Rechnung stellen kann.

Allgemeine Leasingbedingungen der *NordLeasing GmbH*

1. Vertragsabschluss

Der Kunde ist an seinen Antrag vier Wochen ab Antragstellung gebunden. Mit Gegenzeichnung durch die *NordLeasing GmbH* kommt der Vertrag zustande. Sofern der Kunde gemäß § 13 BGB Verbraucher ist, verzichtet er ausdrücklich auf den Zugang der Annahmeerklärung der *NordLeasing GmbH*.

2. Rate, Anpassung und Abrechnungsschreiben

Änderung des Anschaffungspreises: Ändert sich der genannte Gesamtanschaffungspreis bis zum Vertragsbeginn, so ändern sich im gleichen Verhältnis die vom Kunden zu leistenden Raten und der kalkulierte Restwert.

Änderungen der Refinanzierungsbedingungen: Ändern sich zwischen dem Tag der Kalkulation der Raten und dem Vertragsbeginn die allgemeinen Refinanzierungsbedingungen, behält sich die *NordLeasing GmbH* eine Anpassung der Raten vor.

Steuerliche Veränderungen: Ändern sich nach Vertragsabschluss Vorschriften im Steuer- und Abgabenrecht im Zusammenhang mit diesem Vertrag, ist die *NordLeasing GmbH* zu einer entsprechenden Anpassung der vom Kunden zu leistenden Zahlungen berechtigt und verpflichtet.

Änderungen der Versicherungsprämien: Ist in den Raten eine Versicherungsprämie enthalten, so ist die *NordLeasing GmbH* bei deren Änderung zu einer entsprechenden Anpassung der Raten berechtigt.

3. Auswahl des Objekts

Die Auswahl des Lieferanten und des Objekts erfolgt entweder durch den Kunden oder die *NordLeasing GmbH*, der die Bedingungen des Liefervertrages inklusive AGB des Lieferanten mit dem Lieferanten ausgehandelt und akzeptiert hat. Für die Art der Konstruktion und die Tauglichkeit des Objektes zu dem vom Kunden vorgesehenen Zweck übernimmt die *NordLeasing GmbH* keine Haftung.

Nach Annahme des Vertrages wird die *NordLeasing GmbH* das Objekt beim Lieferanten bestellen. Die Bestellung erfolgt entweder ohne oder mit der aufschiebenden Bedingung, dass bis zum Beginn des Liefervorgangs kein Antrag auf Eröffnung eines Insolvenzverfahrens über das Vermögen des Kunden gestellt wurde. Im Falle der Bestellung unter einer aufschiebenden Bedingung bleibt der Kunde zunächst der ausschließliche Vertragspartner des Lieferanten. Über alle Änderungen des Beschaffungsvertrages hat der Kunde die *NordLeasing GmbH* unverzüglich zu benachrichtigen. Eine wesentliche Veränderung des Beschaffungsvertrages, insbesondere eine Erhöhung des Kaufumfangs oder des Kaufpreises, bedarf der schriftlichen Genehmigung der *NordLeasing GmbH*. Dieser Vertrag wird unter der aufschiebenden Bedingung geschlossen, dass die Bestellung oder die aufschiebend bedingte Bestellung zwischen der *NordLeasing GmbH* und dem Lieferanten zustande kommt.

4. Vorfinanzierung

Die *NordLeasing GmbH* wird im Auftrag des Kunden diese Anzahlung zuzüglich Umsatzsteuer in Anrechnung auf den Gesamtanschaffungspreis des Objektes verauslagen, sofern der Kunde eine verbindliche Zahlungsfreigabe erteilt. Die *NordLeasing GmbH* ist ermächtigt, dem Kunden die Zinsen zuzüglich der hierauf anfallenden Umsatzsteuer kalendervierteljährlich oder zum Zeitpunkt der Erteilung der Übernahmebestätigung des Objektes fällig und in Rechnung zu stellen.

5. Lieferung des Objekts

Anlieferung, Montage: Anlieferung, Montage und Installation des Objektes am vereinbarten Standort erfolgen auf Gefahr und Kosten des Kunden.

Lieferrisiken: Sollte die Gefahrtragung bezüglich des Objektes bereits vor Übergabe an den Kunden nicht mehr beim Lieferanten liegen, trägt der Kunde die damit verbundenen Gefahren. Die *NordLeasing GmbH* tritt ihre Ansprüche gegen den Lieferanten und Dritte im Zusammenhang mit der Lieferung hiermit an den Kunden ab, der die Abtretung annimmt. Entsprechende Ansprüche des Kunden gegen die *NordLeasing GmbH* sind ausgeschlossen.

Untersuchung, Übernahmebestätigung: Der Kunde ist verpflichtet, das Objekt bei Anlieferung für die *NordLeasing GmbH* in Besitz zu nehmen und es unverzüglich mit aller Sorgfalt auf Mängelfreiheit und Funktionstüchtigkeit zu untersuchen. Der Kunde hat der *NordLeasing GmbH* die Übernahme und die Einsatzbereitschaft schriftlich zu bestätigen, sofern sich keine Beanstandungen am Objekt ergeben. Die Übernahmebestätigung wird mit Zugang bei der *NordLeasing GmbH* wesentlicher Bestandteil des Vertrages, sie enthält zugleich die Aufforderung des Kunden an die *NordLeasing GmbH*, den (Rest-)Kaufpreis an den Lieferanten zu bezahlen. Die unverzügliche Untersuchungs- und Rügepflicht gilt auch im Fall einer Nachbesserung des Objektes und nach Lieferung eines Ersatzobjektes im Rahmen des Nacherfüllungsanspruchs des Kunden.

Anwartschaftsrecht: Der Kunde verzichtet zugunsten der *NordLeasing GmbH* auf ein evtl. bereits entstandenes Anwartschaftsrecht am Objekt.

Zulassungsbescheinigung Teil II: Der Besitz an der Zulassungsbescheinigung Teil II steht der *NordLeasing GmbH* zu. Diese wird von der *NordLeasing GmbH* aufbewahrt. Benötigt der Kunde zur Erlangung behördlicher Genehmigungen die Zulassungsbescheinigung Teil II, so wird diese der Behörde zwecks Eintragung zu treuen Händen übersandt. Der Kunde veranlasst bei der Zulassungsstelle, dass die Zulassungsbescheinigung Teil II unverzüglich nach Erledigung der Eintragung an die *NordLeasing GmbH* zurückgesandt wird.

6. Mängel des Objekts nach Lieferung

Alle gesetzlichen und vertraglichen Ansprüche des Kunden gegen die *NordLeasing GmbH* wegen Sach- und Rechtsmängeln (insbesondere die mietrechtlichen) einer vom Lieferanten oder einem Dritten übernommenen Garantie und wegen Pflichtverletzungen bei der Entstehung oder nach Abschluss dieses Vertrages können nicht gegenüber der *NordLeasing GmbH* geltend gemacht werden.

Zum Ausgleich hierfür tritt die *NordLeasing GmbH* ihre diesbezüglichen Ansprüche und Rechte gegen den Lieferanten und Dritte an den Kunden ab, der die Abtretung hiermit annimmt. Der Kunde verpflichtet sich, die Ansprüche und Rechte im eigenen Namen zur Leistung an die *NordLeasing GmbH*, sofern er nicht einen eigenen Schaden geltend macht, unverzüglich geltend zu machen. Der Kunde hat die *NordLeasing GmbH* über die Geltendmachung fortlaufend schriftlich zu informieren.

Sofern sich der Lieferant und der Kunde über die Wirksamkeit eines vom Kunden erklärten Rechts oder über die Berechtigung eines Anspruches nicht einigen, kann der Kunde die Zahlung der Raten, im Falle der Minderung anteilig, wegen etwaiger Mängel erst dann vorläufig bis zu einer rechtskräftigen Entscheidung verweigern, wenn er wegen des erklärten Rechts oder Anspruchs Klage gegen den Lieferanten oder den Dritten erhoben hat.

Verlangt der Kunde im Wege der Nacherfüllung die Lieferung eines mangelfreien Objekts, hat er die *NordLeasing GmbH* hiervon unverzüglich zu unterrichten und mit dem Lieferanten zu vereinbaren, dass dieser das Eigentum an dem neuen Objekt unmittelbar auf die *NordLeasing GmbH* überträgt. Der Kunde teilt der *NordLeasing GmbH* die Serien-Gerätenummern und sonstige Unterscheidungskennzeichen des neuen Objekts mit. Der Vertrag wird mit dem neuen Objekt unverändert fortgesetzt.

Der Kunde hat der *NordLeasing GmbH* eine von ihr an den Lieferanten oder Dritten gezahlte Nutzungsentschädigung für das zurückgegebene mangelhafte Objekt zu erstatten. Die vom Kunden gezahlte Nutzungsentschädigung wird zu seinen Gunsten dadurch ausgeglichen, dass nach Ablauf der vereinbarten Nutzungsdauer und ordnungsgemäßer Erfüllung des Vertrages der durch die kürzere Nutzungsdauer sich ergebende höhere Objektwert dem Kunden in voller Höhe zufließt.

7. Instandhaltung und Gebrauch des Objekts

Instandhaltung: Der Kunde hat das Objekt auf seine Kosten in einem mangelfreien und funktionstüchtigen Zustand zu erhalten, insbesondere muss das Kundendienstheft gemäß den Vorgaben des Herstellers laufend in den vorgegebenen Intervallen gepflegt sein, erforderliche gleichwertige Ersatzteile zu beschaffen und die jeweils erforderlichen Reparaturen vom Lieferanten oder durch sie autorisierten Werksvertretungen ausführen zu lassen. Die Betriebs- und Unterhaltungskosten für das Objekt trägt der Kunde.

Entfernung vom Standort: Eine dauerhafte Entfernung des Objekts vom vereinbarten Standort ist nur nach vorheriger schriftlicher Zustimmung der *NordLeasing GmbH* zulässig.

Besichtigungsrecht, Eigentumskennzeichnung: Die *NordLeasing GmbH* und ihre Beauftragten haben das Recht, das Objekt zu besichtigen. Der Kunde verpflichtet sich, auf Verlangen der *NordLeasing GmbH* das Objekt mit einem auf ihr Eigentum hinweisenden Kennzeichen an sichtbarer Stelle zu versehen.

8. Beschädigungen und Verlust des Objektes

Der Kunde trägt für das Objekt die Sach- und Preisgefahr, insbesondere alle Gefahren des zufälligen Untergangs, des Abhandenkommens, des Totalschadens, des Wegfalls der Gebrauchsfähigkeit, der Beschädigung, des vorzeitigen Werteverfalls sowie der sonstigen Verschlechterung einschl. merkantiler Wertminderung, sofern diese Gründe nicht von der *NordLeasing GmbH* zu vertreten sind.

Der Eintritt derartiger Ereignisse entbindet den Kunden nicht von der Verpflichtung, die vereinbarten Zahlungen zu leisten oder von irgendeiner anderen Verpflichtung aus diesem Vertrag. Ihn solchen Fällen hat der Kunde die *NordLeasing GmbH* unverzüglich schriftlich zu verständigen. Er hat ihr unverzüglich schriftlich zu erklären, ob er den Vertrag fortsetzen oder vorzeitig beenden möchte.

Fortsetzung des Vertrages: Der Kunde ist verpflichtet,

a) das Objekt auf seine Kosten reparieren zu lassen, sodass es den vertragsgemäßen Zustand wiedererlangt und dies der *NordLeasing GmbH* unverzüglich nachzuweisen oder

b) das Objekt nach schriftlicher Zustimmung der *NordLeasing GmbH* durch ein gleichwertiges zu ersetzen und ihr das Eigentum daran zu verschaffen.

Beendigung des Vertrags im Schadensfalls: Im Falle des Untergangs, Verlustes, Diebstahls oder bei Überschreitung der Schadenshöhe von 50 % des Wiederbeschaffungswertes des Objekts kann der Kunde die Aufhebung des Vertrags verlangen. In diesem Fall hat die *NordLeasing GmbH* gegen den Kunden einen Anspruch auf eine Ausgleichszahlung. Diese entspricht entweder dem Zeitwert des Objekts oder dem Vertragsablösewert, wobei der höhere Wert maßgebend ist. Bei dem Vertragsablösewert handelt sich um eine Ausgleichszahlung, die zu einer Vollamortisation des Gesamtaufwands der *NordLeasing GmbH* für diesen Vertrag unter Einbeziehung aller vertraglich geschuldeten Zahlungen des Kunden führt. Ein evtl. erzielter Verwertungserlös abzüglich Verwertungskosten und die Versicherungsentschädigung werden bis zur Höhe des Zeit- bzw. Vertragsablösewerts angerechnet. Für eine evtl. Unterdeckung haftet der Kunde.

9. Versicherung des Objekts

Versicherungsumfang: Der Kunde ist verpflichtet, eine Haftpflichtversicherung und eine Vollkaskoversicherung mit einer Selbstbeteiligung von höchstens 1.000,00 EUR für jedes Fahrzeug abzuschließen.

Nachweis des Versicherungsabschluss: Der Kunde hat bis spätestens 60 Tage nach Vertragsbeginn der *NordLeasing GmbH* den Nachweis über den Versicherungsschutz durch Übersendung von Unterlagen einschl. der Versicherungsscheine zu erbringen. Der Kunde hat alles Notwendige zu veranlassen, damit der Versicherer einen Versicherungsschein auf die *NordLeasing GmbH* ausstellt und ihr diesen übersendet.

Abtretung der Versicherungsansprüche: Der Kunde tritt hiermit zur Sicherung der Ansprüche der *NordLeasing GmbH* aus diesem Vertrag alle Rechte und Ansprüche aus den Versicherungsverträgen an die *NordLeasing GmbH* ab, die die Abtretung hiermit annimmt.

10. Verfügungen und Gebrauchsüberlassung des Objekts

Der Kunde darf über das Objekt nicht verfügen, es nicht Dritten überlassen und muss es vor Zugriffen Dritter schützen.

11. Außerordentliche Kündigung, Schadensersatz, Verzug

Kündigungsgründe: Die *NordLeasing GmbH* hat das Recht, den Vertrag aus wichtigem Grund außerordentlich fristlos zu kündigen, insbesondere wenn der Kunde

- in Zahlungsverzug ist mit einem Betrag von mindestens zwei Raten oder einer anderen vereinbarten Zahlung,
- trotz Abmahnung seine Vertragspflichten erheblich verletzt, z. B. durch Nichtbeachtung der Versicherungspflicht oder unsachgemäßen Gebrauchs des Objekts.

Schadensersatzanspruch: Im Falle einer außerordentlichen Kündigung ist die *NordLeasing GmbH* wirtschaftlich so zu stellen, wie sie bei ungestörtem Ablauf des Vertrags gestanden hätte. Daher steht der *NordLeasing GmbH* neben evtl. rückständigen Raten ein Schadensersatzanspruch zu, der aufgrund der Vollamortisationspflicht des Kunden berechnet wird aus der Summe der bis zum Ablauf der Vertragsdauer noch fällig werdenden Raten, dem vereinbarten Restwert sowie einer anfallenden Vorfälligkeitsentschädigung. Hiervon werden abgezogen eine angemessene Zinsgutschrift sowie ein evtl. Verwertungserlös für das Objekt, gemindert um entstandene Verwertungskosten, bis zur Höhe der Restforderung.

12. Beendigung des Vertrages und Rückgabe des Objekts

Rückgabe des Objekts: Mit Vertragsbeendigung hat der Kunde das Objekt auf seine Kosten und Gefahr versichert mit allen dazugehörigen, ihm übergebenen Unterlagen und Zubehör zurückzugeben. Bei Rückgabe des Objekts muss dieses in einem dem Alter und der vertragsgemäßen Fahrleistung entsprechenden Erhaltungszustand frei von Schäden sowie verkehrs- und betriebssicher sein. Entspricht das Objekt nicht diesem Zustand, ist der Kunde zum Ersatz des entsprechenden Schadens verpflichtet. Die *NordLeasing GmbH* lässt anschließend das Objekt durch einen öffentlich bestellten und vereidigten Kfz-Sachverständigen begutachten. In diesem Gutachten werden auch die Reparaturkosten ermittelt, die erforderlich sind, um das Objekt wieder in einen dem Alter und der vertragsgemäßen Fahrleistung entsprechenden Erhaltungszustand zu versetzen.

Teilamortisation, vom Kunden garantierter Restwert: Die Vertragsparteien sind sich einig, dass die vom Kunden während der unkündbaren Vertragsdauer zu zahlenden Raten lediglich zu einer Teilamortisation bei der *NordLeasing GmbH* führen. Die Aufwendungen für die Beschaffung des Objektes, die Finanzierungskosten sowie der Gewinn der *NordLeasing GmbH* werden durch die Raten nicht vollständig gedeckt. Die *NordLeasing GmbH* hat jedoch Anspruch auf Vollamortisation dieser Kosten einschl. ihres Gewinns. Hierzu ist nach Ablauf der unkündbaren Vertragsdauer noch die Erzielung des vom Kunden garantierten Restwertes erforderlich. Die *NordLeasing GmbH* ist daher bereit, mit dem Kunden über die Verlängerung des Vertrags zu verhandeln.

Andienungsrecht: Kommt ein Verlängerungsvertrag nicht zustande, so ist der Kunde verpflichtet, auf Verlangen der *NordLeasing GmbH* das Objekt zum Ablauf der unkündbaren Vertragsdauer zum vereinbarten Restwert zuzüglich Umsatzsteuer unter Ausschluss jeglicher Haftung für Mängel zu kaufen. Mit Zugang der Andienungserklärung der *NordLeasing GmbH* kommt der Kaufvertrag zustande. Der Kaufpreis ist bis zum Ablauf der unkündbaren Vertragsdauer fällig. Der Verkauf erfolgt unter Eigentumsvorbehalt.

Mehrerlösbeteiligung: Kommt ein Verlängerungsvertrag nicht zustande und übt die *NordLeasing GmbH* ihr Andienungsrecht nicht aus, so hat der Kunde das Objekt gemäß Ziffer 11 zurückzugeben. Die *NordLeasing GmbH* führt den Verkauf ggf. an einen Dritten durch. Sollte ein Verkaufserlös erzielt werden, der nach Abzug der Nettoverwertungskosten über dem vom Kunden garantierten Restwert liegt, stehen dem Kunden 75 % und der *NordLeasing GmbH* 25 % des Mehrerlöses zu. Sollte ein Verkaufserlös erzielt werden, der nach Abzug der Nettoverwertungskosten unter dem vom Kunden garantierten Restwert liegt, ist der Kunde verpflichtet, den Differenzbetrag zuzüglich Umsatzsteuer auszugleichen.

8.5 Programmierte Aufgaben zur Gewährleistung

Aufgabe 1

Marianne Montag bestellt am 16.03.2013 bei einem Versandhaus einen neuen Kaffeevollautomaten für 899,00 EUR, der am 20.03.2013 geliefert wird. Die Zahlung muss laut Rechnung bis zum 03.04.2013 erfolgen. Versehentlich begleicht Frau Montag den Rechnungsbetrag nicht. Sie erhält daraufhin am 30.04.2013 eine Mahnung. Am 30.04.2013, dem Tag der Mahnung, stellt Frau Montag einen Defekt am Mahlwerk der Kaffeemaschine fest. Frau Montag möchte nun die Kaffeemaschine zurückgeben und sich eine andere Kaffeemaschine kaufen. Welche der folgenden Aussagen bezüglich des vorliegenden Sachverhalts ist zutreffend?

A Da die gesetzlichen Nacherfüllungsansprüche aufgrund der fehlenden Zahlung nicht greifen, kann Frau Montag die Maschine nicht zurückgeben.

B Das Versandhaus muss die Maschine zurücknehmen, die Beweislast für die Funktionsfähigkeit liegt bei Frau Montag.

C Sofern in den Allgemeinen Geschäftsbedingungen (AGB) nichts anderes vereinbart ist, kann Frau Montag Ersatzlieferung oder Nachbesserung verlangen.

D Das Versandhaus kann sich nach dem BGB entscheiden, ob es die Maschine nachbessert oder eine neue Kaffeemaschine liefert.

E Frau Montag kann die Maschine zurückgeben. Der Kaufvertrag ist aufgrund der fehlenden Zahlung nicht zustande gekommen.

☐

Die Aufgaben 2 und 3 beziehen sich auf die folgende Ausgangssituation:
Juliane Heckmann kaufte am 11.08.2013 in einem Sportfachgeschäft ein neues Fahrrad-Trikot. Der Verkäufer sicherte ihr für diese Ware beste Qualität zu. Bereits nach der ersten längeren Radtour bemerkte sie, dass am Trikot mehrere Nähte aufgegangen sind. Sie reklamiert am 29.10.2013 diesen Mangel beim Verkäufer. Er erklärt ihr, dass das Trikot beim Verkauf mangelfrei gewesen sei und die Schäden auf unsachgemäße Verwendung zurückzuführen seien. Wenn sie die mangelhafte Verarbeitung des Trikots glaubhaft machen könne, wäre lediglich die Erteilung einer Gutschrift in Höhe des Kaufpreises möglich.

Aufgabe 2

Frau Heckmann fragt sich, ob sie beweisen muss, dass sie dieses Trikot nicht unsachgemäß verwendet hat. Welche der folgenden Aussagen hierzu ist zutreffend?

Frau Heckmann muss den Beweis ...

A nicht erbringen, denn der Verkäufer trägt während der gesamten Gewährleistungsfrist die Beweislast für den einwandfreien Zustand der Ware bei Übergabe.

B erbringen, denn nach Gebrauch der Ware, z. B. durch Tragen oder Waschen, liegt die Beweislast bei ihr.

C erbringen, denn die Beweislast für den Mangel liegt nach Ablauf von sechs Wochen ab Übergabe der Ware bei ihr.

D nicht erbringen, denn innerhalb von sechs Monaten nach Übergabe der Ware trägt der Verkäufer für auftretende Mängel die Beweislast.

E erbringen, denn der Verkäufer hat sich vor Übergabe der Ware vom einwandfreien Zustand überzeugt und dies deutlich zum Ausdruck gebracht.

Aufgabe 3

Frau Heckmann hat den Sachmangel nicht herbeigeführt. Welche der folgenden Aussagen zu den Rechten bei Sachmängeln sind zutreffend?

Innerhalb der Gewährleistungsfrist hat Frau Heckmann nach dem BGB das vorrangige Recht auf ...

A Nacherfüllung aus dem bestehenden Kaufvertrag. Hierbei besteht die Wahl zwischen Neulieferung und Nachbesserung.

B Nacherfüllung aus dem bestehenden Kaufvertrag. Dieses Recht erlischt durch ein Gutschriftsangebot des Verkäufers.

C Rücktritt vom Vertrag. Eine Gutschrift muss sie nicht akzeptieren, sie kann ihr Geld zurückverlangen.

D Erhalt einer Gutschrift in Höhe des Gegenwerts der mangelhaften Ware.

E Nacherfüllung aus dem bestehenden Kaufvertrag. Dieses Recht besteht unabhängig vom Verschulden des Verkäufers.

F Rücktritt vom Vertrag, wenn sie weder die Beseitigung des festgestellten Mangels noch die Ersatzlieferung des Trikots als Nacherfüllung akzeptieren möchte.

Situation zu den Aufgaben 4 und 5

Auszug aus dem Bestellkatalog des Versandhauses *Sonntag GmbH*

Die gesetzlichen Informationspflichten auf einen Blick:

1. Vertragspartner ist das *Versandhaus Sonntag GmbH*, Hanseweg 3, 20255 Hamburg. Geschäftsführer: Markus Lang, Johannes Tacke. Amtsgericht Hamburg HRB 54321. Eventuelle Beanstandungen richten Sie bitte an das Versandhaus Sonntag Service-Center. E-Mail: service@sonntag.de

2. Der Vertrag kommt mit Zusendung der von Ihnen bestellten Ware zustande. Auf Wunsch stellen wir Ihnen den Vertragstext zur Verfügung. Ihre Bestelldaten werden in unserem Hause gespeichert.

3. Sie können Ihre Bestellung innerhalb von 14 Tagen nach Erhalt der Lieferung ohne Begründung an die Versandhaus *Sonntag GmbH*, 20255 Hamburg, zurücksenden. Zur Fristwahrung genügt die rechtzeitige Absendung der Ware. Bei Schäden durch unsachgemäße Bedienung der Ware oder mangelhafte Verpackung der Rücksendung behalten wir uns vor, Ersatzansprüche geltend zu machen. Dies gilt nicht, wenn die Verschlechterung der Ware ausschließlich auf deren Prüfung zurückzuführen ist.

4. Der Rechnungsbetrag ist innerhalb von acht Tagen nach Erhalt der Lieferung zu begleichen.

5. Bis zur vollständigen Bezahlung bleibt die Ware Eigentum des Versandhauses *Sonntag GmbH*.

6. Alle Preise beinhalten die gesetzliche Umsatzsteuer.

7. Die Versandkostenpauschale beträgt 3,95 EUR.

Aufgabe 4

Jürgen Roth hat telefonisch am 15.01.2013 aus dem ihm zugesandten Katalog des Versandhauses *Sonntag GmbH* eine Digitalkamera für 230,00 EUR bestellt. Die Lieferung erfolgte am 17.01.2013. Welche der folgenden Aussagen sind in diesem Zusammenhang zutreffend?

A Der Katalog stellt ein verbindliches Angebot dar, an das die *Sonntag GmbH* gebunden ist.

B Die Bestellung von Herrn Roth stellt einen Antrag auf Abschluss eines Kaufvertrags dar.

C Die *Sonntag GmbH* verzichtet auf eine ausdrückliche, schriftliche Annahmeerklärung.

D Wird die Ware nicht sofort bezahlt, hat die *Sonntag GmbH* Schadenersatzansprüche an Herrn Roth.

E Der Eigentumsvorbehalt gilt nur unter der Voraussetzung, dass die Rechnung bar bezahlt wird.

F Den abgedruckten Auszug aus dem Bestellkatalog gibt die *Sonntag GmbH* freiwillig an die Kunden.

Aufgabe 5
Nach drei Wochen stellt Herr Roth fest, dass die zugesandte Digitalkamera mangelhaft ist. Herr Roth reklamiert umgehend bei der zuständigen Stelle. Welche der folgenden Aussagen zu den Ansprüchen von Herrn Roth ist zutreffend?

A Die gesetzlichen Gewährleistungsansprüche sind vertraglich auf 14 Tage beschränkt. Daher hat Herr Roth keine Ansprüche mehr gegenüber der *Sonntag GmbH*.

B Da die gesetzlichen Gewährleistungsansprüche nicht ausdrücklich in den Bedingungen angesprochen werden, sind sie vollständig ausgeschlossen.

C Da es sich hier um ein Fernabsatzgeschäft handelt, hat Herr Roth weiter gehende gesetzliche Gewährleistungsansprüche als bei einem Ladenkauf.

D Herr Roth muss in diesem Fall beweisen, dass er den Mangel nicht verursacht hat.

E Herr Roth kann von der *Sonntag GmbH* wahlweise Nachbesserung oder Ersatzlieferung verlangen.

☐

Situation für die Aufgaben 6 bis 8
In der Norddeutschen Zeitung vom 14.01.2013 wird folgende Anzeige der *Atelco GmbH* veröffentlicht:

Diese Woche im Angebot:
MP3-Player D 221 der Marke Sanjo zum sagenhaften Preis von 98,00 EUR

Hans-Peter Grün (23 Jahre alt) geht am gleichen Tag zur *Atelco GmbH*. Er nimmt einen MP3-Player D 221 aus dem Regal und geht damit zur Kasse. Die Kassiererin nimmt den MP3-Player, scannt ihn in das EDV-System ein und gibt ihn Herrn Grün zurück. Herr Grün zahlt den geforderten Kaufpreis per Bankkarte im Verfahren ohne Zahlungsgarantie. Er nimmt das Gerät direkt mit nach Hause. Allgemeine Geschäftsbedingungen sind nicht vereinbart.

Aufgabe 6
Welche der folgenden Aussagen über das Zustandekommen des Kaufvertrags sind richtig?

A Die Zeitungsanzeige stellt einen Antrag auf Abschluss eines Kaufvertrages dar.

B Die Auslage des MP3-Players im Regal stellt einen Antrag auf Abschluss eines Kaufvertrages dar.

C Der Antrag auf Abschluss eines Kaufvertrages wird in diesem Fall von Herrn Grün gestellt.

D Der Kaufvertrag kommt zustande, wenn Herr Grün den MP3-Player aus dem Regal nimmt.

E Der Abschluss des Kaufvertrags kommt durch konkludentes Handeln an der Kasse auch ohne ausdrückliche Erklärung der Kassiererin zustande.

F Der Kaufvertrag kommt zustande, wenn Herr Grün nach dem Bezahlen mit dem MP3-Player *Atelco* verlässt.

☐☐

Aufgabe 7
Welche der folgenden Aussagen zur Eigentumsübertragung in diesem Fall ist richtig?
Die Eigentumsübertragung erfolgt,

A indem Herr Grün den MP3-Player aus dem Selbstbedienungsregal nimmt.
B indem die Kassiererin den MP3-Player nach dem Einscannen an Herrn Grün zurückgibt.
C wenn Herr Grün zu Hause feststellt, dass der MP3-Player einwandfrei funktioniert.
D wenn der Kaufpreis vom Konto von Herrn Grün abgebucht wird.
E wenn Herr Grün der Kontobelastung nicht widersprochen hat.

☐

Aufgabe 8
Als Herr Grün zu Hause das Gerät anschließt, funktioniert es zunächst einwandfrei, nach 3 Wochen nur noch mangelhaft. Er reklamiert daraufhin umgehend bei der *Atelco GmbH*. Welche der folgenden Aussagen zu Gewährleistungsansprüchen von Herrn Grün sind in diesem Fall richtig?

A Das Recht auf Beseitigung des Mangels hätte Herr Grün nur, wenn dies ausdrücklich vereinbart worden wäre.
B Die besonderen Gewährleistungsansprüche des Verbrauchsgüterkaufs greifen in diesem Fall nicht.
C Wenn Herr Grün Gewährleistungsansprüche geltend machen will, muss er beweisen, dass er nicht den Mangel verursacht hat.
D Auch wenn der Mangel erst nach 18 Monaten aufgetreten wäre, hätte Herr Grün dennoch einen Gewährleistungsanspruch.
E Herr Grün kann nach seiner Wahl von der *Atelco GmbH* vorrangig die Beseitigung des Mangels oder die Lieferung einer mangelfreien Sache verlangen.
F Herr Grün kann gleichrangig mit der Beseitigung des Mangels auch Minderung verlangen.

☐ ☐

Die Aufgaben 9 und 10 beziehen sich auf folgende Ausgangssituation:
Am 23.01.2013 bestellt die *Nordbank AG* bei der *PC-Flach GmbH* 6 neue 19-Zoll-Flachbildschirme. Die Bildschirme werden am 04.02.2013 vom Verkäufer geliefert. Beim Auspacken der Ware am gleichen Tag stellt ein Mitarbeiter fest, dass die Oberfläche eines Bildschirmes zerkratzt ist.

Aufgabe 9
Innerhalb welcher Frist muss die *Nordbank AG* gemäß den gesetzlichen Vorschriften diesen Mangel der *PC-Flach GmbH* anzeigen?

A Unverzüglich nach Entdeckung des Mangels
B Unverzüglich nach Entdeckung des Mangels, jedoch innerhalb von zwei Wochen nach Anlieferung
C Unverzüglich nach Entdeckung des Mangels, jedoch innerhalb von 6 Monaten nach Übergabe
D Unverzüglich nach Entdeckung des Mangels, jedoch innerhalb von zwei Jahren nach Übergabe
E Unverzüglich nach Entdeckung des Mangels, jedoch innerhalb von zwei Jahren nach Anlieferung, wobei die Frist zum 31.12.2013 beginnt

☐

Aufgabe 10
In welcher der folgenden Aussagen sind die Gewährleistungsansprüche der *Nordbank AG* gegenüber der *PC-Flach GmbH* gemäß den gesetzlichen Regelungen richtig dargestellt? Die *Nordbank AG* ...

A kann ohne besondere Fristsetzung vom Kaufvertrag zurücktreten, wenn die *PC-Flach GmbH* die Nacherfüllung verweigert.

B kann ohne Fristsetzung eine Minderung des Kaufpreises verlangen.

C kann ohne Fristsetzung Schadensersatz verlangen.

D hat nur dann einen Anspruch auf Nacherfüllung, wenn die *PC-Flach GmbH* ihre Garantieansprüche gegenüber dem Hersteller geltend machen kann.

E kann nur dann vom Kaufvertrag zurücktreten, wenn 3 Nachbesserungsversuche der *PC-Flach GmbH* fehlgeschlagen sind.

8.6   Fragen zur Wiederholung und Vertiefung

1. Die Leasinggesellschaft hat keinen Einfluss auf die Investitionsentscheidung des Leasingnehmers. Nennen Sie die Rechte, die die Leasinggesellschaft auf den Leasingnehmer überträgt.

2. Welche Verpflichtungen ergeben sich für den Leasingnehmer, wenn der Hersteller das Investitionsobjekt an den Leasingnehmer geliefert hat?

3. Beschreiben Sie einen Rücktrittsgrund vom Kaufvertrag für den Leasingnehmer.

4. Welche Auswirkung hat der Rücktritt vom Kaufvertrag auf den Leasingvertrag?

9 Beendigung des Leasingvertragsverhältnisses

9.1 Kündigung

Während einer befristeten Grundmietzeit kann nur außerordentlich gekündigt werden, bei einer unbestimmten Vertragsdauer ist auch die ordentliche Kündigung möglich. Die Gründe für die Kündigung sind i. d. R. vertraglich festgelegt.

Außerordentliche fristlose Kündigung

Nach § 543 BGB besteht die Möglichkeit der außerordentlichen fristlosen Kündigung aus einem wichtigen Grund. Ein solcher liegt vor, wenn dem Kündigenden unter Berücksichtigung aller Umstände des Einzelfalls, insbesondere eines Verschuldens der Vertragsparteien, und unter Abwägung der beiderseitigen Interessen die Fortsetzung des Leasingvertrags bis zum Ablauf der Kündigungsfrist nicht zugemutet werden kann.

Folgende Fälle für eine fristlose Kündigung sind insbesondere denkbar:

- Der Leasingnehmer verletzt die Rechte des Leasinggebers dadurch in erheblichem Maße, dass er das Leasinggut durch Vernachlässigung der ihm obliegenden Sorgfalt erheblich gefährdet oder es unbefugt einem Dritten überlässt. Eine erhebliche Gefährdung des Leasingguts infolge Vernachlässigung der Sorgfalt kann insbesondere durch die Verletzung der Obhutspflicht geschehen.
- Der Leasingnehmer ist für zwei aufeinander folgende Termine mit der Entrichtung der Leasingraten oder eines nicht unerheblichen Teils (d. h. er übersteigt die Rate für einen Monat) der Rate in Verzug. Oder er ist in einem Zeitraum, der sich über mehr als zwei Termine erstreckt, mit der Entrichtung der Rate in Höhe eines Betrages in Verzug, der die Raten für zwei Monate erreicht. Darunter fallen lediglich die regelmäßig wiederkehrenden Zahlungen, nicht eine etwaige einmalige Sonderzahlung. Da die Fälligkeit der Leasingrate im Vertrag genau bestimmt ist (bis zum 3. Werktag eines Monats z. B.), ist eine Mahnung des Leasinggebers nicht erforderlich. Er kann dann direkt kündigen, wenn der Leasingnehmer zwei Monate hintereinander die Raten nicht entrichtet hat.
- Ein wichtiger Grund liegt aber auch dann vor, wenn dem Leasingnehmer der vertragsgemäße Gebrauch der Sache ganz oder zum Teil nicht rechtzeitig gewährt oder wieder entzogen wird. In diesem Fall kann der Leasingnehmer fristlos kündigen.

Tod des Leasingnehmers

Verstirbt der Leasingnehmer, greift § 580 BGB ein. Sowohl der Erbe als auch der Leasinggeber haben in diesem Fall ein außerordentliches Kündigungsrecht. Der Vertrag kann binnen eines Monats nach Kenntnis des Todesfalls außerordentlich unter Einhaltung der gesetzlichen Frist gekündigt werden.

Rechtsfolge der Kündigung ist, dass der Leasingnehmer die Sache zurückgeben muss. I. d. R. wird aber ein Ausgleichsanspruch vereinbart, der den Restwert des Leasinggegenstands umfasst. Die Ausgleichspflicht entfällt, wenn ein Drittkäufer benannt wird, der das Leasinggut kauft. Dieses Drittkäuferbenennungsrecht muss allerdings vorher vertraglich vereinbart worden sein. Nimmt der Leasinggeber die Sache zurück, hat dies den Verlust des Anspruchs auf Bezahlung der Leasingraten zur Folge.

Bei Kündigung kann der Leasinggeber einen Anspruch auf Schadensersatz haben. Der Anspruch richtet sich auf die abgezinsten restlichen Raten und den kalkulierten Restwert des Pkw. Der Leasinggeber kann allerdings nicht die restlichen Raten ohne Abzinsung sofort fällig stellen und zugleich die Rückgabe der Sache verlangen.

Kündigungsfolgen

Mit der Kündigung des Leasingvertrages erlischt der Erfüllungsanspruch des Leasinggebers. Ersatzweise erhält der Leasinggeber den Anspruch auf Herausgabe des Leasingobjektes. Wird die Herausgabe verweigert, kann er auf Herausgabe klagen und eine Nutzungsentschädigung für den Zeitraum des Besitzentzuges verlangen.

Der Erfüllungsanspruch des Leasinggebers auf Zahlung der rückständigen Raten wird durch die Vertragskündigung nicht berührt. Ist der Kündigungsgrund vom Leasingnehmer zu vertreten, steht dem Leasinggeber darüber hinaus ein Schadensersatzanspruch wegen Nichterfüllung des Leasingvertrages zu. Bei Finanzierungsleasingverträgen richtet sich dieser Anspruch auf die volle Amortisation der vertragsbezogenen Kosten und des kalkulierten Gewinns. Die Schadenssumme errechnet sich aus den noch ausstehenden Leasingzahlungen (Leasingraten, Restwert usw.), die mit dem Refinanzierungszins diskontiert werden. Der Erlös aus der Verwertung des Leasinggegenstandes mindert nach Abzug der Verwertungskosten (Transportkosten, Maklerprovisionen usw.) die Schadenssumme.

9.2 Fallbeispiel: Rückabwicklung eines Leasingvertragsverhältnisses

Die *Cepacco GmbH* hatte am 01.10.2011 einen Leasingvertrag über die Nutzungsüberlassung eines Sanitärfahrzeuges zu folgenden Bedingungen mit der *NordLeasing GmbH* abgeschlossen:

Leasingbedingungen

Vertragsart	Teilamortisationsvertrag mit Andienungsrecht
Anschaffungskosten	78.500,00 EUR
Leasingrate	2,05 % pro Monat
Grundmietzeit	48 Monate
Restwert	28 %
Betriebsgewöhnliche Nutzungsdauer	72 Monate

a) Ermitteln Sie die monatliche Leasingrate für die *Cepacco GmbH*.

b) Ermitteln Sie den geschätzten Restwert am Ende der betriebsgewöhnlichen Nutzungsdauer.

c) Nach einem Jahr muss der Leasingvertrag wegen eines Totalschadens von der *NordLeasing GmbH* zurück abgewickelt werden. Die Kaskoversicherung hat einen Zeitwert von 85 % für den Wagen festgesetzt und in dieser Höhe den Schaden übernommen. Prüfen Sie, ob und ggf. in welcher Höhe noch Ansprüche gegen die *Cepacco GmbH* aus dem Leasingvertrag verbleiben. Gehen Sie von einer Restlaufzeit des Leasingvertrages von 35 Monaten aus bei einem Monatszinssatz von 0,5 %. Der Schrottwert des Sanitätswagens wurde mit 1.000,00 EUR festgestellt. Der Diskontierungsfaktor für die Berechnung der abdiskontierten noch ausstehenden zukünftigen Leasingraten beträgt 32,035371.

Diskontierungsfaktor:

DSF-Formel: $\dfrac{(1+i)^n - 1}{i(1+i)^n}$

Abzinsungsfaktor:

AbF-Formel: $(1+i)^n$

d) Prüfen Sie die Ansprüche der Vertragspartner unter Verwendung der u. a. Geschäftsbedingungen der *NordLeasing GmbH*, wenn die Kaskoversicherung den Zeitwert mit 90 % der Anschaffungskosten festgesetzt hat.

Geschäftsbedingungen der *NordLeasing GmbH* (Auszug)
Abrechnung bei vorzeitiger Vertragsbeendigung

2. Bei vorzeitiger Vertragsbeendigung kann der Leasinggeber vom Leasingnehmer neben den rückständigen Leasingraten den Schadensersatz verlangen, der dem Leasinggeber durch das vorzeitige Vertragsende entsteht (Vollamortisation). Dieser berechnet sich aus der Differenz zwischen dem Ablösewert des Fahrzeugs und dem Fahrzeugerlös. Übersteigt der Fahrzeugerlös den Ablösewert, so kehrt der Leasinggeber 75 % des Mehrbetrages an den Leasingnehmer aus bzw. verrechnet ihn mit anderen Forderungen aus diesem Vertrag.
3. Der Ablösewert ist die Summe aller offenen Leasingraten bis zum Ende der im Leasingvertrag vorgesehenen Leasingzeit zuzüglich kalkulierten Restwert (netto) abzüglich Zinsgutschrift wegen vorverlegter Fälligkeit.
4. Fahrzeugerlös ist der vom Leasinggeber effektiv erzielte Veräußerungserlös durch Verkauf an den Gebrauchtwagenhandel, abzüglich entstandener Verwertungskosten in Höhe von 500,00 EUR (netto).

9.3 Fragen zur Wiederholung und Vertiefung

1. Nennen Sie zwei Gründe, warum ein Leasingvertrag gekündigt werden kann.

2. Welche Folgen hat die Kündigung eines Leasingvertrags für den Leasingnehmer?

10 Leasing und die Verteilung der Insolvenzrisiken

Im Leasingdreiecksverhältnis trägt der Leasinggeber das Insolvenzrisiko des Leasingnehmers und das Insolvenzrisiko des Lieferanten, während der Lieferant lediglich das Insolvenzrisiko des Leasinggebers trägt. Der Leasingnehmer hingegen trägt das Insolvenzrisiko des Leasinggebers lediglich formal. Wirtschaftlich trägt er dieses Risiko jedoch nicht, da sich der Leasingvertrag, wenn der Leasinggeber Insolvenz angemeldet hat, zugunsten der Insolvenzmasse fortsetzt.

10.1 Insolvenz des Lieferanten

Der Leasinggeber muss das Insolvenzrisiko des Lieferanten tragen, obwohl der Leasinggeber seine kaufrechtlichen Gewährleistungsansprüche an den Leasingnehmer abgetreten hat. Das Risiko der Insolvenz des Lieferanten kann auch nicht durch AGB auf den Leasingnehmer abgewälzt werden.

10.2 Insolvenz des Leasingnehmers

Stellung des Leasinggebers vor Beantragung der Insolvenz: Der Leasinggeber ist während der Vertragslaufzeit daran interessiert, die finanzielle Situation des Leasingnehmers fortwährend zu beobachten, um bei einer Verschlechterung bereits vor Beantragung der Insolvenz sachgerecht reagieren zu können. Dies wird überwiegend durch Einsichts- und Auskunftsrechte des Leasinggebers in den Leasingverträgen sichergestellt.

Die Interessen des Leasinggebers bei einer Verschlechterung der Vermögenssituation des Leasingnehmers bestehen darin, die Herausgabe des Leasingobjekts zu verlangen, das Leasingverhältnis zu beenden und mögliche Rückstände schnellstmöglich zu realisieren. Diese Rechtsfolgen können nur auf dem Wege der Kündigung des Leasingvertrags erreicht werden. Im Falle einer außerordentlichen Kündigung des Leasingvertrags durch den Leasinggeber ist der Leasingnehmer zur sofortigen Herausgabe des Leasingobjekts verpflichtet. Er ist ferner verpflichtet dem Leasinggeber den Schaden zu ersetzen, der durch die Nichterfüllung des Vertrags bedingt ist. Dieser Schaden besteht aus der Differenz zwischen der Summe der noch ausstehenden Leasingraten und des vereinbarten Restwertes ohne Umsatzsteuer, abzüglich des Nettoerlöses aus der Verwertung des Leasingobjekts. Diese Differenz muss abgezinst werden mit dem bei Vertragsabschluss geltenden Kapitalmarktzinssatz.

Nach der Antragstellung bzw. Eröffnung des Insolvenzantrages hat der Leasinggeber ein Aussonderungsrecht bezüglich der Herausgabe des Leasingobjekts. Die Leasingraten können gemeinsam mit sämtlichen anderen Forderungen aus der Quote befriedigt werden, die sich bei der Masseverteilung ergibt. Diese Forderungen müssen beim Insolvenzverwalter angemeldet werden.

Der Antrag auf Eröffnung des Insolvenzverfahrens über das Vermögen des Schuldners hat zur Folge, dass das Insolvenzgericht sämtliche Maßnahmen zu treffen hat, die erforderlich sind, um bis zur endgültigen Entscheidung über den Antrag eine den Gläubigern nachteilige Veränderung in der Vermögenssphäre des Schuldners zu verhindern.

Das Insolvenzgericht kann anordnen, dass Gegenstände, deren Aussonderung verlangt werden könnte, vom Gläubiger nicht verwertet oder eingezogen werden dürfen und solche Gegenstände zur Fortführung des Unternehmens des Schuldners eingesetzt werden können, wenn sie für das Unternehmen des Schuldners von erheblicher Bedeutung sind.

Soll die Nutzungsmöglichkeit des Leasingobjekts für die Insolvenzmasse erhalten bleiben, müssen die nach dem Eröffnungsantrag fällig werdenden Leasingraten aus dem Schuldnervermögen vertragsgemäß gezahlt werden (Masseverbindlichkeiten). Der Insolvenzverwalter zahlt die Leasingraten an den Leasinggeber. Sämtliche Rechte und Pflichten aus dem Leasingvertrag bleiben bestehen.

Wird das Leasingobjekt vom Insolvenzverwalter nicht genutzt, so nehmen die Massegläubiger die Gegenleistung des Leasinggebers (Gebrauchsüberlassung) nicht in Anspruch. Der Leasingvertrag bleibt zwar wirksam, die Leasingraten werden jedoch nicht nach Eröffnung des Insolvenzverfahrens zu Masseverbindlichkeiten, sondern bleiben stets einfache Insolvenzforderungen.

10.3 Fragen zur Wiederholung und Vertiefung

1. Erläutern Sie die Verteilung der Insolvenzrisiken auf die Vertragspartner im Dreiecksverhältnis Leasing.

2. Was versteht man im Rahmen des Insolvenzverfahrens unter dem „Aussonderungsrecht" und wem steht dieses Recht zu?

3. In welchem Fall werden im Rahmen eines Insolvenzverfahrens die Leasingraten zu den Masseverbindlichkeiten gezählt, in welchem Fall sind es einfache Masseforderungen?

4. Welche finanziellen Auswirkungen ergeben sich für den Leasinggeber, wenn das Leasingobjekt vom Insolvenzverwalter genutzt bzw. nicht genutzt wird?

11 Verbraucherleasing

Leasingverträge fallen in den Anwendungsbereich des Verbraucherdarlehensrechts, wenn ein Unternehmer einem Verbraucher nach § 506 BGB eine sonstige Finanzierungshilfe für die entgeltliche Nutzung eines Gegenstands gewährt, mit der Maßgabe,
- dass der Verbraucher zum Erwerb des Gegenstands verpflichtet ist,
- dass der Unternehmer vom Verbraucher den Erwerb des Gegenstands verlangen kann oder
- dass der Verbraucher bei Beendigung des Vertrags für einen bestimmten Wert des Gegenstandes einzustehen hat.

Die folgenden drei Verträge fallen bei Vorliegen der sonstigen Voraussetzungen unter die Regelung des Verbraucherdarlehensrechts:
- Der Teilamortisations-Leasingvertrag mit Mehrerlösbeteiligung, da der Leasingnehmer hier bei Beendigung des Leasingvertrags für einen bestimmten Wert des Leasinggegenstands einzustehen hat.
- Der Teilamortisations-Leasingvertrag mit Andienungsrecht, da der Leasinggeber vom Leasingnehmer den Erwerb des Leasinggegenstands verlangen kann.
- Der kündbare Teilamortisations-Leasingvertrag, weil auch hier der Leasingnehmer bei Beendigung des Leasingvertrags für einen bestimmten Wert des Leasinggegenstands einzustehen hat.

Nicht unter die Vorschriften des Verbraucherdarlehensrechts fällt der Autoleasingvertrag mit Kilometerabrechnung, weil hier der Leasingnehmer weder zum Erwerb des Leasingobjekts verpflichtet ist, noch bei Beendigung des Leasingvertrags für einen bestimmten Wert des Leasingobjekts einzustehen hat. Der Leasingnehmer ist bei Beendigung des Leasingvertrags lediglich verpflichtet, das Leasingobjekt in einem mindestens durchschnittlichen Erhaltungszustand an den Leasinggeber zurückzugeben. Nur wenn sich das Leasingobjekt bei der Rückgabe in einem schlechteren als durchschnittlichen Erhaltungszustand befindet, hat der Leasingnehmer die zur Herstellung des durchschnittlichen Erhaltungszustandes aufzuwendenden Kosten zu tragen. Darüber hinaus schuldet der Leasingnehmer beim Kilometer-Autoleasingvertrag lediglich die Erstattung des für etwaig gefahrene Mehrkilometer vereinbarten Betrages.

Sofern die Leasingverträge dem Verbraucherdarlehensrecht unterliegen, hat der Leasinggeber Folgendes zu beachten:

Nach der Preisangabenverordnung § 6 a hat der Leasinggeber im Rahmen seiner Werbung anzugeben
- den Sollzinssatz,
- den Nettodarlehensbetrag (Anschaffungspreis) sowie
- den effektiven Jahreszins.

Gemäß § 491 a Abs. 1 BGB hat der Leasinggeber den Leasingnehmer über die sich in Artikel 247 EGBGB ergebenden Einzelheiten in Textform zu unterrichten. Die Unterrichtung hat rechtzeitig vor dem Abschluss eines Vertrags zu erfolgen. Dem Verbraucher soll es damit ermöglicht werden, verschiedene Angebote vergleichen zu können und eine fundierte Entscheidung darüber zu treffen, ob er einen solchen Darlehens-/Leasingvertrag abschließen will.

Der Leasinggeber hat nach Artikel 247 § 3 EGBGB über folgende Sachverhalte zu informieren:
- Name und Anschrift des Leasinggebers
- Art des Darlehens
- effektiver Jahreszins
- Nettodarlehensbetrag
- Sollzinssatz
- Vertragslaufzeit
- Betrag, Zahlung und Fälligkeit der einzelnen Teilzahlungen
- Gesamtbetrag
- Auszahlungsbedingungen
- alle sonstigen Kosten
- Verzugszinsen sowie ggf. anfallende Verzugskosten
- Warnhinweis für die Folgen ausbleibender Zahlungen
- Bestehen oder Nichtbestehen eines Widerrufsrechts
- Recht zur vorzeitigen Rückzahlung
- die sich aus § 491 a) Abs. 2 BGB ergebenden Rechte
- die sich aus § 29 VII BDSG ergebenden Rechte

Gemäß § 491 a Abs. 3 BGB ist der Leasinggeber verpflichtet, dem Leasingnehmer vor Abschluss eines Verbraucherleasingvertrages angemessene Erläuterungen zu geben, damit dieser beurteilen kann, ob der Vertrag dem von ihm verfolgten Zweck und seinen Vermögensverhältnissen gerecht wird. Er hat mithin die vorvertraglichen Informationen, die Hauptmerkmale der angebotenen Verträge, die vertragstypischen Auswirkungen auf den Leasingnehmer und die Folgen bei Zahlungsverzug zu erläutern.

Gemäß 509 BGB hat der Leasinggeber vor dem Abschluss eines Vertrags über eine entgeltliche Finanzierungshilfe die Kreditwürdigkeit des Verbrauchers zu bewerten.

Ein Recht zur vorzeitigen Kündigung gemäß § 500 Abs. 1 BGB steht dem Leasingnehmer bei den Verträgen, die dem Verbraucherdarlehensrecht unterliegen, nicht zu. Sowohl beim Teilamortisationsvertrag mit Andienungsrecht oder mit Mehrerlösbeteiligung und beim kündbaren Teilamortisationsvertrag ist die Zeit für die Rückzahlung bestimmt. Zudem würde die Einräumung eines Kündigungsrechts nach § 500 Abs. 1 BGB die aus den Leasing-Erlassen beruhenden steuerlichen Grundlagen der betreffenden Leasing-Vertragsarten in Frage stellen.

Der Abschluss des Leasingvertrags unterliegt der Schriftform nach § 492 BGB.

Dem Leasingnehmer steht ein Widerrufsrecht gemäß § 495 BGB zu. Die Widerrufsfrist beginnt nicht vor Vertragsschluss und bevor der Leasingnehmer die Pflichtangaben nach § 492 Abs. 2 BGB erhält.

Gemäß § 498 BGB ist der Leasinggeber zur Kündigung des Leasingvertrags nur berechtigt, wenn der Leasingnehmer mit zwei aufeinander folgenden Leasingraten und mit mindestens 10 % bzw. bei einer Laufzeit des Leasingvertrags von mehr als drei Jahren mit mindestens 5 % des Nennbetrags in Verzug ist. Darüber hinaus muss er dem Leasingnehmer erfolglos eine zweiwöchige Frist zur Zahlung des rückständigen Betrages mit der Erklärung gesetzt haben, dass er bei Nichtzahlung innerhalb der Frist die gesamte Restschuld verlangen wird. Zudem soll er dem Leasingnehmer spätestens mit der Fristsetzung ein Gespräch über die Möglichkeiten einer einverständlichen Regelung anbieten.

11.1 Programmierte Aufgaben zum Verbraucherleasing

Situation für die Aufgaben 1 bis 3

Ihr Kunde Peter Müller möchte einen neuen PKW bei der *NordLeasing AG* leasen. Der Pkw soll 12.000,00 EUR kosten. Zur Besicherung des Leasingvertrags soll eine Lohn- und Gehaltsabtretung vereinbart werden. Im Arbeitsvertrag von Herrn Müller wurde eine Gehaltsabtretung nicht ausgeschlossen.

Aufgabe 1

Stellen Sie fest, welche Vorschrift für diesen Leasingvertrag gilt!

A Händigt die *NordLeasing AG* Herrn Müller die vorvertraglichen Informationen aus, kann sie auf die Erläuterung der Vertragsinhalte verzichten.

B Die *NordLeasing AG* räumt sich im Leasingvertrag mit Herrn Müller eine Kündigungsfrist von 1 Monat ein.

C Die *NordLeasing AG* muss Herrn Müller die Höhe der zu zahlenden monatlichen Leasingraten mitteilen.

D Ein Widerruf des Leasingvertrags durch Herrn Müller muss innerhalb einer Frist von 14 Tagen schriftlich erfolgen.

E Herr Müller muss die vorvertraglichen Informationen unterschreiben, damit der Leasingvertrag wirksam werden kann.

☐

Aufgabe 2

Herr Müller möchte von Ihnen noch einige Informationen zur Gehaltsabtretung erhalten. Welche Auskunft ist zutreffend?

A Die Wirksamkeit der Gehaltsabtretung ist von der Anzeige an Herrn Müllers Arbeitgeber vor Vertragsabschluss abhängig.

B Unterhaltszahlungen, die Herr Müller leisten muss, mindern den pfändbaren Teil seines Gehalts.

C Unterhaltszahlungen, die Herr Müller leisten muss, mindern den pfändbaren Teil seines Gehalts.

D Aufgrund der Gehaltsabtretung wird die *NordLeasing AG* treuhänderische Besitzerin der Gehaltsforderung.

E Tritt Herr Müller seine Gehaltsforderung ein weiteres Mal ab, muss die *NordLeasing AG* ihre Abtretung offenlegen, um ihre Rechte nicht zu verlieren.

☐

Aufgabe 3
Welche Konsequenzen hat es für Herrn Müller, wenn er seinen Verpflichtungen aus dem
Leasingvertrag nicht mehr nachkommen kann. Welche Maßnahme wird die *NordLeasing AG*
in einem solchen Fall ergreifen?

A Wenn Herr Müller seinen Verpflichtungen aus dem Leasingvertrag nicht nachkommt, wird
die *NordLeasing AG* einen Gerichtsvollzieher beauftragen, gegen Vorlage der letzten Mahnung den von ihr verleasten PKW öffentlich zu versteigern.

B Wenn Herr Müller seinen Verpflichtungen aus dem Leasingvertrag nicht nachkommt, wird
die *NordLeasing AG* seinem Arbeitgeber die Gehaltsabtretung offenlegen und die Zahlung
seines Gehalts auf das Konto der Leasinggesellschaft veranlassen.

C Wenn Herr Müller seinen Verpflichtungen aus dem Leasingvertrag nicht nachkommt, wird
die *NordLeasing AG* von ihrem Recht zur außerordentlichen Kündigung Gebrauch machen
und die sofortige Zahlung der noch ausstehenden Leasingraten verlangen.

D Wenn Herr Müller seinen Verpflichtungen aus dem Leasingvertrag nicht nachkommt, wird
die *NordLeasing AG* ihm eine Frist zur Zahlung des rückständigen Betrags setzen und ihn
daraufhinweisen, dass bei Nichtzahlung die gesamte Restschuld fällig wird.

E Wenn Herr Müller seinen Verpflichtungen aus dem Leasingvertrag nicht nachkommt, wird
die *NordLeasing AG* einen Pfändungs- und Überweisungsbeschluss in Höhe der rückständigen Leasingraten gegen ihn erwirken.

□

Aufgabe 4
Bevor über einen Leasingantrag eines Privatkunden entschieden wird, prüft die *NordLeasing
AG* die Bonität des Leasingnehmers. Welche der folgenden Aussagen sind in diesem Zusam-
menhang zutreffend?

A Zur Feststellung der Kreditfähigkeit überprüft die *NordLeasing AG* mit einer Bankauskunft
die Kontoführung des Antragstellers.

B Die *NordLeasing AG* ermittelt die materielle Kreditwürdigkeit u. a. mit Hilfe einer Selbstauskunft über die Einkommens- und Vermögensverhältnisse des Antragstellers.

C Zur Beurteilung der persönlichen Kreditwürdigkeit benötigt die *NordLeasing AG* ein polizei-
liches Führungszeugnis des Antragstellers.

D Zur Feststellung ihrer persönlichen Kreditwürdigkeit informiert sich die *NordLeasing AG*
über die Höhe des Gehalts des Antragstellers.

E Die *NordLeasing AG* ist der Schufa angeschlossen. Wenn der Antragsteller bereits Kunde
ist, entfällt eine Anfrage bei der Schufa.

F Zur Beurteilung der Kreditwürdigkeit nutzt die *NordLeasing AG* das Scoring.

□□

Aufgabe 5

Der Verbraucher Herr Kramer möchte einen Pkw leasen. Mit welchen der folgenden Aussagen informieren Sie Herrn Kramer vor Abschluss des Leasingvertrags über sein Widerrufsrecht richtig?

A „Der Leasingvertrag kann von Ihnen nur innerhalb einer Woche nach Vertragsabschluss widerrufen werden."

B „Die Widerrufsfrist beginnt mit der Aushändigung der Widerrufsbelehrung und des schriftlichen Leasingvertrags an Sie."

C „Nachdem Sie den Leasingvertrag unterzeichnet haben, ist ein Widerruf nicht mehr möglich."

D „Da es sich bei diesem Leasingvertrag um ein Verbraucherdarlehen handelt, ist innerhalb der vorgeschriebenen Frist ein telefonischer Widerruf von Ihnen für die Leasinggesellschaft bindend."

E „Es genügt, wenn Sie eine E-Mail mit dem Widerruf rechtzeitig an die Leasinggesellschaft versenden."

F „Mit dem Tag der Lieferung des Pkw beginnt die Widerrufsfrist."

Aufgabe 6

Die *NordLeasing AG* unterbreitet dem Kunden Frank Schuster wegen einer Pkw-Finanzierung ein schriftliches Leasingangebot. Welche der folgenden Angaben sind als Mindestangaben gemäß § 492 BGB im Vertragstext enthalten?

A Die Art und Weise der Zahlung der Leasingraten

B Das von der *NordLeasing AG* ermittelte „frei verfügbare Einkommen" von Herrn Schuster

C Die Kosten der Restschuldversicherung, die im Zusammenhang mit dem Leasingvertrag abgeschlossen werden soll

D Die Einwilligung von Herrn Schuster zur Schufa-Klausel

E Die Höhe der Zinsen und Rechtsverfolgungskosten bei Kündigung des Leasingvertrags aufgrund von Schuldnerverzug

F Der Verwendungszweck der Leasingfinanzierung

11.2 Fragen zur Wiederholung und Vertiefung

1. Prüfen Sie, in welchen Fällen ein Leasingvertrag in den Anwendungsbereich des Verbraucherdarlehensrechts fällt.

2. Welche Vorschriften hat der Leasinggeber zu beachten, wenn der Leasingvertrag dem Verbraucherdarlehensrecht unterliegt?

3. Welche Informationspflichten ergeben sich für den Leasinggeber nach Artikel 247 § 3 EG-BGB?

4. Prüfen Sie, ob dem Leasingnehmer ein Widerrufsrecht zusteht und wie ist es geregelt?

5. Unter welchen Voraussetzungen ist der Leasinggeber berechtigt, den Leasingvertrag vor Beendigung des Leasingverhältnisses zu kündigen?

12 Leasing und Steuern

Die steuerrechtliche Behandlung von Leasingverträgen wird durch die Rechtsprechung des Bundesfinanzhofes und Erlasse des Bundesfinanzministeriums bestimmt. Das wirtschaftliche Eigentum ist entscheidend für die steuerrechtliche Interessenbewertung von Leasingverträgen. Diese hängt davon ab, ob es sich um Mobilien- oder Immobilienleasing bzw. um Teil- oder Vollamortisationsverträge handelt.

Das wirtschaftliche Eigentum ist nach § 39 Abs. 1 Abgabenordnung (AO) grundsätzlich dem rechtlichen Eigentümer zugerechnet, sodass der Leasinggeber sowohl wirtschaftlicher als auch rechtlicher Eigentümer des Leasingobjekts wäre. Nach § 39 Abs. 2 Nr. 1 Satz 1 AO ist allerdings zu beachten, dass dem Besitzer bzw. Nutzer das Wirtschaftsgut zuzurechnen ist, wenn ein anderer als der Eigentümer (z. B. der Leasingnehmer) die tatsächliche Herrschaft über ein Wirtschaftsgut in der Weise ausübt, dass er den Eigentümer im Regelfall für die gewöhnliche Nutzungsdauer von der Einwirkung auf das Wirtschaftsgut wirtschaftlich ausschließen kann. Bei einer Darlehensfinanzierung, bei der der Kreditnehmer das Investitionsobjekt als Sicherheit dem Darlehensgeber sicherungsübereignet, wird das Wirtschaftsgut dem Sicherungsgeber steuerlich zugerechnet. Der Leasinggeber ist wirtschaftlicher Eigentümer, wenn er für die gewöhnliche Nutzungsdauer wirtschaftlich gesehen von der Einwirkung auf die Leasingsache nicht ausgeschlossen ist. Dies ist bei erlasskonformen Leasingverträgen, die die in den Leasingerlassen des Finanzministers aufgeführten Voraussetzungen eines Leasingvertrages erfüllen, der Fall. Beispielsweise ist der Leasinggeber kein wirtschaftlicher Eigentümer, wenn er keinen Herausgabeanspruch hat.

12.1 Einkommen- und Körperschaftsteuer

Ist der Leasinggeber rechtlicher und wirtschaftlicher Eigentümer, so ist das Leasingobjekt als Anlagevermögen von ihm zu aktivieren, und zwar mit den Anschaffungs- oder Herstellungskosten. Die Absetzung für Abnutzungen erfolgt gemäß § 7 EStG. Nebenkosten wie z. B. Transportkosten, die durch den Transport des Leasingobjekts vom Hersteller zum Leasingnehmer entstehen und die der Hersteller dem Leasinggeber in Rechnung stellt, sind vom Leasinggeber als Betriebsausgaben abzusetzen. Die Leasingraten sind beim Leasinggeber Betriebseinnahmen. Die Leasingraten sind beim Leasingnehmer in dem Jahr, in dem sie anfallen, sofort abzugsfähige Betriebsausgaben.

12.2 Gewerbesteuer

Der Leasinggeber hat die Möglichkeit, den Kauf der Leasingobjekte durch aufgenommene Bankdarlehen zu refinanzieren. Als Alternative zur Refinanzierung über einzuräumende Darlehen verkaufen Leasinggesellschaften häufig ihre Forderungen aus den abgeschlossenen Leasingverträgen an Refinanzierer, um sich auf diese Weise die Liquidität zum Erwerb der Leasingobjekte zu beschaffen. Hierbei werden die vom Refinanzierer angekauften Leasingforderungen nicht als Sicherheit, sondern zwecks Erfüllung des Kaufvertrages an den Refinanzierer abgetreten. Allerdings gilt auch hier die Sicherungsübereignung des Leasinggutes als Sicherheit.

Ein Vorteil des Verkaufs der Leasingforderungen liegt in der Befreiung des Leasinggebers vom Risiko der mangelnden Zahlungsfähigkeit des Leasingnehmers. Im Unterschied zur Gewährung eines Darlehens an den Leasinggeber zur Finanzierung des Kaufs des Leasingobjekts haftet der Leasinggeber als Verkäufer der Leasingforderungen dem Refinanzierer, der die Leasingforderungen ankauft, nur für den rechtlichen Bestand der verkauften Forderungen. Der Refinanzierer trägt damit das Bonitätsrisiko des Leasingnehmers. Die Haftung des Leasinggebers für den rechtlichen Bestand des Leasingvertrags kann durch eine Sicherungsübereignung der Leasingsache an den Refinanzierer ausgeglichen werden. Hinzu kommt noch, dass beim Verkauf der Leasingforderungen der Refinanzierer häufig auch den Einzug der Leasingraten übernimmt und überwacht und damit für den Leasinggeber Personal- und Sachkosteneinsparungen ermöglicht.

Durch § 8 Gewerbesteuergesetz wird der Leasinggeber steuerlich belastet: 25 % des Diskontabschlags beim Forderungsverkauf sind dem gewerbesteuerlichen Ertrag zuzurechnen. Die Leasingraten sind für den Leasingnehmer ebenfalls gewerbeertragsteuerpflichtig.

12.3 Umsatzsteuer

Wird das Leasingobjekt dem Leasinggeber zugerechnet, so liegt umsatzsteuerrechtlich eine sonstige Leistung gemäß §§ 1 und 3 UStG des Leasinggebers an den Leasingnehmer vor. Die Leasingraten sind damit der Umsatzbesteuerung unterworfen. Der Leasingnehmer kann die anfallende Umsatzsteuer als Vorsteuer gemäß § 15 UStG abziehen. Muss der Leasingnehmer nach einer außerordentlichen Kündigung Schadensersatzleistungen erbringen, dann erfolgt die Schadensberechnung ohne Umsatzsteuer, weil ihm keine steuerbare Leistung gemäß § 1 UStG gegenübersteht und der Leasinggeber deshalb auf sie keine Umsatzsteuer zu entrichten hat.

12.4 Fragen zur Wiederholung und Vertiefung

1. Unter welcher Voraussetzung ist das Leasingobjekt dem Leasinggeber nach § 39 Abgabenordnung steuerrechtlich zuzuordnen?

2. Prüfen Sie, wem das Wirtschaftsgut, das mit einem Darlehensvertrag bei gleichzeitiger Sicherungsübereignung des Wirtschaftsguts von einer Bank finanziert wurde, steuerrechtlich zuzurechnen ist.

3. Welcher Vertragspartner bilanziert in einem Leasingverhältnis üblicherweise das Leasingobjekt?

4. Wie werden die Leasingraten beim Leasinggeber in der Gewinn- und Verlustrechnung verbucht?

5. Wie werden die Leasingraten beim Leasingnehmer buchhalterisch behandelt?

6. Welcher Vorteil im Vergleich zur Abtretung ergibt sich für die Leasinggesellschaft, wenn sie die Leasingforderungen an einen Refinanzierer verkauft?

7. Wie sind die Leasingraten beim Leasinggeber und Leasingnehmer gewerbesteuer- und umsatzsteuermäßig zu behandeln?

13 Leasing und das Kreditwesengesetz

Die steuerrechtliche Behandlung von Leasingverträgen wird durch die Rechtsprechung des Bundesfinanzhofes und Erlasse des Bundesfinanzministeriums bestimmt. Das wirtschaftliche Eigentum ist entscheidend für die steuerrechtliche Interessenbewertung von Leasing-verträgen. Diese hängt davon ab, ob es sich um Mobilien- oder Immobilienleasing bzw. um Teil- oder Vollamortisationsverträge handelt.

14 Formen und Besonderheiten des Kraftfahrzeugleasings

Das Kfz-Leasinggeschäft hatte 2012 ein Volumen 27,76 Mrd. Euro. Das entspricht 26,9 % aller Kfz-Neuzulassungen 2012 in Deutschland. Dies ist damit zu erklären, dass die Kfz-Hersteller die konzerneigenen Leasinggesellschaften als Absatzinstrument benutzen. Die konzerneigenen Leasinggesellschaften bieten sehr günstige Leasingkonditionen, bzw. die Leasinggeber übernehmen über Teil- oder Full-Service-Verträge nicht nur die Finanzierung, sondern auch die Wartung, Reparatur und Versicherung.

Die Rabattgewährung an Leasinggesellschaften dient dem Zweck, günstige Leasingkonditionen anbieten und damit neue Kraftfahrzeugabnehmer für eine bestimmte Marke gewinnen zu können. Wenn zwischen Herstellern und Leasinggesellschaften eine Zusammenarbeit in der Form des indirekten Herstellerleasings besteht, kann diese Zusammenarbeit durch entsprechende Empfehlungen an die Händlerschaft gefördert werden. Auf der anderen Seite kann die Zusammenarbeit zwischen Herstellern und Leasinggesellschaften aber auch durch eine unterschiedliche Rabattgewährung an die Leasinggesellschaften gefördert werden. Allerdings müssen sich die Händler zu Lasten ihrer Marge an den Großabnehmerrabatten mitbeteiligen. Den Leasinggesellschaften ist es jedoch nicht möglich, diese Rabatte zur Verbesserung ihrer eigenen Rentabilität zu nutzen, da sie gezwungen sind, diese Rabatte in ihren Konditionen an die Leasingnehmer weiterzugeben. Als Mietberechnungsgrundlage wird dem Leasingnehmer der Listenpreis genannt, während die Leasinggesellschaft bei der internen Kalkulation der Leasingrate von dem um den Rabatt reduzierten Listenpreis ausgeht. Auf diese Weise kann sich eine Gesamtzahlungsbelastung für den Leasingnehmer ergeben, die nur geringfügig über dem Listenpreis des Fahrzeugs liegt.

Der Kraftfahrzeugmarkt ist in allen Preisklassen hart umkämpft. Neben dem Produkt selbst, seiner Qualität und dem Preis-Leistungsverhältnis, dem Servicenetz usw. spielen zusätzliche Dienstleistungsangebote beim Vertrieb eine besondere Rolle. Diese Dienstleistungen beziehen sich in erster Linie auf Finanzierungsangebote und Versicherungen. Neben dem Motiv der Ertragsmaximierung wollen Hersteller und Händler den Kunden möglichst langfristig an eine Marke und einen bestimmten Händler binden. Ein Modellwechsel soll sich im eigenen Haus vollziehen, ein Abwandern zu einer anderen Marke verhindert werden. Im Rahmen des direkten Herstellerleasings bieten alle großen deutschen Automobilhersteller über mit ihnen verbundene Gesellschaften Leasing nicht nur für den gewerblichen Bereich, sondern auch für den privaten Kunden an.

Die Großabnehmerrabatte eröffnen den Leasinggesellschaften, die Eigentümer der Fahrzeuge werden, die Möglichkeit, die reduzierten Einstandspreise über niedrigere Leasingraten an die Fahrzeugnutzer weiterzugeben. Je höher der Rabatt, desto niedrigere Leasingkonditionen kann eine Leasinggesellschaft bieten und damit ihre Wettbewerbsposition nicht nur gegenüber anderen Anbietern, sondern auch gegenüber anderen Finanzierungsformen verbessern.

14.1 Kfz-Finanzierungsleasingverträge

Kfz-Leasingverträge sind grundsätzlich dem Finanzierungsleasing zuzurechnen, denn sie sind darauf angelegt, dem Leasingnehmer den Gebrauch der Sache auf begrenzte Dauer zu verschaffen. Auf der anderen Seite ist der Leasingnehmer verpflichtet, dem Leasinggeber das von ihm für die Gebrauchsverschaffung eingesetzte Kapital einschließlich des kalkulierten Gewinns zu zahlen.

In der Praxis sind beim Kfz-Leasing die Teilamortisationsleasingverträge üblich. Bei diesem Vertrag deckt der Leasinggeber seine sämtlichen Aufwendungen einschließlich eines Gewinn- bzw. Risikozuschlags durch die Leasingraten der Grundleasingzeit und durch die Erzielung des Restwertes. Dieser Vertrag bietet sich beim Kfz-Leasing je nach der Fahrzeugart, dem Marktsegment und der Marktlage bei guter Wiederverwertbarkeit und gegebenenfalls relativ konstanter Gebrauchtwagenpreise an. In der Praxis sind vornehmlich zwei Varianten der Teilamortisationsverträge üblich, und zwar Verträge mit Aufteilung des Mehrerlöses und nicht erlasskonforme Verträge mit Kilometerabrechnung.

14.2 Kfz-Leasing mit Mehrerlösbeteiligung

Der Leasingnehmer hat kein Mietverlängerungs- oder Kaufrecht. Das Fahrzeug ist vom Leasingnehmer nach Ablauf der Mietdauer (Grundmietzeit) an den Leasinggeber zurückzugeben. Der Leasinggeber verwertet das Fahrzeug Interesse wahrend. Beim Leasingvertrag mit Mehrerlösbeteiligung trägt der Leasingnehmer das Restwertrisiko. Die Besonderheit besteht darin, dass der Mehrerlös nach Beendigung des Leasingvertrages verteilt wird: in der Regel erhält der Leasingnehmer 75 % des Mehrerlöses, der Leasinggeber 25 %. Schließt der Leasingnehmer nach Beendigung des alten Leasingvertrages einen gleichwertigen neuen ab, so verzichtet der Leasinggeber häufig auf seinen Anteil am Mehrerlös.

Ergibt sich aus dem Vergleich zwischen dem kalkulierten Restwert und dem erzielten Veräußerungserlös ein Mindererlös, so ist der Leasingnehmer in vollem Umfang zur Ausgleichszahlung verpflichtet. Dieses Vertragsmodell ist eine bevorzugte Lösung für private oder freiberufliche Leasingnehmer und ein starker Anreiz, das Fahrzeug pfleglich wie Eigentum zu behandeln. Bei entsprechender Laufzeit und Restwertgestaltung ermöglicht dieses Vertragsmodell dem Leasingnehmer einen relativ kurzfristigen und problemlosen Modellwechsel. Auch hier gilt es, den Restwert realitätsnah auf den Zeitpunkt der Beendigung des Leasingvertrages zu finden, denn für den Leasingnehmer besteht eine Ausgleichspflicht, wenn der Restwert nicht erlöst wird.

14.3 Kfz-Leasing mit Kilometerabrechnung

Auch Kfz-Leasingverträge mit Kilometerabrechnung sind Finanzierungsleasingverträge. Bei diesem Vertragsmodell trägt der Leasinggeber das Restwertrisiko. Der Leasinggeber hat damit die Chance, die Wertsteigerung für sich zu nutzen, er bleibt somit wirtschaftlicher Eigentümer.

Im Leasingvertrag wird für die Vertragsdauer eine Kilometergesamtfahrleistung vereinbart, die u. a. die Basis für die Bemessung der Leasingrate darstellt. Bei Beendigung des Vertrages erfolgt für Mehr- oder Minderkilometer eine Ausgleichszahlung.

Der Leasingnehmer ist im Rahmen der Nutzungsüberlassung als Halter im Kfz-Brief eingetragen. Der Leasingnehmer trägt das Investitionsrisiko und das Verwertungsrisiko. Beim Kfz-Kilometervertrag trägt er diese Risiken u. a. dadurch, dass er bei Rückgabe des Fahrzeugs zum Ausgleich eines Fahrzeugminderwerts verpflichtet ist, wenn er das Fahrzeug stärker genutzt hat, als es im Vertrag vorgesehen war. Ein Ausgleich für angefallene Mehr- oder Minderkilometer wird daher vertraglich festgeschrieben. Der Leasingnehmer muss vertragsgemäß Steuern, Versicherungen, Pflege, Wartung usw. zahlen. Der Leasinggeber übernimmt nur die

Finanzierungsfunktion, er ist bei erlasskonformer Gestaltung des Leasingvertrages bürgerlich-rechtlicher und wirtschaftlicher Eigentümer. Zum Nachweis seines bürgerlich-rechtlichen Eigentums lässt sich der Leasinggeber den Kfz-Brief vom Händler direkt aushändigen. Dadurch ist kein gutgläubiger Erwerb des Kraftfahrzeugs durch einen Dritten möglich.

14.4 Fahrzeugbrief

Dem Fahrzeugbrief (Zulassungsbescheinigung Teil II) kommt die Funktion zu, den Eigentümer oder sonst dinglich am Kraftfahrzeug Berechtigten zu schützen, auch wenn er kein Traditionspapier ist. Der Leasinggeber lässt sich den Fahrzeugbrief vom Hersteller übergeben und verwahrt den Fahrzeugbrief selbst. Damit schützt sich der Leasinggeber dagegen, dass ein Dritter das Fahrzeug gutgläubig von dem Leasingnehmer oder einem sonstigen Besitzer erwirbt. Der gute Glaube des Dritten als Erwerber an das Eigentum bzw. die Verfügungsbefugnis des als Veräußerer Auftretenden ist nämlich nur geschützt, wenn der Erwerber sich den Fahrzeugbrief vorlegen lässt, um die Berechtigung des Veräußerers prüfen zu können. Anderenfalls trägt der Erwerber das Risiko, dass der Veräußerer nicht verfügungsbefugt ist.

14.5 Versicherungspflicht

Als Halter des Kfz ist der Leasingnehmer regelmäßig verpflichtet, sowohl eine Kfz-Haftpflichtversicherung als auch eine Vollkaskoversicherung abzuschließen. Der Leasingnehmer vereinbart die Versicherung zwar im eigenen Namen, aber zu Gunsten des Leasinggebers. Insofern ist der Leasinggeber im Verhältnis zur Versicherung Berechtigter; allerdings kann der Leasingnehmer über die Rechte aus dem Versicherungsvertrag verfügen. Um dies und entsprechende Nachteile für den Leasinggeber auszuschließen, lässt sich der Leasinggeber von dem Leasingnehmer dessen Ansprüche abtreten und den Versicherungsschein, der zur Geltendmachung der Rechte erforderlich ist, aushändigen. Der Leasingnehmer wird in der Regel ermächtigt und verpflichtet, etwaige Schadensansprüche gegen Dritte im eigenen Namen geltend zu machen und die Schäden beheben zu lassen.

14.6 Vertragsmodell mit Andienungsrecht des Leasinggebers, jedoch ohne Optionsrecht des Leasingnehmers

Herstellerabhängige Leasinggesellschaften bevorzugen ein Teilamortisationsmodell, das nicht an einem festen Restwert orientiert ist, sondern abhängig von den gefahrenen Kilometern (Kilometervertrag). Bei der Kalkulation der Leasingraten und des Restwertes wird eine bestimmte Kilometerleistung nach den Vorstellungen des Kunden zugrunde gelegt. Wird diese überschritten, so hat der Leasingnehmer für die Mehrkilometer eine bestimmte Mietnachzahlung zu leisten. Erreicht er die kalkulierte Kilometerleistung nicht, erhält er eine Rückvergütung. Dabei wird ein durchschnittlicher Erhaltungszustand vorausgesetzt, zu dessen Ermittlung regelmäßig ein Sachverständiger eingeschaltet wird.

Herstellerunabhängige Leasinganbieter kalkulieren häufig auf der Basis eines festen Restwertes, um Verwertungsrisiken auszuschalten. Da der Leasinggeber bei diesem Vertragsmodell ein Andienungsrecht hat, wird er es bei einem im Leasingvertrag vereinbarten festen Restwert immer dann ausüben, wenn sich auf dem Gebrauchtwagenmarkt der Restwert nicht erzielen lässt. Erfahrungswerte und die monatlich erscheinende Schwacke-Liste mit dem Marktbericht für Gebrauchtfahrzeuge werden bei der Findung des Restwertes zugrunde gelegt.

Beispiel: Andienungsrecht und Andienungsrecht mit Mehrerlösbeteiligung
Am Ende der Leasinglaufzeit gibt der Leasingnehmer Herr Montag sein Fahrzeug an die
Leasinggesellschaft zurück. Der Fahrzeugpreis im Leasingvertrag betrug 25.000,00 EUR.
Der Restwert am Ende der Leasinglaufzeit wurde mit 15 % geschätzt.

a) Ermitteln Sie den Restwert des Pkw am Ende der Leasinglaufzeit.

b) Am Kraftfahrzeuggebrauchtmarkt konnte die Leasinggesellschaft nur einen Verkaufspreis
   von 2.000,00 EUR. Ermitteln Sie den Restwertausgleich.

Angenommen, die Leasinggesellschaft erzielt am Ende der Leasinglaufzeit auf dem Gebrauchtwagenmarkt einen Verkaufspreis von 5.000,00 EUR. Im Leasingvertrag wurde die
Mehrerlösbeteiligung mit 75 % für den Leasingnehmer und 25 % für die Leasinggesellschaft
vereinbart.

c) Berechnen Sie den Betrag, den der Leasingnehmer von der Leasinggesellschaft aufgrund
   der Mehrerlösbeteiligung erhält.

Bei Kilometerverträgen, bei denen der Leasinggeber das Restwertrisiko trägt, versuchen die
Leasinggesellschaften, die Verwertungskosten und das Preisrisiko durch eine Rückkauf-
vereinbarung mit dem Händler zu minimieren. Sie machen sich auf diese Weise von den
Schwankungen der Gebrauchtwagenmärkte unabhängig und verschaffen sich so eine sichere
Kalkulations- und Ertragsbasis.

14.7 Kfz-Service-Leasingverträge

Die Vertragsgestaltungen werden oftmals mit weiteren Leistungen, die besonders auf die
Interessen des Leasingnehmers abgestellt sind, kombiniert, wobei man von Teil- oder Full-
Service spricht. Bei diesem Vertragsverhältnis übernimmt der Leasinggeber neben der Finanzierungsfunktion zusätzliche Dienstleistungen. Der Leasingnehmer trägt auch hier das Investi-
tions- und Verwertungsrisiko. Je nach Art und Umfang dieser Dienstleistungen handelt es sich
um einen Teil- oder Voll-Service-Leasingvertrag. Beide können als Leasingvertrag mit Kilometerabrechnung oder mit Restwertabrechnung abgeschlossen werden.

Teilservice-Leasingvertrag
Der Leasinggeber schließt einen begrenzten Leistungsumfang (z. B. Kfz-Steuer, Haftpflicht-
und Kasko-Versicherung, Insassenunfallversicherung) in seine Leasinggebühren mit ein. Der
Leasingnehmer erhält einen entsprechenden Versicherungsschutz. Das Servicepaket kann
unterschiedlich zusammengesetzt sein.

Vollservice-Leasingvertrag
Hier wird der Umfang der Dienstleistungen so erweitert, dass zusätzlich von der Zulassung des
Fahrzeugs bis hin zu den TÜV-Gebühren alle mit dem normalen Betrieb des Fahrzeugs entstehenden Ausgaben vom Leasinggeber zu tragen sind (ausgenommen: Kraftstoff, Nachfüllöl,
Wagenpflege, Parkgebühren, Kosten für Unterbringung, Abstellung, Verwahrung, Abschlepp-
kosten, gebührenpflichtige Verwarnungen). Dazu gehören auch Verschleißreparaturen, Rei-
fenersatz usw. Als besondere Dienstleistungen übernimmt der Leasinggeber auch alle mit
dem Betreiben des Fahrzeugs (i. d. R. eines Fahrzeugparks) zusammenhängenden Auswertungen, z. B. Aufwendungen für Pflegekosten usw. So lässt z. B. eine Analyse der laufenden
Kosten (Benzinverbrauch, Öl, Pflege, Wartung, Reparaturen, Ausfallzeiten etc.) Schlüsse auf
wirtschaftliches Fahrverhalten im Einzelfall und auf die Wirtschaftlichkeit einzelner Fahrzeugtypen zu. Die Servicekomponente rückt hier stark in den Vordergrund. Verwaltungs- und
Controllingaufgaben werden von der Leasinggesellschaft übernommen.

14.8 Das Flottenleasing

Das Flottenleasing hat im Kfz-Leasing in den letzten Jahren stark an Bedeutung gewonnen. Es gehört zum Kernangebot der Hersteller-Leasinggesellschaften. Sie können die mit dieser Leasingart verbundenen Dienstleistungen am besten bündeln und koordinieren. Ihr großes Händler- und Werkstattnetz lässt auch technische Probleme, die an einem Fahrzeug auftreten können, relativ einfach lösen.

Das Dienstleistungsangebot einer Kfz-Leasinggesellschaft kann neben der Finanzierung als Grundleistung beinhalten:
- Wartung und Verschleiß
- Reifenservice
- Versicherungen:
  - Gesetzliche Abgaben, z. B. Kfz-Steuer
  - Mobilfunkservice

Daneben gibt es Dienstleistungen, die in der Branche als Fuhrpark-Management-System bezeichnet werden. Hierzu gehören:
- Treibstoffmanagement: Bargeldloses Tanken mit Hilfe einer Tankkarte
- Schadenmanagement: Pannenhilfe, Abschleppdienst, Ersatzfahrzeug, gesamte übrige Schadenabwicklung
- Mietwagenservice
- Berichtswesen: Kostenarten- und Kostenstellenrechnung; Auswertung aller fixen und variablen Kosten nach unterschiedlichen Kriterien (z. B. allgemeine und individuelle Verbrauchs- und Wirtschaftlichkeitskontrollen, Betriebskostenanalysen)
- Statistiken

14.9 Ermittlung der Leasingraten

Die Kosten, die für den Leasingnehmer mit dem Abschluss eines Leasingvertrages verbunden sind, hängen ab von
- Anschaffungswert,
- Laufzeit des Vertrags,
- Anzahlung (Mietsonderzahlungen),
- kalkulierten Restwert und
- Zins.

Mietberechnungsgrundlage sind im reinen Finanzierungsleasing grundsätzlich die Nettoanschaffungskosten. Diese setzen sich aus dem Listenpreis (Grundpreis zuzüglich Sonderausstattungen) und den vom Leasinggeber finanzierten Nebenkosten (Überführung, Zulassung) zusammen. Bei einem festen Zinssatz bestimmt die Laufzeit die Höhe des Leasingsatzes, der sich aus Amortisation und Zins zusammensetzt.

Für einen Vollamortisationsvertrag gilt: Je länger die Laufzeit, desto günstiger die Leasingrate. Dagegen bedeutet eine Verkürzung der Laufzeit eine Erhöhung des Amortisationsbestandteils innerhalb der Einzelraten.

Bei einem Teilamortisationsvertrag wird der als Restwert deklarierte Teil in der Grundmietzeit nicht amortisiert, wohl aber verzinst. Das bedeutet: Je höher der Restwert, desto niedriger ist bei einer festen Grundmietzeit die Leasingrate, weil der Amortisationsanteil sinkt. Es ist deshalb bei der Kalkulation des Leasingangebotes wichtig, den richtigen Restwert in Verbindung mit der Laufzeit zu finden.

14.10 Laufzeit von Kfz-Leasingverträgen

Nach dem BMF-Schreiben von 1992 gilt grundsätzlich für alle Fahrzeuge eine betriebsgewöhnliche Nutzungsdauer von 5 Jahren, der maßgebliche AfA-Satz beträgt 20 %. Ein
Kfz-Leasingvertrag ist erlasskonform, wenn er eine Laufzeit von mindestens 24 Monaten
(40 % von 60 Monaten) hat und 54 Monate (90 % von 60 Monaten) nicht überschreitet.

14.11 Sach- und Preisgefahr

Typisch für Leasingverträge ist die Überwälzung der Sach- und Preisgefahr auf den Leasingnehmer. Ein Fahrzeug ist als erheblich beschädigt einzuschätzen, wenn die Reparaturkosten
mehr als 60 % des Wiederbeschaffungswertes betragen bzw. der Schaden zu einem Wertver-
lust oder Reparaturaufwand geführt hat, dessen Höhe der Hälfte des jeweiligen Zeitwerts des
Fahrzeugs entspricht.

14.12 Ansprüche des Leasinggebers bei Totalschaden durch Unfall mit dem Leasingfahrzeug

Dem Leasinggeber stehen als Eigentümer des beschädigten oder zerstörten Kfz grundsätzlich
Schadensersatzansprüche aus § 823 Abs. 1 und Abs. 2 BGB gegen den Schädiger zu. Der
Umfang setzt sich für den Fall des Totalschadens aus dem Wiederbeschaffungswert abzüglich
des Restwerterlöses zum Nettobetrag, den Nettokosten für die Erstellung eines Sachverstän-
digengutachtens sowie aus den Kosten für alle unfallbedingten Nebenfolgen zusammen. Der
Leasingnehmer hat für den Anspruch auf entgangenen Gewinn aufzukommen.
Für Leasingverträge, bei denen der Leasinggeber das Restwertrisiko trägt, umfasst der Scha-
densersatzanspruch auch den zum Zeitpunkt des Vertragsendes voraussichtlich vorhandenen
Restwert. Dieser stellt den zu diesem Zeitpunkt entgangenen Gewinn dar, der dann nicht in den
Leasingraten enthalten ist.

Leasingnehmer als Verursacher

Wenn der Leasingnehmer den Schaden mitverschuldet oder allein verursacht hat, hat der
Leasinggeber Anspruch auf Schadensersatz gegen den Leasingnehmer. Der Leasingnehmer
ist trotz der Zerstörung des Kfz weiterhin vertraglich zur Zahlung der Leasingraten verpflichtet.
Bei vorzeitiger Kündigung muss der Leasingnehmer Schadensersatz leisten. Stehen dem
Leasinggeber die Ansprüche gegen die Versicherung zu, so hat er die Ansprüche gegen die
Versicherung selbst durchzusetzen.
Der Vollamortisationsanspruch umfasst Ersatz aller Anschaffungs- und Herstellungskosten,
Neben- und Finanzierungskosten sowie Ersatz des Gewinns. Hat der Leasinggeber das Rest-
wertrisiko übernommen, so hat der Leasingnehmer auch den voraussichtlichen Restwert als
entgangenen Gewinn zu ersetzen.

14.13 Diebstahl des Leasingfahrzeugs

Wird das Leasingfahrzeug gestohlen, so ist der Leasingnehmer zunächst weiterhin zur Zahlung der Leasingraten verpflichtet, da die Sach- und Preisgefahr auf ihn überwälzt wurde. Für
diesen Fall besteht ebenfalls ein außerordentliches Kündigungsrecht. Macht er von diesem
Kündigungsrecht Gebrauch, bleibt der Leasingnehmer dem Leasinggeber zum Schadensersatz verpflichtet. Der Schadensersatz bezieht sich auf die ausstehenden Raten, gegebenenfalls zuzüglich des zum Zeitpunkt des Diebstahls vorliegenden Restwertes. Der Betrag muss
auch hier auf den Kündigungstermin abgezinst werden. Sofern eine Vollkaskoversicherung besteht, hat der Leasinggeber diese zunächst in Anspruch zu nehmen und die erstattete Summe
auf den Anspruch gegen den Leasingnehmer anzurechnen.

14.14 Beendigung des Vertrages

Kündigung

Während der Grundmietzeit ist eine ordentliche Kündigung bei Kfz-Leasingverträgen ausgeschlossen. Da der Leasingnehmer die Sach- und Preisgefahr übernimmt, ist ihm bei Neufahrzeugen und max. 3 Jahre alten Gebrauchtfahrzeugen ein kurzfristiges Kündigungsrecht bei unverschuldetem Untergang oder unverschuldeter erheblicher Beschädigung des Kraftfahrzeuges einzuräumen. Eine Kündigung aus wichtigem Grund darf nicht generell ausgeschlossen werden. Aufgrund der vorzeitigen Vertragsbeendigung entsteht dem Leasinggeber ein Ausgleichsanspruch gegen den Leasingnehmer.

Rückgabe/Verwertung

Nach Ablauf des Vertrages hat der Leasingnehmer dem Leasinggeber das Fahrzeug in ordnungsgemäßem Zustand zu übergeben (§ 546 BGB). Befindet sich das Leasingfahrzeug bei der Rückgabe nicht im vertragsgemäßen Zustand, so hat der Leasinggeber gegen den Leasingnehmer einen Anspruch auf Minderwertausgleich.

14.15 Fallbeispiel: Verbraucherleasingvertrag mit einem Werkshändler

Leasingangebot eines Werkshändlers:

Unser Preis	29.511,00 EUR
Mietsonderzahlung	11.804,00 EUR
23 Leasingraten à	151,00 EUR
Kalkulierter Rückkaufwert	14.756,00 EUR

a) Ermitteln Sie die Effektivverzinsung dieses Leasingangebots (auf eine Stelle nach dem Komma runden!)
b) Wie ist diese niedrige Effektivverzinsung zu erklären bei einem Zinssatz für Bankkredite von zurzeit 10 % p.a.? Nehmen Sie an, dass die Leasinggesellschaft einen Händlerrabatt von 10 % auf den Listenpreis erhält.

14.16 Fragen zur Wiederholung und Vertiefung

1. Kennzeichnen Sie Vertragsarten, die im Kfz-Leasing üblich sind.

2. Worin unterscheidet sich der Vollamortisationsvertrag vom Teilamortisationsvertrag?

3. Beschreiben Sie, welche Vertragsarten beim Teilamortisationsvertrag mit dem Leasingnehmer vereinbart werden können.

4. Aus welchem Grund lässt sich die Leasinggesellschaft vom Leasingnehmer die Zulassungsbescheinigung II (vormals Kraftfahrzeugbrief) aushändigen?

5. Angenommen der Leasingnehmer gerät mit seinem Leasingfahrzeug unverschuldet in einen Autounfall. Das Leasingfahrzeug wird zu 70 % zerstört. Welche Ansprüche ergeben sich für den Leasinggeber bei einem Teilamortisationsvertrag, wenn der Unfall nach einer einjährigen Vertragslaufzeit passiert ist und die Leasinglaufzeit 48 Monate beträgt?

15 Formen und Besonderheiten beim Computer-leasing

Nutzer von elektronischer Datenverarbeitung (EDV) brauchen nicht nur Maschinen (Hardware), sondern auch Arbeitsanweisungen und Steuerungselemente für diese Maschinen sowie Medien, auf denen diese Arbeitsanweisungen und Steuerungselemente festgehalten sind (Software). Die Hardware ist das Materielle eines EDV-Systems, es ist die Summe der physikalischen Eigenschaften, aus denen eine Datenverarbeitungsanlage besteht, also Zentraleinheit und periphere Geräte (externe Speicher, Ein- und Ausgabegeräte).

Die Software umfasst diejenigen Teile einer EDV-Anlage, die nicht zu den physikalischen Bestandteilen eines Computers (Hardware) gehören. Zur Software zählen das Computerprogramm, Programmträger, Programmdokumentation und Begleitmaterial.

Man unterscheidet Systemsoftware und Anwendersoftware. Die Systemsoftware (Betriebssystem) ist maschinenorientiert, sie ist aufgabenunabhängig, aber herstellerspezifisch konzipiert, sie macht den Betrieb eines EDV-Systems erst gangbar, sie hat koordinierende, dirigistische und überwachende Funktionen und stellt das Bindeglied zwischen Hardware und Software dar.

Die Anwendersoftware gliedert sich in Individual- und Standardsoftware. Individualsoftware sind Programme, die für einen bestimmten Zweck, auf einen bestimmten Anwender und eine bestimmte Datenverarbeitungsanlage zugeschnitten sind. Mit ihrer Hilfe soll ein konkretes und individuelles Problem gelöst werden. Standardsoftware sind Programme zur Lösung bestimmter Aufgaben, die für einen großen Anwenderkreis mit gleichartiger oder auch unterschiedlicher Hardwareausstattung geschaffen sind.

Die Tendenz des Computer- und Büromaschinenleasings ist rückläufig. Die Gründe, die zu dieser Entwicklung geführt haben, lassen sich wie folgt zusammenfassen:

Auf dem EDV-Markt werden heute Anlagen vom preiswerten Personalcomputer bis hin zu Großrechenanlagen mit siebenstelligen Beträgen umgesetzt. Die technische Entwicklung, die durch die Mikrochips hervorgerufen wurde, hat zu dieser großen Differenzierung beitragen. Sie war zugleich verbunden mit einem Preisverfall in weiten Bereichen einerseits, und andererseits dem Verdrängen großer Anlagen zu Gunsten von wesentlich kleineren, kompakten und außerordentlich leistungsfähigen Einzelanlagen. Die Innovationsgeschwindigkeit hat dazu geführt, dass aus einem langlebigen Investitionsgut ein kurzlebiges Verbrauchsgut wurde. Die Produktlebenszeiten werden immer kürzer, die Amortisationszeiten für die Entwicklungskosten immer länger, sodass sich beide immer mehr angleichen. Anwender werden in immer kürzeren Zeitabständen zum Austausch der installierten Geräte veranlasst. Hersteller versuchen, die technische Alterung für die Anwender durch das Angebot von Aufrüstungssätzen erträglicher zu machen. Damit ist diese Produktgruppe nur noch bedingt leasinggeeignet und der Anwender derartiger Hardware ist häufig gut beraten, wenn er dem Leasing den Kauf vorzieht. Die Anwendersoftware wurde immer leistungsfähiger und zuverlässiger, einerseits universeller, andererseits spezieller. Sie kann die Hardware grundsätzlich überleben, wird aber durch Weiterentwicklung ebenso wie die Hardware auf kürzere Produktlebenszeiten ausgerichtet.

Der Anwender sieht sich somit einer Fülle von Wahlmöglichkeiten (Standardsoftware/ individualisierte Standardsoftware) gegenüber. Er allein entscheidet über die Auswahl. Der Leasinggeber hat praktisch keine Beratungs- und Einwirkungsmöglichkeit. Er muss sich darauf verlassen, dass die vom Anwender getroffene Auswahl sowohl des Programms als auch des Lieferanten/Herstellers unter rein sachlichen, leistungs- und aufgabenbezogenen Aspekten erfolgte. Damit ist erhebliches Konfliktmaterial vorgegeben, wenn z. B. die ausgewählte Software nicht die möglichen Erwartungen des Anwenders erfüllt oder bei der Individualsoftware der Hersteller seine bei Vertragsschluss gegebenen Zusagen nicht einhält bzw. einhalten kann.

Vertragsformen bei Hardware

Finanzierungsleasing optimal einzusetzen heißt Klarheit darüber zu haben, wie lange die zu finanzierende Anlage nicht nur technisch, sondern vor allem wirtschaftlich voraussichtlich sinnvoll genutzt werden kann und soll. Es ist wichtig, die angemessene Vertragsform und die der voraussichtlichen Nutzungsdauer angepasste Vertragslaufzeit innerhalb der erlasskonformen Grenzen von 40 % bis 90 % der betriebsgewöhnlichen Nutzungsdauer zu finden. Es ist schwierig, die optimale Laufzeit (die der tatsächlichen Nutzungsmöglichkeit angepasste Vertragslaufzeit) zu bestimmen. Das hängt zum einen mit dem rasanten technischen Fortschritt der Hardware/Software zusammen, der zeitlich nur grob einschätzbar ist, zum anderen mit der Möglichkeit, die Geräte durch Aufrüstung sowohl dem technischen Fortschritt als auch den wachsenden Anwenderbedürfnissen anzupassen. Nach den Erfahrungen der Leasinganbieter haben Basisinstallationen nur eine wirtschaftlich und organisatorisch nutzbare Lebensdauer von oft wesentlich weniger als 30 Monaten.

Vollamortisationsvertrag mit Kauf- oder Mietverlängerungsoption

Bei dieser Vertragsform hat der Leasingnehmer den Leasinggegenstand in der vereinbarten Grundmietzeit voll zu amortisieren und zu verzinsen. Wird diese Vertragsform gewählt, dann sollte der Leasingnehmer versuchen, die Grundmietzeit der voraussichtlichen tatsächlichen Nutzungsdauer anzupassen. Bei einer zu kurzen Leasingvertragsdauer kann der Leasingnehmer auf Grund der betrieblichen Bedingungen gezwungen sein, die Kauf- oder Mietverlängerungsoption zu nutzen. Er ist damit innerhalb bestimmter Grenzen vom Wohlverhalten des Leasinggebers abhängig, der nur hinsichtlich der Preisuntergrenze gebunden ist. Wird die Kaufoption ausgeübt, darf der Kaufpreis nicht niedriger als der unter Anwendung der linearen AfA nach der amtlichen AfA-Tabelle ermittelbare Buchwert oder der gemeine Wert im Zeitpunkt der Veräußerung sein. Bei einer zu langen Vertragslaufzeit kann der vorzeitige Austausch der Anlage teuer werden. Zumindestens entstehen für die nicht ausgenutzte Vertragsperiode zweimal Kosten, und zwar einerseits der Anschaffungsaufwand für die neue Anlage und andererseits der Ablösungsbetrag für die Altanlage. Der Leasingnehmer hat allerdings keinen Anspruch auf einen solchen Austausch. Lässt sich die voraussichtliche Einsatzdauer einigermaßen zuverlässig abschätzen, ist der Vollamortisationsvertrag die ideale Lösung. Dabei spielt hinsichtlich der Laufzeit nur die Erlasskonformität eine Rolle. Der Leasingnehmer sollte berücksichtigen, dass kurze Laufzeiten zu hohen Einzelraten und damit zu hohen Kostenbelastungen führen. Lange Laufzeiten bewirken zwar geringe monatliche Mietraten, es erhöht sich zugleich aber die Wahrscheinlichkeit des vorzeitigen Austausches.

Teilamortisationsvertrag mit Andienungsrecht des Leasinggebers

Teilamortisationsverträge werden im EDV-Leasing angeboten und vom Anwender gewählt, weil sich durch den Restwert in Verbindung mit der Laufzeit die Höhe der monatlichen Leasingrate senken lässt. Wird ein Teilamortisationsvertrag über die längstmögliche Leasingvertragsdauer, die u. a. bei Workstations, Personalcomputern, Notebooks, Peripheriegeräten jetzt 43 Monate beträgt (90 % von 48 Monaten), mit einem Restwert von 10 % abgeschlossen, kann über eine Mietverlängerung die gesamte Vertragslaufzeit mit der steuerlichen Abschreibungsdauer deckungsgleich gemacht werden.

Trotz der Verkürzung der Abschreibungszeiten seit Juli 1997 (für Großrechner beträgt die AfA-Zeit nach wie vor 5 Jahre) ist bei den heutigen Innovationsfolgen die Wahl dieses Vertragsmodells mit derart langen Laufzeiten nicht empfehlenswert. Der Leasingnehmer muss sehr genau prüfen, ob der Teilamortisationsvertrag überhaupt ein geeignetes Modell ist, denn auch bei kurzen Laufzeiten muss er den Restwert in jedem Fall aufbringen, wenn der Leasinggeber nach Ablauf der Grundmietzeit sein Andienungsrecht ausübt. Ob der Leasinggeber das tut, hat der Leasingnehmer nicht in der Hand. Der Leasinggeber wird vom Andienungsrecht immer dann Gebrauch machen, wenn der Marktwert der Anlage unter dem Restwert liegt. Der Leasingnehmer muss dies in seiner Kosten-Nutzen-Analyse ebenso berücksichtigen wie bei der Liquiditätsplanung.

Teilamortisationsvertrag mit Aufteilung des Mehrerlöses
Dieses Vertragsmodell hat im EDV-Leasing wenig Bedeutung.

Software-Leasing

Die wirtschaftliche Bedeutung der Software
Durch die Einführung der Mikrochips und die Steigerung der Leistungsfähigkeit der Hardware hat sich das Preisverhältnis zwischen Gesamtsoftware (Systemsoftware und Anwendersoftware) und Hardware stark verschoben, sodass der Preis für die Software durchaus den der Hardware übersteigen kann. Eine Folge dieser Entwicklung ist es, dass heute in der Praxis getrennte Leasingverträge für Hard- und Software abgeschlossen werden.

Die rechtliche Einordnung der Software
Die Rechtsprechung gibt keine eindeutige Antwort darauf, um welches Rechtsgeschäft es sich bei der Überlassung von Software handelt: Werkvertrag, Miet-/Pachtvertrag oder Kaufvertrag. Eine Standardsoftware ist nach neuester Rechtsprechung als eine bewegliche Sache anzusehen. Der Rechtscharakter der Software hat Einfluss auf den Erwerbsvorgang und die Form der Weitergabe der Software durch die Leasinggesellschaft. Erwerb und Weitergabe einer Sache sind vertragsrechtlich anders zu behandeln als Erwerb und Weitergabe eines Rechts. Es setzt sich immer mehr die Auffassung durch, dass Computerprogramme als Sachen im Sinne des § 90 BGB anzusehen sind.
Software-Überlassungsverträge können zeitlich begrenzt oder zeitlich unbegrenzt sein. Der Softwareanwender kann ein ausschließliches oder nicht ausschließliches Nutzungsrecht erwerben. Software-Überlassungsverträge enthalten in der Regel auch die Bestimmung, dass der Nutzer nicht das Recht zur Weitergabe hat. Teilweise ist auch festgehalten, dass die Software auch nur für eine bestimmte Anlage genutzt werden darf. Erwirbt eine Leasinggesellschaft Software, so muss sie sich das Recht der Weitergabe ausdrücklich einräumen lassen. Da es auch im Computerleasing üblich ist, dass der Investor die Verhandlungen mit dem/den Lieferanten völlig selbstständig führt, und die Leasinggesellschaft erst zu einem späteren Zeitpunkt in die Bestellung eintritt, müssen die zwischen Anwender und Lieferant ausgehandelten Bedingungen leasingfähig gemacht werden. Der Leasinggeber muss demnach neben dem Recht der Weitergabe auch das Recht auf unbegrenzte Nutzung erhalten. Eine große deutsche Leasinggesellschaft, die mit ihren Kunden auf 60 Monate kalkulierte kündbare Software-Leasingverträge abschließt, behilft sich dabei mit der Rechtskonstruktion eines Untermietvertrages, d. h. sie begründet mit dem Lieferanten einen Mietverhältnis mit dem Recht der Untervermietung an einen bestimmten Leasingnehmer auf unbegrenzte Zeit. Diese Handhabung macht die Unsicherheit über den rechtlichen Charakter des Erwerbsvorganges deutlich.

Die Software als steuerrechtlich immaterielles Wirtschaftsgut

Der Bundesfinanzhof hat Computerprogramme als immaterielles Wirtschaftsgut eingeordnet. Mit Erlass von 1992 hat der Bundesfinanzminister festgestellt, dass für die steuerliche Wertung jeglicher Software – also sowohl System- als auch Anwendersoftware – deren geistiger Gehalt von Bedeutung ist. Das geistige Gut steht bei der Beurteilung von Software im Vordergrund. Hierauf kommt es dem Erwerber (Anwender) von Software in erster Linie an. Er will mit dem Erwerb der Software die rechtliche und wirtschaftliche Macht erlangen, diese Software als Werk mit geistigem Inhalt für seine (betrieblichen) Zwecke einsetzen zu können. Die Software verkörpert demnach einen eigenen wirtschaftlichen Vorteil; sie ist grundsätzlich von längerfristigem Nutzen und kann selbstständig bewertet werden. Aus diesem Grund ist Software grundsätzlich als immaterielles Wirtschaftsgut anzusehen. Das immaterielle Wirtschaftsgut ist in der Regel eigenständig und abnutzbar.

Bilanzierung von Software

Erwirbt der Anwender Eigentum an der Software, so ergibt sich für ihn in jedem Fall eine Bilanzierungspflicht. Bei dem Softwareleasing kann der Anwender mit dem Wirtschaftsgut nicht nach Belieben verfahren, er kann aber durch die Eigenart des Gebrauchs den das Nutzungsrecht übertragenden Leasinggeber für die gewöhnliche Nutzungsdauer von der Einwirkung auf das Wirtschaftsgut wirtschaftlich ausschließen. Ferner ist zu berücksichtigen, dass der Leasingnehmer die geleaste Software bei zeitlich unbegrenzter Nutzung bis zur absoluten Wertlosigkeit nutzen kann.

Der Leasinggeber hat erworbene Software-Nutzungsrechte in seiner Bilanz im Anlagevermögen zu aktivieren. Tatsächlich findet zwischen Hersteller und Leasinggeber ein abgeschlossener Leistungsaustausch statt, auch wenn nur ein Nutzungsrecht übertragen wird. Der Leasinggeber erwirbt zweifellos einen Vermögensgegenstand. In seiner Bilanz vollzieht sich ein Aktivtausch. Flüssige Mittel werden in einen immateriellen Vermögensgegenstand umgewandelt, und zwar mit einmaliger Zahlung des Gesamtgegenwerts für die Übertragung der Nutzungsrechte durch den Hersteller der Software. Entgeltlich erworbene Software ist ein steuerlich selbstständig bewertbares Wirtschaftsgut. Dies gilt für Anwendersoftware, aber auch für Standard- und Individualsoftware. Gleiches gilt grundsätzlich auch bei Systemsoftware, mit Ausnahme des Falles, dass die Software in die Hardware integriert, also unselbstständiger Teil derselben ist.

Für die Bilanzierung gilt das Anschaffungs- oder Herstellungskostenprinzip. In der Bilanz des Leasinggebers sind also die Anschaffungskosten, das ist in der Regel der Kaufpreis, anzusetzen. Dem Leasinggeber stehen die planmäßigen Abschreibungen nach HGB und EStG zu, sofern das wirtschaftliche Eigentum nicht dem Leasingnehmer zugerechnet wird. Die Zurechnung beim Leasingnehmer erfolgt immer bei Individualsoftware (Spezialleasing).

Computerprogramme, insbesondere Standardanwendersoftware, deren Anschaffungskosten nicht mehr als 410,00 EUR vor Mehrwertsteuer betragen, sind steuerlich als abnutzbare bewegliche Wirtschaftsgüter des Anlagevermögens zu behandeln. Ihre Anschaffungskosten dürfen gemäß Einkommensteuergesetz im Jahr der Anschaffung in voller Höhe abgeschrieben werden. Übersteigen die Anschaffungskosten den Betrag von 410,00 EUR, sind Computerprogramme zu aktivieren und wie Hardware abzuschreiben.

Dem Abschreibungsaufwand des Leasinggebers stehen die Mieterträge aus der Weitergabe des Nutzungsrechts an den Leasingnehmer gegenüber, sodass spätestens nach 90 % der betriebsgewöhnlichen Nutzungsdauer der Software die Anschaffungs- und sonstigen Nebenkosten an den Leasinggeber zurückgeflossen sind. Die vom Leasingnehmer zu zahlenden Leasingraten sind bei diesem Betriebsausgaben.

16 Formen und Besonderheiten beim Immobilien-leasing

Das Leasing von Gebäuden wird als Immobilienleasing bezeichnet. Zum Immobilienleasing zählen aber auch Flugzeuge und Schiffe. Im Rahmen der steuerrechtlichen Einschätzung sind Gebäude unbewegliche Wirtschaftsgüter. Die Immobilienerlasse der Finanzverwaltung beziehen sich auf Gebäude und Grundstücke. Beim Immobilienleasing handelt es sich i. d. R. um gewerbliche Großprojekte.

Laufzeit der Immobilienleasingverträge
Die Immobilienleasingverträge orientieren sich an der betriebsgewöhnlichen Nutzungsdauer unter Berücksichtigung der Immobilienleasingerlasse und den Bedürfnissen des Leasingnehmers. Die Grundmietzeit muss einen Zeitraum von 40 % und 90 % dieser Nutzungsdauer erreichen, die bei Gebäuden 50 Jahre betragen kann. Bei Berücksichtigung von Sonderabschreibungsmöglichkeiten verkürzt sich die betriebsgewöhnliche Nutzungsdauer auf einen Zeitraum von 25 Jahren.

Leasinggeber
Für die Durchführung eines Immobilienleasingvertrags wird i. d. R. eine Ein-Objekt-Gesellschaft gegründet, die eine Immobilie verleast. Sie tritt in der Rechtsform der OHG oder KG als Leasinggesellschaft in Erscheinung.

Refinanzierung
Die Refinanzierung von Immobilienleasingverträgen erfolgt entweder als Darlehensfinanzierung oder als Forderungsankauf. Bei der Darlehensfinanzierung erhält der Leasinggeber von einer Bank ein Darlehen, mit dem er den Kauf des Grundstücks und die Errichtung des Gebäudes finanziert. Der Bank werden als Sicherheit die Leasingraten abgetreten. Daneben wird der Bank eine vollstreckbare Grundschuld bestellt, damit die Bank im Falle einer Insolvenz des Leasinggebers die Zwangsverwaltung beantragen und damit die Leasingraten an sich ziehen kann.
Bei einem Forderungsankauf erhält die Bank eine vollstreckbare Grundschuld, für die immer eine separate Sicherungsvereinbarung geschlossen wird. Der Sicherungszweck der Grundschulden wird dahingehend beschränkt, dass die Grundschulden nur Ansprüche gegen den Forderungsverkäufer absichern. In der Sicherungsvereinbarung wird auch regelmäßig vereinbart, dass die gestellten Sicherheiten für die Haftung des Verkäufers hinsichtlich des Bestands der verkauften Forderungen (Bestandshaftung) herangezogen werden können.

Rechtsnatur des Immobilienleasingvertrags
Der Leasinggeber überlässt als Eigentümer der Immobilie dem Leasingnehmer auf Grund des Immobilienleasingvertrags die Immobilie zur Nutzung. Da die Gebrauchsüberlassung der Immobilie im Vordergrund steht, handelt es sich um einen Mietvertrag. Über die Leasingraten soll der Leasingnehmer die Investition des Leasinggebers amortisieren. Deshalb ist der Immobilienleasingvertrag ein atypischer Mietvertrag.

Immobilienerlasse
Der Leasingerlass von 1972 regelt die Vollamortisation von Immobilien. In der Praxis üblich ist heute der Teilamortisationsvertrag, der 1991 von der Finanzverwaltung in einem Immobilienleasingerlass neu geregelt wurde. Das Leasingobjekt muss dem Leasinggeber zugerechnet werden.

Formen des Leasingvertrages

Ein Immobilienleasingvertrag ist nicht beurkundungsbedürftig, wenn er mit einer festen Laufzeit abgeschlossen worden ist und der Leasinggeber am Ende der Mietzeit völlig frei ist, was er
mit der Immobilie macht. In der Praxis werden allerdings Immobilienleasingverträge geschlossen, die eine Kaufoption für den Leasingnehmer oder ein Andienungsrecht für den Leasinggeber enthalten. Bei einer Kaufoption ist der Leasingnehmer nach der planmäßigen Beendigung der festen Vertragslaufzeit berechtigt, die Immobilie zu einem im Voraus fest vereinbarten Kaufpreis zu erwerben. Bei einem Andienungsrecht hat der Leasinggeber das Recht, die
Immobilie zu einem fest vereinbarten Kaufpreis an den Leasingnehmer zu veräußern. Beide
Fälle sind beurkundungspflichtige Rechtsgeschäfte, weil sich gemäß § 311 b BGB eine Vertragspartei zum Erwerb bzw. zur Veräußerung eines Grundstücks verpflichtet. Sind Leasingvertrag und Ankaufs- bzw. Andienungsrecht eng miteinander verbunden, handelt es sich um
ein einheitliches Geschäft, und es ist eine Beurkundung des gesamten Geschäfts erforderlich.

B FACTORING

1

Allgemeine Kennzeichnung „Factoring"

Beim Factoring verkauft ein Unternehmen seine Forderungen aus Warenlieferungen und Dienstleistungen gegen seine Kunden fortlaufend an ein Factoringinstitut. Auf diese Weise erhält das Unternehmen sofortige Liquidität unmittelbar aus seinen Außenständen und steht quasi so, als wenn alle seine Kunden sofort bezahlen würden. Der von Factoringinstituten zudem regelmäßig gebotene Ausfallschutz, die sog. Delkredereabsicherung, und laufend aktuelle Informationen über die Bonität der jeweiligen Abnehmer (die Debitoren) garantieren sichere Vertriebswege für Factoring nutzende Unternehmen.

2 Funktionen des Factorings

2.1 Finanzierungsfunktion

Durch den Verkauf der Forderungen vor deren Fälligkeit erhält der Factoringkunde sofort liquide Mittel. Ihm werden vom Factor 80 % bis 90 % der Rechnungssummen abzüglich der Factoringgebühr ausgezahlt. Die restlichen 10 % bis 20 % werden auf einem Sperrkonto, dem sog. Bardepotkonto gebucht. Sie dienen dem Factor als Sicherheit für etwaige Reklamationen und Abzüge (Skonti, Rabatte) des Abnehmers. Bei Zahlung des Abnehmers an die Factoringgesellschaft wird auch dieser Rest dem Anwender gutgeschrieben. Buchhalterisch ist Factoring ein Aktivtausch.

2.2 Delkrederefunktion

Mit dem Ankauf der Forderung übernimmt der Factor das Risiko für die Zahlungsunfähigkeit des Debitors. Man spricht vom Ausfall- oder Delkredererisiko. Der Delkrederefall gilt nach einer vertraglich vereinbarten Frist – i. d. R. 90 bis 120 Tage nach Fälligkeit der Forderung – als eingetreten. Der Factoringkunde muss die Zahlungsunfähigkeit des Debitors nicht nachweisen. Er haftet lediglich für den rechtlichen Bestand der Forderung. Die Eintreibung der Forderung ist nun das Problem des Factors. Um das Risiko überschaubar zu halten, prüft der Factor vor Abschluss des Factoringvertrages die Bonität der Debitoren des Factoringkunden und legt ein Kreditlimit für jeden einzelnen Debitor fest. Forderungen, die das festgesetzte Limit übersteigen, übernimmt der Factor zum Inkasso. Für diesen Teil der Forderungen bleibt das Ausfallrisiko beim Factoringkunden.

Die Leasinggesellschaft ist vor Zahlungsausfällen, die auf der Zahlungsunfähigkeit ihrer Abnehmer beruhen, gesichert. Zwar behalten die Factoringgesellschaften auch bei Übernahme des Delkredererisikos vorläufig ca. 10 bis 20 % des Gegenwertes einer Forderung als Sicherheit ein. Dieser Sicherungseinbehalt dient jedoch nur der Verrechnung von evtl. nachträglich eingeräumten Rabatten, Skontoabzügen und ähnlichen Abzügen, die der zahlungspflichtige Kunde an der angekauften Forderung vornimmt. Sofern der Factor das Delkredererisiko übernommen hat, wird der (restliche) Sicherungseinbehalt auch im Fall der Nichtzahlung durch den Kunden an den Forderungsverkäufer ausgezahlt. Zur Übernahme des Delkredererisikos unterzieht der Factor die Abnehmer der Leasinggesellschaften einer intensiven Kreditwürdigkeitsprüfung, die im Ergebnis zur Festlegung eines Limits pro Abnehmer führt. Bis zu diesem Limit ist die Factoringgesellschaft bereit, das Delkredererisiko zu übernehmen.

2.3 Dienstleistungsfunktion

Der Factor übernimmt die Debitorenbuchhaltung für die angekauften Forderungen. Er überwacht Zahlungseingänge und übernimmt das Mahnwesen. Er kümmert sich auch um die Eintreibung notleidender Forderungen.

Factoring konnte sich in konjunkturell dynamischen Zeiten gut entwickeln. Der Umsatz der in Deutschland operierenden Factoringinstitute liegt bei ca. 72 Milliarden Euro. Im vergangenen Jahr kletterte die Kundenanzahl der im Factoring-Verband vertretenen Unternehmen von 3200 auf 3900 Factoringanwender, ein Zuwachs von über 20 %.

Aufgrund der Übernahme des Delkredererisikos stellt Factoring im wichtigen Export- und Importgeschäft eine sichere Form der Geschäftsfinanzierung dar. Schwerpunktpartnerländer im internationalen Factoringgeschäft sind Österreich, Großbritannien, die Schweiz, Spanien, Mittel- und Osteuropa, Skandinavien, die Türkei, die USA sowie Asien.

Factoring ist keine Finanzierungsform, die Unternehmen wählen, wenn sie in Finanznot sind. Factoring ist ein Bankgeschäft, das insbesondere bonitätsmäßig einwandfreien Factoringkunden angeboten wird. Schon aus Gründen finanziellen Eigeninteresses achten Factoringinstitute ähnlich wie Banken auf eine gesunde Kunden- und Abnehmerstruktur ihrer Factoringpartner: Nur gesunde Unternehmen mit werthaltigen Forderungen, guter Bonität und sicherer Ertragskraft eignen sich für eine regelmäßig langfristig ausgerichtete Factoringbeziehung. Factoring kommt dabei für sehr viele Branchen in Betracht. Schwerpunktkundenbranchen sind z. B. Metallerzeugung und Metallverarbeitung, Verarbeitendes Gewerbe, Ernährungsgewerbe, Handelsvermittlung und Großhandel.

3 Anforderungen der Factoringgesellschaften an den Forderungsverkäufer

Der Forderungsverkäufer hat einige grundsätzliche Anforderungen zu erfüllen.
- Die Laufzeit der zu verkaufenden Forderungen sollte 120 Tage (Inlandsforderungen) bzw. 180 Tage (Auslandsforderungen) nicht überschreiten.
- Die Forderungen müssen frei von Rechten Dritter sein und bei ihrer Entstehung der Höhe nach einwandfrei feststehen.
- Der Abnehmerkreis des Anschlusskunden sollte keinem allzu starken Wechsel ausgesetzt sein.
- Die Bonität und die Seriosität des Anschlusskunden müssen gewährleistet sein, weil sich der Factor darauf verlassen können muss, dass die angekauften Forderungen tatsächlich entstanden sind.

4 Kosten des Factorings

Kosten entstehen dem Factoringkunden durch die Factoringgebühr als Entgelt für die Risikoübernahme und die Dienstleistungen sowie durch Zinsen für die Bevorschussung der Forderungen. Die Factoringgebühr lässt sich aufspalten in einen Dienstleistungs- und einen Delkredereanteil. Der Delkredereanteil ist das Entgelt für das übernommene Risiko des Forderungsausfalls. Dienstleistungs- und Delkredereanteil zusammen bewegen sich zwischen 0,5 % und 2,5 % der angekauften Rechnungsbeträge.

Für die Finanzierung der Forderungen stellt der Factor zusätzlich zur Factoringgebühr Zinsen für den Zeitraum vom Ankauf der Forderung bis zum Eingang der Zahlung des Debitors in Rechnung. Zahlt der Debitor nicht, so berechnet der Factor Zinsen bis zum vereinbarten Zeitpunkt, zu dem die Forderung als ausgefallen gilt, üblicherweise 90 bis 120 Tage nach Fälligkeit der Forderung. Die Höhe der Zinsen entspricht banküblichen Sätzen für Kontokorrentkredite. In der Regel wird der Zins auf den gesamten Forderungsbetrag berechnet, obwohl nur 80 bis 90 % der Forderung finanziert werden. Das vom Factor bis zum Zahlungseingang zurückgehaltene Bardepot verzinst sich dann mit einem niedrigeren Guthabenzins.

5   Gewerbesteuerliche Behandlung der Refinanzierung durch Factoring

Für die Leasinggesellschaft verbindet sich mit dem regresslosen Forderungsverkauf ein Gewerbesteuervorteil: Der Forderungsverkauf führt zu keiner Gewerbesteuer-Mehrbelastung, da der Verkaufserlös gewerbesteuerlich nicht als Dauerschuld, sondern als eine Voraus-zahlung auf die noch zu erbringende Nutzungsüberlassung gilt. In der Bilanz der Leasing-gesellschaft wird in Höhe des Verkaufserlöses ein passiver Rechnungsabgrenzungsposten eingestellt, der linear über die Vertragslaufzeit ergebniswirksam aufgelöst wird.

6 Vor- und Nachteile des Factorings

6.1 Vorteile des Factorings

- Factoring verbessert die Liquidität des Factoringkunden, da er bereits vor Fälligkeit seiner Forderungen über 80 % bis 90 % der Rechnungsbeträge verfügen kann. Dadurch ist er in der Lage, seine Vorlieferanten schneller zu bezahlen und Skonti auszunutzen. Als prompter Zahler erhält er bei seinen Lieferanten ein besseres Standing.
- Bilanztechnisch bedeutet Factoring, dass die Bilanzsumme gekürzt wird, was zur Folge hat, dass der Eigenkapitalanteil erhöht wird. Da fast alle Kreditwürdigkeitsprüfungen der Banken auch eine Bilanzanalyse umfassen, steht ein Unternehmen bei seiner Hausbank in besserem Licht dar.
- Ein weiterer positiver Effekt kann sich aus einer Gewerbesteuerersparnis ergeben. Die Höhe der Gewerbesteuer bemisst sich nach dem Gewerbeertrag. Fremdkapital mit einer Laufzeit von mehr als einem Jahr (sog. Dauerschuld) ist Bestandteil des Gewerbekapitals: Die Zinsen werden dem Gewerbeertrag zugeschlagen. Dank der durch Factoring verbesserten Liquidität lässt sich eine solche Dauerschuld u. U. zurückführen. Durch eine Tilgung der Schuld verringern sich der Gewerbeertrag, sodass die Bemessungsgrundlage reduziert wird.
- Die Übernahme des Delkredererisikos durch den Factor erspart dem Factoringkunden Überraschungen mit Debitorenverlusten. Ein Abladen von schlechten Kunden auf den Factor dürfte jedoch nicht möglich sein, da dieser sich über die Bonität der Debitoren vergewissert und für zweifelhafte Abnehmer in der Regel kein Debitorenlimit gewähren wird.
- Die Zahlungen vom Factor können mit großer Sicherheit geplant werden, was bei zögerlicher Zahlung der Debitoren nicht immer möglich ist.
- Durch die Dienstleistungsfunktion wird die Buchhaltung des Factoringkunden spürbar entlastet. Er spart sowohl Personal- als auch Sachkosten, etwa Mahnporto, EDV-Kapazitäten und Anwaltskosten. Die Übertragung des Inkassowesens auf den Factor führt zu einer Versachlichung des Mahnwesens. Da der Factor Informationen über eine Vielzahl von Debitoren sammelt, kann er seine Kunden vor Geschäften mit dubiosen Abnehmern warnen.

6.2 Nachteile und Probleme des Factorings

Probleme mit Factoring können sich in rechtlicher Hinsicht und in Bezug auf die geschäftliche Reputation des Factoringkunden ergeben. Das deutsche Recht kennt den verlängerten Eigentumsvorbehalt und das Abtretungsverbot, die Factoring nicht begünstigen. Beim einfachen Eigentumsvorbehalt (§ 455 BGB) vereinbaren Käufer und Lieferant, dass das Eigentum an der gelieferten Ware erst mit deren vollständiger Bezahlung auf den Käufer übergeht. Häufig gehen die Lieferanten noch weiter und lassen sich die Forderungen aus dem Weiterverkauf der von ihnen gelieferten Produkte zur Besicherung ihrer Kaufpreisforderung abtreten. Dieser verlängerte Eigentumsvorbehalt ist häufig in den AGB des Lieferanten enthalten. Forderungen, die mit einer Abtretung aus verlängertem Eigentumsvorbehalt kollidieren, kommen für unechtes Factoring (keine Übernahme des Ausfallrisikos durch den Factor) nicht in Frage.
Eine zweite Hürde für das Factoring stellt das Abtretungsverbot dar. In § 399 BGB heißt es: „Eine Forderung kann nicht abtreten werden, wenn ... die Abtretung durch Vereinbarung mit dem Schuldner ausgeschlossen ist." Viele Schuldner haben dieses Abtretungsverbot in ihre AGB aufgenommen, vor allem wirtschaftlich starke Unternehmen der Automobilbranche, der chemischen Industrie sowie die meisten Kaufhäuser. Forderungen gegen diese Unternehmen

sind vom Factoring ausgeschlossen. Durch das Abtretungsverbot möchte sich der Schuldner davor schützen, die gleiche Schuld zweimal begleichen zu müssen, da er versehentlich doch noch an den alten Gläubiger gezahlt hat.

Daneben hat Factoring auch mit einem Imageproblem zu kämpfen. Schuldner, denen die Abtretung der Forderungen gegen sie angezeigt wird, gehen häufig davon aus, dass der Lieferant kurz vor dem Konkurs steht. Dies ist dadurch zu erklären, dass Banken Zessionen i. d. R. erst dann offenlegen, wenn die kreditnehmende Firma kein langes Leben mehr vor sich hat. Beim Factoring ist dagegen die Offenlegung der Zession die Regel, da der Factor im Rahmen der Dienstleistungsfunktion die Forderung direkt beim Schuldner einzieht. Die Anzeige an den Schuldner hat nichts damit zu tun, dass dem Factoringkunden finanziell die Puste ausgeht.

7 Factoring-Begriffe

Forfaitierung: Forfaitierung ist der Ankauf mittel- und langfristiger Exportforderungen unter Verzicht des Rückgriffs auf den Forderungsverkäufer im Fall der Nichtzahlung durch den Schuldner. Der Forfaitierung liegt ein Kaufvertrag zwischen dem Exporteur (Forderungs- verkäufer/Forfaitist) und einer Bank bzw. einem Spezialinstitut (Forderungskäufer) zugrunde. Durch eine Forfaitierung gehen alle Rechte aus der Forderung, aber auch die Risiken auf den Forfaiteur (Forderungskäufer) über. Bei Zahlungsunfähigkeit des Schuldners kann der Forfai- teur keinen Rückgriff auf den Forderungsverkäufer nehmen, da er die wirtschaftlichen und poli- tischen Risiken trägt, z. B. wenn sich die politischen und wirtschaftlichen Verhältnisse im Lande des Importeurs durch Unruhen, Streiks oder kriegerische Auseinandersetzungen verschlech- tern und die Zahlungsverpflichtungen aus diesen Gründen nicht erfüllt werden können. Der Forfaiteur muss außerdem beachten, dass er ein Transfer-, Konvertierungs- und Währungs- risiko zu tragen hat. Der Exporteur haftet lediglich für den rechtlichen Bestand der Forderungen und ist verpflichtet, für Mängelrügen, die vom Importeur geltend gemacht werden könnten, einzustehen (Gewährleistungsrisiko).

Factoring: Unter Factoring versteht man den Ankauf von kurzfristigen Forderungen aus Lieferungen und Leistungen durch einen Factor. An einem Factoringgeschäft sind drei Seiten beteiligt. Der Factoringkunde (Anwender oder Anschlusskunde) liefert Waren an seinen Abnehmer. Der Abnehmer schuldet ihm aus diesem Geschäft den Kaufpreis der Ware, er ist Debitor. In der Regel gewährt der Lieferant seinem Abnehmer ein Zahlungsziel, d. h. der Abnehmer muss die Lieferantenforderungen erst nach 30, 60 oder 90 Tagen bezahlen. Benö- tigt der Lieferant bereits vor Fälligkeit der Forderung sein Geld, so kann er die Forderung an ein Factoringinstitut, den sog. Faktor verkaufen.
Der Factoringvertrag ist ein Kaufvertrag, zu dessen Erfüllung der Factoringkunde die Forde- rung gegen seinen Debitor an den Factor abtritt (zediert). Dabei tritt ein Gläubigerwechsel ein, der dem Debitor in aller Regel angezeigt wird (offene Zession). Er kann dann mit schuld- befreiender Wirkung nur an die Factoringgesellschaft zahlen.

Finanzinstitute: Factoringesellschaften sind Finanzinstitute nach § 1 Abs. 3 KWG. Eine Factoring-Bank unterliegt auch dem § 18 KWG, nachdem sich die Bank bei Engagements über 500.000,00 EUR die wirtschaftlichen Verhältnisse des Kreditnehmers durch Vorlage der Jah- resabschlüsse offen legen lassen muss.

8 Fallbeispiel: Verkauf von Leasingforderungen

Zur Refinanzierung des Kfz-Leasinggeschäfts verkauft die *NordLeasing GmbH* im Jahresdurchschnitt $^1/_6$ ihrer gewerblichen Leasingforderungen in Höhe von 30 Mio. EUR an die *ABC-Factoring-Bank AG* in Hamburg. Der Jahresumsatz (gewerbliche Leasingverträge) der *NordLeasing GmbH* beträgt 180 Mio. EUR.

Die *ABC-Factoring-Bank* bietet der *NordLeasing GmbH* die nachstehenden Konditionen zur Refinanzierung an:

Konditionen für den Forderungsverkauf:

Factoringgebühr	Sollzinsen	Habenzinsen	Auszahlung bei Ankauf	Bardepot
1,5 ‰ auf den Jahresumsatz	12 % p. a. auf die Summe der angekauften Leasingraten	6 % p. a. auf das Bardepot	90 % des Forderungsbetrages	10 % des Forderungsbetrages
Bonitätsprüfungsgebühr einmalig 0,15 ‰ auf die angekauften Leasingraten				

Aufgaben

a) Ermitteln Sie den Liquiditätsgewinn für die *NordLeasing GmbH* durch den Forderungsverkauf!

b) Unter welchen Voraussetzungen ist die *ABC-Factoring GmbH* bereit, die gewerblichen Leasingraten der *NordLeasing GmbH* anzukaufen?

c) Beschreiben Sie die Funktionen, die die *ABC-Factoring GmbH* in diesem Fall für die *NordLeasing GmbH* übernimmt.

d) Welcher Vorteil ergibt sich für die *NordLeasing GmbH* aus der Refinanzierung und welche Nachteile ergeben sich aus diesem Leasingratenankauf für die *ABC-Factoring GmbH*?

e) Errechnen Sie die Factoringkosten, die die *ABC-Factoring-Bank* der *NordLeasing GmbH* in Rechnung stellt.

C GESETZE UND ERLASSE

1 Abgabenordnung (Auszug)

Steuerschuldverhältnis
§ 39 (Zurechnung)
(1) Wirtschaftsgüter sind dem Eigentümer zuzurechnen.
(2) Abweichend von Absatz 1 gelten die folgenden Vorschriften:
  1. Übt ein anderer als der Eigentümer die tatsächliche Herrschaft über ein Wirtschaftsgut in der Weise aus, dass er den Eigentümer im Regelfall für die gewöhnliche Nutzungsdauer von der Einwirkung auf das Wirtschaftsgut wirtschaftlich ausschließen kann, so ist ihm das Wirtschaftsgut zuzurechnen. Bei Treuhandverhältnissen sind die Wirtschaftsgüter dem Treugeber, beim Sicherungseigentum dem Sicherungsgeber und beim Eigenbesitz dem Eigenbesitzer zuzurechnen.
  2. Wirtschaftsgüter, die mehreren zur gesamten Hand zustehen, werden den Beteiligten anteilig zugerechnet, soweit eine getrennte Zurechnung für die Besteuerung erforderlich ist.

2 Bürgerliches Gesetzbuch (Auszug)

§ 1 (Beginn der Rechtsfähigkeit)
Die Rechtsfähigkeit des Menschen beginnt mit der Vollendung der Geburt.

§ 2 (Eintritt der Volljährigkeit)
Die Volljährigkeit tritt mit der Vollendung des 18. Lebensjahres ein.

§ 13 (Verbraucher)
Verbraucher ist jede natürliche Person, die ein Rechtsgeschäft zu einem Zwecke abschließt, der weder ihrer gewerblichen noch ihrer selbstständigen beruflichen Tätigkeit zugerechnet werden kann.

§ 14 (Unternehmer)
(1) Unternehmer ist eine natürliche oder juristische Person oder eine rechtsfähige Personengesellschaft, die bei Abschluss eines Rechtsgeschäfts in Ausübung ihrer gewerblichen oder selbstständigen beruflichen Tätigkeit handelt.
(2) Eine rechtsfähige Personengesellschaft ist eine Personengesellschaft, die mit der Fähigkeit ausgestattet ist, Rechte zu erwerben und Verbindlichkeiten einzugehen.

§ 93 (Wesentliche Bestandteile einer Sache)
Bestandteile einer Sache, die voneinander nicht getrennt werden können, ohne dass der eine oder andere zerstört oder in seinem Wesen verändert wird (wesentliche Bestandteile), können nicht Gegenstand besonderer Rechte sein.

§ 94 (Wesentliche Bestandteile eines Grundstücks oder Gebäudes)
(1) Zu den wesentlichen Bestandteilen eines Grundstücks gehören die mit dem Grund und Boden fest verbundenen Sachen, insbesondere Gebäude, sowie die Erzeugnisse des Grundstücks, solange sie mit dem Boden zusammenhängen. Samen wird mit dem Aussäen, eine Pflanze wird mit dem Einpflanzen wesentlicher Bestandteil des Grundstücks.
(2) Zu den wesentlichen Bestandteilen eines Gebäudes gehören die zur Herstellung des Gebäudes eingefügten Sachen.

§ 97 (Zubehör)
(1) Zubehör sind bewegliche Sachen, die, ohne Bestandteile der Hauptsache zu sein, dem wirtschaftlichen Zwecke der Hauptsache zu dienen bestimmt sind und zu ihr in einem dieser Bestimmung entsprechenden räumlichen Verhältnisse stehen. Eine Sache ist nicht Zubehör, wenn sie im Verkehre nicht als Zubehör angesehen wird.

§ 119 (Anfechtbarkeit wegen Irrtums)
(1) Wer bei der Abgabe einer Willenserklärung über deren Inhalt im Irrtume war oder eine Erklärung dieses Inhalts überhaupt nicht abgeben wollte, kann die Erklärung anfechten, wenn anzunehmen ist, dass er sie bei Kenntnis der Sachlage und bei verständiger Würdigung des Falles nicht abgegeben haben würde.
(2) Als Irrtum über den Inhalt der Erklärung gilt auch der Irrtum über solche Eigenschaften der Person oder der Sache, die im Verkehr als wesentlich angesehen werden.

§ 122 (Schadensersatzpflicht des Anfechtenden)

(1) Ist eine Willenserklärung nach § 118 nichtig oder auf Grund der §§ 119, 120 angefochten, so hat der Erklärende, wenn die Erklärung einem anderen gegenüber abzugeben war, diesem, andernfalls jedem Dritten den Schaden zu ersetzen, den der andere oder der Dritte dadurch erleidet, dass er auf die Gültigkeit der Erklärung vertraut, jedoch nicht über den Betrag des Interesses hinaus, welches der andere oder der Dritte an der Gültigkeit der Erklärung hat.

§ 123 (Anfechtbarkeit wegen Täuschung oder Drohung)

(1) Wer zur Abgabe einer Willenserklärung durch arglistige Täuschung (...) bestimmt worden ist, kann die Erklärung anfechten.

§ 124 (Anfechtungsfrist)

(1) Die Anfechtung einer nach § 123 anfechtbaren Willenserklärung kann nur binnen Jahresfrist erfolgen.

(2) Die Frist beginnt im Falle der arglistigen Täuschung mit dem Zeitpunkt, in welchem der Anfechtungsberechtigte die Täuschung entdeckt, im Falle der Drohung mit dem Zeitpunkt, in welchem die Zwangslage aufhört. Auf den Lauf der Frist finden die für die Verjährung geltenden Vorschriften der §§ 206, 210 und 211 entsprechende Anwendung.

(3) Die Anfechtung ist ausgeschlossen, wenn seit der Abgabe der Willenserklärung 10 Jahre verstrichen sind.

§ 125 (Nichtigkeit wegen Formmangels)

Ein Rechtsgeschäft, welches der durch Gesetz vorgeschriebenen Form ermangelt, ist nichtig. Der Mangel der durch Rechtsgeschäft bestimmten Form hat im Zweifel gleichfalls Nichtigkeit zur Folge.

§ 126 (Schriftform)

(1) Ist durch Gesetz schriftliche Form vorgeschrieben, so muss die Urkunde von dem Aussteller eigenhändig durch Namensunterschrift oder mittels notariell beglaubigten Handzeichens unterzeichnet werden.

(2) Bei einem Vertrag muss die Unterzeichnung der Parteien auf derselben Urkunde erfolgen. Werden über den Vertrag mehrere gleich lautende Urkunden aufgenommen, so genügt es, wenn jede Partei die für die andere Partei bestimmte Urkunde unterzeichnet.

(3) Die schriftliche Form kann durch die elektronische Form ersetzt werden, wenn sich aus dem Gesetz nichts ein anderes ergibt.

(4) Die schriftliche Form wird durch die notarielle Beurkundung ersetzt.

§ 126 a (Elektronische Form)

(1) Soll die gesetzliche vorgeschriebene schriftliche Form durch die elektronische Form ersetzt werden, so muss der Aussteller der Erklärung dieser seinen Namen hinzufügen und das elektronische Dokument mit einer qualifizierten elektronischen Signatur nach dem Signaturgesetz versehen.

(2) Bei einem Vertrag müssen die Parteien jeweils ein gleich lautendes Dokument in der in Abs. 1 bezeichneten Weise elektronisch signieren.

§ 126 b (Textform)

Ist durch Gesetz Textform vorgeschrieben, so muss die Erklärung in einer Urkunde oder auf andere zur dauerhaften Wiedergabe in Schriftzeichen geeignete Weise abgegeben, die Person des Erklärenden genannt und der Abschluss der Erklärung durch Nachbildung der Namensunterschrift oder anders erkennbar gemacht werden.

§ 128 (Notarielle Beurkundung)

Ist durch Gesetz notarielle Beurkundung eines Vertrags vorgeschrieben, so genügt es, wenn zunächst der Antrag und sodann die Annahme des Antrags von einem Notar beurkundet wird.

§ 129 (Öffentliche Beglaubigung)

(1) Ist durch Gesetz für eine Erklärung öffentliche Beglaubigung vorgeschrieben, so muss die Erklärung schriftlich abgefasst und die Unterschrift des Erklärenden von einem Notar beglaubigt werden. Wird die Erklärung von dem Aussteller mittels Handzeichens unterzeichnet, so ist die in § 126 Abs. 1 vorgeschriebene Beglaubigung des Handzeichens erforderlich und genügend.

§ 142 (Wirkung der Anfechtung)

(1) Wird ein anfechtbares Rechtsgeschäft angefochten, so ist es als von Anfang an nichtig anzusehen.

(2) Wer die Anfechtbarkeit kannte, oder kennen musste, wird, wenn die Anfechtung erfolgt, so behandelt, wie wenn er die Nichtigkeit des Rechtsgeschäftes gekannt hätte oder hätte kennen müssen.

Vertrag

§ 145 (Bindung an den Antrag)

Wer einem anderen die Schließung eines Vertrags anträgt, ist an den Antrag gebunden, es sei denn, dass er die Gebundenheit ausgeschlossen hat.

§ 147 (Annahmefrist)

(1) Der einem Anwesenden gemachte Antrag kann nur sofort angenommen werden. Dies gilt auch von einem mittels Fernsprecher oder einer sonstigen technischen Einrichtung von Person zu Person gemachten Antrag.

(2) Der einem Abwesenden gemachte Antrag kann nur bis zu dem Zeitraum angenommen werden, in welchem der Antragende den Eingang der Antwort unter regelmäßigen Umständen erwarten darf.

§ 151 (Annahme ohne Erklärung gegenüber dem Antragenden)

Der Vertrag kommt durch die Annahme des Antrages zustande, ohne dass die Annahme dem Antragenden gegenüber erklärt zu werden braucht, wenn eine solche Erklärung nach der Verkehrssitte nicht zu erwarten ist oder der Antragende auf sie verzichtet hat. Der Zeitpunkt, in welchem der Antrag erlischt, bestimmt sich nach dem aus dem Antrag oder den Umständen zu entnehmenden Willen des Antragenden.

Recht der Schuldverhältnisse

Verpflichtung zur Leistung

§ 241 (Pflichten aus dem Schuldverhältnis)

(1) Kraft des Schuldverhältnisses ist der Gläubiger berechtigt, von dem Schuldner eine Leistung zu fordern. Die Leistung kann auch in einem Unterlassen bestehen.

§ 242 (Leistung nach Treu und Glauben)

Der Schuldner ist verpflichtet, die Leistung so zu bewirken, wie Treu und Glauben mit Rücksicht auf die Verkehrssitte es erfordern.

§ 269 (Leistungsort)

(1) Ist ein Ort für die Leistung weder bestimmt noch aus den Umständen, insbesondere aus der Natur des Schuldverhältnisses, zu entnehmen, so hat die Leistung an dem Orte zu erfolgen, an welchem der Schuldner zur Zeit der Entstehung des Schuldverhältnisses seinen Wohnsitz hatte.

(2) Ist die Verbindlichkeit im Gewerbebetriebe des Schuldners entstanden, so tritt, wenn der Schuldner seine gewerbliche Niederlassung an einem anderen Orte hatte, der Ort der Niederlassung an die Stelle des Wohnsitzes.

(3) Aus dem Umstand allein, dass der Schuldner die Kosten der Versendung übernommen hat, ist nicht zu entnehmen, dass der Ort, nach welchem die Versendung zu erfolgen hat, der Leistungsort sein soll.

§ 270 (Zahlungsort)

(1) Geld hat der Schuldner im Zweifel auf seine Gefahr und seine Kosten dem Gläubiger an dessen Wohnsitz zu übermitteln.

(2) Ist die Forderung im Gewerbebetriebe des Gläubigers entstanden, so tritt, wenn der Gläubiger seine gewerbliche Niederlassung an einem anderen Orte hat, der Ort der Niederlassung an die Stelle des Wohnsitzes.

§ 271 (Leistungszeit)

(1) Ist eine Zeit für die Leistung weder bestimmt noch aus den Umständen zu entnehmen, so kann der Gläubiger die Leistung sofort verlangen, der Schuldner sie sofort bewirken.

(2) Ist eine Zeit bestimmt, so ist im Zweifel anzunehmen, dass der Gläubiger die Leistung nicht vor dieser Zeit verlangen, der Schuldner aber sie vorher bewirken kann.

§ 275 (Ausschluss der Leistungspflicht)

(1) Der Anspruch auf Leistung ist ausgeschlossen, soweit diese für den Schuldner oder für jedermann unmöglich ist.

(2) Der Schuldner kann die Leistung verweigern, soweit diese einen Aufwand erfordert, der unter Beachtung des Inhalts des Schuldverhältnisses und der Gebote von Treu und Glauben in einem groben Missverhältnis zu dem Leistungsinteresse des Gläubigers steht. Bei Bestimmung der dem Schuldner zuzumutenden Anstrengungen ist auch zu berücksichtigen, ob der Schuldner das Leistungshindernis zu vertreten hat.

(3) Der Schuldner kann die Leistung ferner verweigern, wenn er die Leistung persönlich zu erbringen hat und sie ihm unter Abwägung des seiner Leistung entgegenstehenden Hindernisses mit dem Leistungsinteresse des Gläubigers nicht zugemutet werden kann.

§ 276 (Verantwortlichkeit des Schuldners)

(1) Der Schuldner hat Vorsatz und Fahrlässigkeit zu vertreten, wenn eine strengere oder mildere Haftung weder bestimmt noch aus dem sonstigen Inhalt des Schuldverhältnisses, insbesondere aus der Übernahme einer Garantie oder eines Beschaffungsrisikos zu entnehmen ist …

(2) Fahrlässig handelt, wer die im Verkehr erforderliche Sorgfalt außer Acht lässt.

§ 280 (Schadensersatz wegen Pflichtverletzung)

(1) Verletzt der Schuldner eine Pflicht aus dem Schuldverhältnis, so kann der Gläubiger Ersatz des hierdurch entstehenden Schadens verlangen. Dies gilt nicht, wenn der Schuldner die Pflichtverletzung nicht zu vertreten hat.

(2) Schadensersatz wegen Verzögerung der Leistung kann der Gläubiger nur unter der zusätzlichen Voraussetzung des § 286 verlangen.

(3) Schadensersatz statt der Leistung kann der Gläubiger nur unter den zusätzlichen Voraussetzungen des § 281, des § 282 oder des § 283 verlangen.

§ 281 (Schadensersatz statt der Leistung wegen nicht oder nicht wie geschuldet erbrachter Leistung)

(1) Soweit der Schuldner die fällige Leistung nicht oder nicht wie geschuldet erbringt, kann der Gläubiger unter den Voraussetzungen des § 280 Abs. 1 Schadensersatz statt der Leistung verlangen, wenn er dem Schuldner erfolglos eine angemessene Frist zur Leistung oder Nacherfüllung bestimmt hat. Hat der Schuldner eine Teilleistung bewirkt, so kann der Gläubiger Schadensersatz statt der ganzen Leistung nur verlangen, wenn er an der Teilleistung kein Interesse hat. Hat der Schuldner die Leistung nicht wie geschuldet bewirkt, so kann der Gläubiger Schadensersatz statt der ganzen Leistung nicht verlangen, wenn die Pflichtverletzung unerheblich ist.

(2) Die Fristsetzung ist entbehrlich, wenn der Schuldner die Leistung ernsthaft und endgültig verweigert oder wenn besondere Umstände vorliegen, die unter Abwägung der beiderseitigen Interessen die sofortige Geltendmachung des Schadensersatzanspruchs rechtfertigen.

§ 286 (Verzug des Schuldners)

(1) Leistet der Schuldner auf eine Mahnung des Gläubigers nicht, die nach dem Eintritt der Fälligkeit erfolgt, so kommt er durch die Mahnung in Verzug. Der Mahnung stehen die Erhebung der Klage auf die Leistung sowie die Zustellung eines Mahnbescheids im Mahnverfahren gleich.

(2) Der Mahnung bedarf es nicht, wenn
1. für die Leistung eine Zeit nach dem Kalender bestimmt ist,
2. der Leistung ein Ereignis vorauszugehen hat und eine angemessene Zeit für die Leistung in der Weise bestimmt ist, dass sie sich von dem Ereignis an nach dem Kalender berechnen lässt,
3. der Schuldner die Leistung ernsthaft und endgültig verweigert,
4. aus besonderen Gründen unter Abwägung der beiderseitigen Interessen der sofortige Eintritt des Verzugs gerechtfertigt ist.

(3) Der Schuldner einer Entgeltforderung kommt spätestens in Verzug, wenn er nicht innerhalb von 30 Tagen nach Fälligkeit und Zugang einer Rechnung oder gleichwertigen Zahlungsaufstellung leistet; dies gilt gegenüber einem Schuldner, der Verbraucher ist, nur, wenn auf diese Folgen in der Rechnung oder Zahlungsaufstellung besonders hingewiesen worden ist. Wenn der Zeitpunkt des Zugangs der Rechnung oder Zahlungsaufstellung unsicher ist, kommt der Schuldner, der nicht Verbraucher ist, spätestens 30 Tage nach Fälligkeit und Empfang der Gegenleistung in Verzug.

(4) Der Schuldner kommt nicht in Verzug, solange die Leistung infolge eines Umstands unterbleibt, den er nicht zu vertreten hat.

§ 288 (Verzugszinsen)

(1) Eine Geldschuld ist während des Verzugs zu verzinsen. Der Verzugszinssatz beträgt für das Jahr fünf Prozentpunkte über dem Basiszinssatz.

(2) Bei Rechtsgeschäften, an denen ein Verbraucher nicht beteiligt ist, beträgt der Zinssatz für Entgeltforderungen acht Prozentpunkte über dem Basiszinssatz.

(3) Der Gläubiger kann aus einem anderen Rechtsgrund höhere Zinsen verlangen.

Verzug des Gläubigers

§ 293 (Annahmeverzug)

Der Gläubiger kommt in Verzug, wenn er die ihm angebotene Leistung nicht annimmt.

§ 294 (Tatsächliches Angebot)
Die Leistung muss dem Gläubiger so, wie sie zu bewirken ist, tatsächlich angeboten werden.

§ 295 (Wörtliches Angebot)
Ein wörtliches Angebot des Schuldners genügt, wenn der Gläubiger ihm erklärt hat, dass er die Leistung nicht annehmen werde, oder wenn zur Bewirkung der Leistung eine Handlung des Gläubigers erforderlich ist, insbesondere wenn der Gläubiger die geschuldete Sache abzuholen hat. Dem Angebot der Leistung steht die Aufforderung an den Gläubiger gleich, die erforderliche Handlung vorzunehmen.

§ 296 (Entbehrlichkeit des Angebots)
Ist für die von dem Gläubiger vorzunehmende Handlung eine Zeit nach dem Kalender bestimmt, so bedarf es des Angebots nur, wenn der Gläubiger die Handlung rechtzeitig vornimmt. Das Gleiche gilt, wenn der Handlung ein Ereignis vorauszugehen hat und eine angemessene Zeit für die Handlung in der Weise bestimmt ist, dass sie sich von dem Ereignis an nach dem Kalender berechnen lässt.

§ 297 (Unvermögen des Schuldners)
Der Gläubiger kommt nicht in Verzug, wenn der Schuldner zur Zeit des Angebots oder im Falle des § 296 zu der für die Handlung des Gläubigers bestimmten Zeit außer Stande ist, die Leistung zu bewirken.

§ 298 (Zug-um-Zug-Leistungen)
Ist der Schuldner nur gegen eine Leistung des Gläubigers zu leisten verpflichtet, so kommt der Gläubiger in Verzug, wenn er zwar die angebotene Leistung anzunehmen bereit ist, die verlangte Gegenleistung aber nicht anbietet.

§ 299 (Vorübergehende Annahmeverhinderung)
Ist die Leistungszeit nicht bestimmt oder ist der Schuldner berechtigt, vor der bestimmten Zeit zu leisten, so kommt der Gläubiger nicht dadurch in Verzug, dass er vorübergehend an der Annahme der angebotenen Leistung verhindert ist, es sei denn, dass der Schuldner ihm die Leistung eine angemessenen Zeit vorher angekündigt hat.

§ 300 (Wirkungen des Gläubigerverzugs)
(1) Der Schuldner hat während des Verzugs des Gläubigers nur Vorsatz und grobe Fahrlässigkeit zu vertreten.
(2) Wird eine nur der Gattung nach bestimmte Sache geschuldet, so geht die Gefahr mit dem Zeitpunkt auf den Gläubiger über, in welchem er dadurch in Verzug kommt, dass er die angebotene Sache nicht annimmt.

§ 301 (Wegfall der Verzinsung)
Von einer verzinslichen Geldschuld hat der Schuldner während des Verzugs des Gläubigers Zinsen nicht zu entrichten.

§ 302 (Nutzungen)
Hat der Schuldner die Nutzungen eines Gegenstands herauszugeben oder zu ersetzen, so beschränkt sich seine Verpflichtung während des Verzugs des Gläubigers auf die Nutzungen, welche er zieht.

§ 304 (Ersatz von Mehraufwendungen)
Der Schuldner kann im Falle des Verzugs des Gläubigers Ersatz der Mehraufwendungen verlangen, die er für das erfolglose Angebot sowie für die Aufbewahrung und Erhaltung des geschuldeten Gegenstands machen musste.

Gestaltung rechtsgeschäftlicher Schuldverhältnisse durch Allgemeine Geschäftsbedingungen

§ 305 (Einbeziehung Allgemeiner Geschäftsbedingungen in den Vertrag)

(1) Allgemeine Geschäftsbedingungen sind alle für eine Vielzahl von Verträgen vorformulierten Vertragsbedingungen, die eine Vertragspartei (Verwender) der anderen Vertragspartei bei Abschluss eines Vertrags stellt. Gleichgültig ist, ob die Bestimmungen einen äußerlich gesonderten Bestandteil des Vertrags bilden oder in die Vertragsurkunde selbst aufgenommen werden, welchen Umfang sie haben, in welcher Schriftart sie verfasst sind und welche Form der Vertrag hat. Allgemeine Geschäftsbedingungen liegen nicht vor, soweit die Vertragsbedingungen zwischen den Vertragsparteien im Einzelnen ausgehandelt sind.

(2) Allgemeine Geschäftsbedingungen werden nur dann Bestandteil eines Vertrags, wenn der Verwender bei Vertragsschluss
   1. die andere Vertragspartei ausdrücklich oder, wenn ein ausdrücklicher Hinweis wegen der Art des Vertragsschlusses nur unter unverhältnismäßigen Schwierigkeiten möglich ist, durch deutlich sichtbaren Aushang am Ort des Vertragsschlusses auf sie hinweist und
   2. der anderen Vertragspartei die Möglichkeit verschafft, in zumutbarer Weise, die auch eine für den Verwender erkennbare körperliche Behinderung der anderen Vertragspartei angemessen berücksichtigt, von ihrem Inhalt Kenntnis zu nehmen,
   und wenn die andere Vertragspartei mit ihrer Geltung einverstanden ist.

(3) Die Vertragsparteien können für eine bestimmte Art von Rechtsgeschäften die Geltung bestimmter Allgemeiner Geschäftsbedingungen unter Beachtung der in Abs. 2 bezeichneten Erfordernisse im Voraus vereinbaren.

§ 305 b (Vorrang der Individualabrede)

Individuelle Vertragsabreden haben Vorrang vor Allgemeinen Geschäftsbedingungen.

§ 305 c (Überraschende und mehrdeutige Klauseln)

(1) Bestimmungen in AGB, die nach den Umständen, insbesondere nach dem äußeren Erscheinungsbild des Vertrags, so ungewöhnlich sind, dass der Vertragspartner des Verwenders nicht mit ihnen zu rechnen braucht, werden nicht Vertragsbestandteil.

(2) Zweifel bei der Auslegung Allgemeiner Geschäftsbedingungen gehen zu Lasten des Verwenders.

§ 306 (Rechtsfolgen bei Nichteinbeziehung und Unwirksamkeit)

(1) Sind Allgemeine Geschäftsbedingungen ganz oder teilweise nicht Vertragsbestandteil geworden oder unwirksam, so bleibt der Vertrag im Übrigen wirksam.

(2) Soweit die Bestimmungen nicht Vertragsbestandteil geworden oder unwirksam sind, richtet sich der Inhalt des Vertrages nach den gesetzlichen Vorschriften.

(3) Der Vertrag ist unwirksam, wenn das Festhalten an ihm auch unter Berücksichtigung der nach Absatz 2 vorgesehenen Änderung eine unzumutbare Härte für eine Vertragspartei darstellen würde.

§ 306 a (Umgehungsverbot)

Die Vorschriften dieses Abschnitts finden auch Anwendung, wenn sie durch anderweitige Gestaltungen umgangen werden.

§ 307 (Inhaltskontrolle)

(1) Bestimmungen in Allgemeinen Geschäftsbedingungen sind unwirksam, wenn sie den Vertragspartner des Verwenders entgegen den Geboten von Treu und Glauben unangemessen benachteiligen. Eine unangemessene Benachteiligung kann sich auch daraus ergeben, dass die Bestimmung nicht klar und verständlich ist.

(2) Eine unangemessene Benachteiligung ist im Zweifel anzunehmen, wenn eine Bestimmung
   1. mit wesentlichen Grundgedanken der gesetzlichen Regelung, von der abgewichen wird, nicht zu vereinbaren ist oder
   2. wesentliche Rechte oder Pflichten, die sich aus der Natur des Vertrags ergeben, so einschränkt, dass die Erreichung des Vertragszwecks gefährdet ist.

(3) Die Absätze 1 und 2 sowie die §§ 308 und 309 gelten nur für Bestimmungen in AGB, durch die von Rechtsvorschriften abweichende oder diese ergänzende Regelungen vereinbart werden. Andere Bestimmungen können nach Absatz 1 Satz 2 in Verbindung mit Absatz 1 Satz 1 unwirksam sein.

§ 308 (Klauselverbote mit Wertungsmöglichkeit)

In AGB ist insbesondere unwirksam
1. (Annahme und Leistungsfrist) eine Bestimmung, durch die sich der Verwender unangemessen lange oder nicht hinreichend bestimmte Fristen für die Annahme oder Ablehnung eines Angebots oder die Erbringung einer Leistung vorbehält; ausgenommen hiervon ist der Vorbehalt, erst nach Ablauf der Widerrufs- oder Rückgabefrist nach § 355 Abs. 1 und 2 und § 356 zu leisten;
2. (Nachfrist) eine Bestimmung, durch die sich der Verwender für die von ihm zu bewirkende Leistung abweichend von Rechtsvorschriften eine unangemessen lange oder nicht hinreichend bestimmte Nachfrist vorbehält;
3. (Rücktrittsvorbehalt) die Vereinbarung eines Rechts des Verwenders, sich ohne sachlich gerechtfertigten und im Vertrag angegebenen Grund von seiner Leistungspflicht zu lösen; dies gilt nicht für Dauerschuldverhältnisse;
4. (Änderungsvorbehalt) die Vereinbarung eines Rechts des Verwenders, die versprochene Leistung zu ändern oder von ihr abzuweichen, wenn nicht die Vereinbarung der Änderung oder Abweichung unter Berücksichtigung der Interessen des Verwenders für den anderen Vertragsteil zumutbar ist;
5. (Fingierte Erklärungen) eine Bestimmung, wonach eine Erklärung des Vertragspartners des Verwenders bei Vornahme oder Unterlassung einer bestimmten Handlung als von ihm abgegeben oder nicht abgegeben gilt, es sei denn, dass
   a) dem Vertragspartner eine angemessene Frist zur Abgabe einer ausdrücklichen Erklärung eingeräumt ist und
   b) der Verwender sich verpflichtet, den Vertragspartner bei Beginn der Frist auf die vorgesehene Bedeutung seines Verhaltens besonders hinzuweisen;
   dies gilt nicht für Verträge, in die Teil B der Verdingungsordnung für Bauleistungen insgesamt einbezogen ist;
6. (Fiktion des Zugangs) eine Bestimmung, die vorsieht, dass eine Erklärung des Verwenders von besonderer Bedeutung dem anderen Vertragsteil als zugegangen gilt;
7. (Abwicklung von Verträgen) eine Bestimmung, nach der der Verwender für den Fall, dass eine Vertragspartei vom Vertrag zurücktritt oder den Vertrag kündigt,
   a) eine unangemessen hohe Vergütung für die Nutzung oder den Gebrauch einer Sache oder eines Rechts oder für erbrachte Leistungen oder
   b) einen unangemessen hohen Ersatz von Aufwendungen verlangen kann;

8. (Nichtverfügbarkeit der Leistung) die nach Nr. 3 zulässige Vereinbarung eines Vorbehalts des Verwenders, sich von der Verpflichtung zur Erfüllung des Vertrags bei Nichtverfügbarkeit der Leistung zu lösen, wenn sich der Verwender nicht verpflichtet,
   a) den Vertragspartner unverzüglich über die Nichtverfügbarkeit zu informieren und
   b) Gegenleistungen des Vertragspartners unverzüglich zu erstatten.

§ 309 (Klauselverbote ohne Verwertungsmöglichkeit)
Auch soweit eine Abweichung von den gesetzlichen Vorschriften zulässig ist, ist in AGB unwirksam
1. (kurzfristige Preiserhöhungen) eine Bestimmung, welche die Erhöhung des Entgelts für Waren oder Leistungen vorsieht, die innerhalb von 4 Monaten nach Vertragsschluss geliefert oder erbracht werden sollen; dies gilt nicht bei Waren oder Leistungen, die im Rahmen von Dauerschuldverhältnissen geliefert oder erbracht werden;
2. (Leistungsverweigerungsrechte) eine Bestimmung, durch die
   a) das Leistungsverweigerungsrecht, das dem Vertragspartner des Verwenders nach § 320 zusteht, ausgeschlossen oder eingeschränkt wird oder
   b) ein dem Vertragspartner des Verwenders zustehendes Zurückbehaltungsrecht, soweit es auf demselben Vertragsverhältnis beruht, ausgeschlossen oder eingeschränkt, insbesondere von der Anerkennung von Mängeln durch den Verwender abhängig gemacht wird;
3. (Aufrechnungsverbot) eine Bestimmung, durch die dem Vertragspartner des Verwenders die Befugnis genommen wird, mit einer unbestrittenen oder rechtskräftig festgestellten Forderung aufzurechnen;
4. (Mahnung, Fristsetzung) eine Bestimmung, durch die der Verwender von der gesetzlichen Obliegenheit freigestellt wird, den anderen Vertragsteil zu mahnen oder ihm eine Frist für die Leistung oder Nacherfüllung zu setzen;
5. (Pauschalierung von Schadensersatzansprüchen) die Vereinbarung eines pauschalierten Anspruchs des Verwenders auf Schadensersatz oder Ersatz einer Wertminderung, wenn
   a) die Pauschale den in den geregelten Fällen nach dem gewöhnlichen Lauf der Dinge zu erwartenden Schaden oder die gewöhnlich eintretende Wertminderung übersteigt oder
   b) dem anderen Vertragsteil nicht ausdrücklich der Nachweis gestattet wird, ein Schaden oder eine Wertminderung sei überhaupt nicht entstanden oder wesentlich niedriger als die Pauschale;
6. (Vertragsstrafe) eine Bestimmung, durch die dem Verwender für den Fall der Nichtabnahme oder verspäteten Abnahme der Leistung, des Zahlungsverzugs oder für den Fall, dass der andere Vertragsteil sich vom Vertrag löst, Zahlung einer Vertragsstrafe versprochen wird;
7. (Haftungsausschluss bei Verletzung von Leben, Körper, Gesundheit und bei grobem Verschulden)
   a) (Verletzung von Leben, Körper, Gesundheit) ein Ausschluss oder eine Begrenzung der Haftung für Schäden aus der Verletzung des Lebens, des Körpers oder der Gesundheit, die auf einer fahrlässigen Pflichtverletzung des Verwenders oder einer vorsätzlichen oder fahrlässigen Pflichtverletzung eines gesetzlichen Vertreters oder Erfüllungsgehilfen des Verwenders beruhen;
   b) (grobes Verschulden) ein Ausschluss oder eine Begrenzung der Haftung für sonstige Schäden, die auf einer grob fahrlässigen Pflichtverletzung des Verwenders oder auf einer vorsätzlichen oder grob fahrlässigen Pflichtverletzung eines gesetzlichen Vertreters oder Erfüllungsgehilfen des Verwenders beruhen; ...

8. (Sonstige Haftungsausschlüsse bei Pflichtverletzung)
   a) (Ausschluss des Rechts, sich vom Vertrag zu lösen) eine Bestimmung, die bei einer vom Verwender zu vertretenden, nicht in einem Mangel der Kaufsache oder des Werkes bestehenden Pflichtverletzung das Recht des anderen Vertragsteils, sich vom Vertrag zu lösen, ausschließt oder einschränkt; ...
   b) (Mängel) eine Bestimmung, durch die bei Verträgen über Lieferungen neu hergestellter Sachen und über Werkleistungen
      aa) (Ausschluss und Verweisung auf Dritte) die Ansprüche gegen den Verwender wegen eines Mangels insgesamt oder bezüglich einzelner Teile ausgeschlossen, auf die Einräumung von Ansprüchen gegen Dritte beschränkt oder von der vorherigen gerichtlichen Inanspruchnahme Dritter abhängig gemacht werden;
      bb) (Beschränkung auf Nacherfüllung) die Ansprüche gegen den Verwender insgesamt oder bezüglich einzelner Teile auf ein Recht auf Nacherfüllung beschränkt werden, sofern dem anderen Vertragsteil nicht ausdrücklich das Recht vorbehalten wird, bei Fehlschlagen der Nacherfüllung zu mindern oder, wenn nicht eine Bauleistung Gegenstand der Mängelhaftung ist, nach seiner Wahl vom Vertrag zurückzutreten;
      cc) (Aufwendungen bei Nacherfüllung) die Verpflichtung des Verwenders ausgeschlossen oder beschränkt wird, die zum Zwecke der Nacherfüllung erforderlichen Aufwendungen, insbesondere Transport-, Wege-, Arbeits- und Materialkosten, zu tragen;
      dd) (Vorenthalten der Nacherfüllung) der Verwender der Nacherfüllung von der vorherigen Zahlung des vollständigen Entgelts oder eines unter Berücksichtigung des Mangels unverhältnismäßig hohen Teils des Entgelts abhängig macht;
      ee) (Ausschlussfrist für Mängelanzeige) der Verwender dem anderen Vertragsteil für die Anzeige nicht offensichtlicher Mängel eine Ausschlussfrist setzt, die kürzer ist als die nach dem Doppelbuchstaben ff zulässige Frist;
      ff) (Erleichterung der Verjährung) die Verjährung von Ansprüchen gegen den Verwender wegen eines Mangels in den Fällen des § 438 Abs. 1 Nr. 2 und § 634a Abs. 1 Nr. 2 erleichtert oder in den sonstigen Fällen eine weniger als ein Jahr betragende Verjährungsfrist ab dem gesetzlichen Verjährungsbeginn erreicht wird;
      ...
9. (Laufzeit bei Dauerschuldverhältnissen) bei einem Vertragsverhältnis, das die regelmäßige Lieferung von Waren ... durch den Verwender zum Gegenstand hat,
   a) eine den anderen Vertragsteil länger als zwei Jahre bindende Laufzeit des Vertrags,
   b) eine den anderen Vertragsteil bindende stillschweigende Verlängerung des Vertragsverhältnisses um jeweils mehr als ein Jahr oder
   c) zu Lasten des anderen Vertragsteils eine längere Kündigungsfrist als drei Monate vor Ablauf der zunächst vorgesehenen oder stillschweigend verlängerten Vertragsdauer;
   ...
10. (Wechsel des Vertragspartners) ...
11. (Haftung des Abschlussvertreters) ...
12. (Beweislast) eine Bestimmung, durch die der Verwender die Beweislast zum Nachteil des anderen Vertragsteils ändert, insbesondere indem er

a) diesem die Beweislast für Umstände auferlegt, die im Verantwortungsbereich des Verwenders liegen, oder

b) den anderen Vertragsteil bestimmte Tatsachen bestätigen lässt;

...

13. (Form von Anzeigen und Erklärungen) eine Bestimmung, durch die Anzeigen oder Erklärungen, die dem Verwender oder einem Dritten gegenüber abzugeben sind, an eine strengere Form als die Schriftform oder an besondere Zugangserfordernisse gebunden werden.

§ 311 b (Verträge über Grundstücke, das Vermögen und den Nachlass)

(1) Ein Vertrag, durch den sich der eine Teil verpflichtet, das Eigentum an einem Grundstück zu übertragen oder zu erwerben, bedarf der notariellen Beurkundung. Ein ohne Beachtung dieser Form geschlossener Vertrag wird seinem ganzen Inhalt nach gültig, wenn die Auflassung und die Eintragung in das Grundbuch erfolgen.

§ 323 (Rücktritt wegen nicht oder nicht vertragsgemäß erbrachter Leistung)

(1) Erbringt bei einem gegenseitigen Vertrag der Schuldner eine fällige Leistung nicht oder nicht vertragsgemäß, so kann der Gläubiger, wenn er dem Schuldner erfolglos eine angemessene Frist zur Leistung oder Nacherfüllung bestimmt hat, vom Vertrag zurücktreten.

(2) Die Fristsetzung ist entbehrlich, wenn

1. der Schuldner die Leistung ernsthaft und endgültig verweigert,

2. der Schuldner die Leistung zu einem im Vertrag bestimmten Termin oder innerhalb einer bestimmten Frist nicht bewirkt und der Gläubiger im Vertrag den Fortbestand seines Leistungsinteresses an die Rechtzeitigkeit der Leistung gebunden hat oder

3. besondere Umstände vorliegen, die unter Abwägung der beiderseitigen Interessen den sofortigen Rücktritt rechtfertigen.

§ 325 (Schadensersatz und Rücktritt)

Das Recht, bei einem gegenseitigen Vertrag Schadensersatz zu verlangen, wird durch den Rücktritt nicht ausgeschlossen.

Rücktritt; Widerrufs- und Rückgaberecht bei Verbraucherverträgen

§ 346 (Wirkung des Rücktritts)

(1) Hat sich in einem Vertrag ein Teil den Rücktritt vorbehalten oder steht ihr ein gesetzliches Rücktrittsrecht zu, so sind im Falle des Rücktritts die empfangenen Leistungen zurückzugewähren und die gezogenen Nutzungen herauszugeben.

(2) Statt der Rückgewähr oder Herausgabe hat der Schuldner Wertersatz zu leisten, soweit

1. die Rückgewähr oder die Herausgabe nach der Natur des Erlangten ausgeschlossen ist,

2. er den empfangenen Gegenstand verbraucht, veräußert, belastet, verarbeitet oder umgestaltet hat,

3. der empfangene Gegenstand sich verschlechtert hat oder untergegangen ist; jedoch bleibt die durch die bestimmungsgemäße Ingebrauchnahme Verschlechterung außer Betracht.

Ist im Vertrag eine Gegenleistung bestimmt, ist sie bei der Berechnung des Wertersatzes zugrunde zu legen; ist Wertersatz für den Gebrauchsvorteil eines Darlehens zu leisten, kann nachgewiesen werden, dass der Wert des Gebrauchsvorteils niedriger war.

(3) Die Pflicht zum Wertersatz entfällt,

1. wenn sich der zum Rücktritt berechtigende Mangel erst während der Verarbeitung oder Umgestaltung des Gegenstandes gezeigt hat,

2. soweit der Gläubiger die Verschlechterung oder den Untergang zu vertreten hat oder der Schaden bei ihm gleichfalls eingetreten wäre,

3. wenn im Falle eines gesetzlichen Rücktrittrechts die Verschlechterung oder der Untergang beim Berechtigten eingetreten ist, obwohl dieser diejenige Sorgfalt beobachtet hat, die er in eigenen Angelegenheiten anzuwenden pflegt.

Eine verbleibende Bereicherung ist herauszugeben.

(4) Der Gläubiger kann wegen Verletzung einer Pflicht aus Abs. 1 nach Maßgabe der §§ 280 bis 283 Schadensersatz verlangen.

§ 348 (Erfüllung Zug-um-Zug)

Die sich aus dem Rücktritt ergebenden Verpflichtungen der Parteien sind Zug-um-Zug zu erfüllen …

§ 355 (Widerrufsrecht bei Verbraucherverträgen)

(1) Wird einem Verbraucher durch Gesetz ein Widerrufsrecht nach dieser Vorschrift einge-räumt, so ist er an seine auf den Abschluss des Vertrages gerichtete Willenserklärung nicht mehr gebunden, wenn er sie fristgerecht widerrufen hat. Der Widerruf muss keine Begründung enthalten und ist in Textform oder durch Rücksendung der Sache inner-halb von zwei Wochen gegenüber dem Unternehmer zu erklären; zur Fristwahrung ge-nügt die rechtzeitige Absendung.

(2) Die Widerrufsfrist beträgt 14 Tage, wenn dem Verbraucher spätestens bei Vertrags-schluss eine den Anforderungen des § 360 Abs. 1 entsprechende Widerrufsbelehrung in Textform mitgeteilt wird. Bei Fernabsatzverträgen steht eine unverzüglich nach Vertrags-schluss in Textform mitgeteilte Widerrufsbelehrung einer solchen bei Vertragsschluss gleich, wenn der Unternehmer den Verbraucher gemäß Artikel 246 § 1 Abs. 1 Nr. 10 des Einführungsgesetzes zum BGB unterrichtet hat. Wird die Widerrufsbelehrung dem Verbraucher nach dem gemäß Satz 1 oder Satz 2 maßgeblichen Zeitpunkt mitgeteilt, beträgt die Widerrufsfrist einen Monat. Dies gilt auch dann, wenn der Unternehmer den Verbraucher über das Widerrufsrecht gemäß Artikel 246 § 2 Abs. 1 Satz 1 Nr. 2 des Ein-führungsgesetzes zum BGB zu einem späteren als dem in Satz 1 oder Satz 2 genannten Zeitpunkt unterrichten darf.

(3) Die Frist beginnt, wenn dem Verbraucher eine den Anforderungen des § 360 Abs. 1 ent-sprechende Belehrung über sein Widerrufsrecht in Textform mitgeteilt worden ist. Ist der Vertrag schriftlich abzuschließen, so beginnt die Frist nicht, bevor dem Verbraucher auch eine Vertragsurkunde, der schriftliche Antrag des Verbrauchers oder eine Abschrift der Vertragsurkunde oder des Antrags zur Verfügung gestellt wird. Ist der Fristbeginn streitig, so trifft die Beweislast den Unternehmer.

(4) Das Widerrufsrecht erlischt spätestens 6 Monate nach Vertragsschluss. Diese Frist beginnt bei der Lieferung von Waren nicht vor deren Eingang beim Empfänger. Abwei-chend von Satz 1 erlischt das Widerrufsrecht nicht, wenn der Verbraucher nicht ent-sprechend den Anforderungen des § 360 Abs. 1 über sein Widerrufsrecht in Textform belehrt worden ist, bei Fernabsatzverträgen über Finanzdienstleistungen ferner nicht, wenn der Unternehmer seine Mitteilungspflichten gemäß Artikel 246 § 2 Abs. 1 Satz 1 Nr. 1 und Satz 2 Nr. 1 bis 3 des EGBGB nicht ordnungsgemäß erfüllt hat.

§ 356 (Rückgaberecht bei Verbraucherverträgen)

(1) Das Widerrufsrecht nach § 355 kann, soweit dies ausdrücklich durch Gesetz zugelassen ist, bei Vertragsschluss aufgrund eines Verkaufsprospekts im Vertrag durch ein uneingeschränktes Rückgaberecht ersetzt werden. Voraussetzung ist, dass

1. im Verkaufsprospekt eine den Anforderungen des § 360 Abs. 2 entsprechende Be-lehrung über das Rückgaberecht enthalten ist und

2. der Verbraucher den Verkaufsprospekt in Abwesenheit des Unternehmers einge-
hend zur Kenntnis nehmen konnte.

(2) Das Rückgaberecht kann innerhalb der Widerrufsfrist, die jedoch nicht vor Erhalt der
Sache beginnt, und nur durch Rücksendung der Sache oder, wenn die Sache nicht als
Paket versandt werden kann, durch Rücknahmeverlangen ausgeübt werden. Im Übri-
gen sind die Vorschriften über das Widerrufsrecht entsprechend anzuwenden. An die
Stelle von § 360 Abs. 1 tritt § 360 Abs. 2.

§ 357 (Rechtsfolgen des Widerrufs und der Rückgabe)

(1) Auf das Widerrufs- und das Rückgaberecht finden ... die Vorschriften über den
gesetzlichen Rücktritt entsprechende Anwendung. § 286 Abs. 3 gilt für die Verpflichtung
zur Erstattung von Zahlungen nach dieser Vorschrift entsprechend; die dort bestimmte
Frist beginnt mit der Widerrufs- oder Rückgabeerklärung des Verbrauchers. Dabei beginnt die Frist im Hinblick auf eine Erstattungsverpflichtung des Verbrauchers mit Abgabe
dieser Erklärung, im Hinblick auf eine Erstattungsverpflichtung des Unternehmers mit
deren Zugang.

(2) Der Verbraucher ist bei Ausübung des Widerrufsrechts zur Rücksendung verpflichtet,
wenn die Sache durch Paket versandt werden kann. Kosten und Gefahr der Rücksendung trägt bei Widerruf und Rückgabe der Unternehmer. Wenn ein Widerrufsrecht
nach § 312 d Abs. 1 Satz 1 besteht, dürfen dem Verbraucher die regelmäßigen Kosten
der Rücksendung vertraglich auferlegt werden, wenn der Preis der zurückzusendenden
Sache einen Betrag von 40 Euro nicht übersteigt oder wenn bei einem höheren Preis
der Sache der Verbraucher die Gegenleistung oder eine Teilzahlung zum Zeitpunkt des
Widerrufs noch nicht erbracht hat, es sei denn, dass die gelieferte Ware nicht der
bestellten entspricht.

(3) Der Verbraucher hat abweichend von § 346 Abs. 2 Satz 1 Nr. 3 Wertersatz für eine
Verschlechterung der Sache zu leisten,
1. soweit die Verschlechterung auf einen Umgang mit der Sache zurückzuführen ist,
der über die Prüfung der Eigenschaften und der Funktionsweise hinausgeht, und
2. wenn er spätestens bei Vertragsschluss in Textform auf diese Rechtsfolge hingewiesen worden ist.

Bei Fernabsatzverträgen steht ein unverzüglich nach Vertragsschluss in Textform mitge-
teilter Hinweis einem solchen bei Vertragsschluss gleich, wenn der Unternehmer dem
Verbraucher rechtzeitig vor Abgabe von dessen Vertragserklärung in einer dem eingesetzten Fernkommunikationsmittel entsprechenden Weise über die Wertersatzpflicht
unterrichtet hat. § 346 Abs. 3 Satz 1 Nr. 3 ist nicht anzuwenden, wenn der Verbraucher
über sein Widerrufsrecht ordnungsgemäß belehrt worden ist oder hiervon anderweitig
Kenntnis erlangt hat.

(4) Weitergehende Ansprüche bestehen nicht.

§ 360 (Widerrufs- und Rückgabebelehrung)

(1) Die Widerrufsbelehrung muss deutlich gestaltet sein und dem Verbraucher
entsprechend den Erfordernissen des eingesetzten Kommunikationsmittels seine
wesentlichen Rechte deutlich machen. Sie muss Folgendes enthalten:
1. ein Hinweis auf das Recht zum Widerruf,
2. ein Hinweis darauf, dass der Widerruf keiner Begründung bedarf und in Textform
oder durch Rücksendung der Sache innerhalb der Widerrufsfrist erklärt werden
kann,
3. den Namen und die ladungsfähige Anschrift desjenigen, gegenüber dem der Widerruf
zu erklären ist, und

4. einen Hinweis auf Dauer und Beginn der Widerrufsfrist sowie darauf, dass zur Fristwahrung die rechtzeitige Absendung der Widerrufserklärung oder der Sache genügt.

(2) Auf die Rückgabebelehrung ist Abs. 1 Satz 1 entsprechend anzuwenden. Sie muss Folgendes enthalten:

1. einen Hinweis auf das Recht zur Rückgabe,
2. einen Hinweis darauf, dass die Ausübung des Rückgaberechts keiner Begründung bedarf,
3. einen Hinweis darauf, dass das Rückgaberecht nur durch Rücksendung der Sache oder, wenn die Sache nicht als Paket versandt werden kann, durch Rücknahmeverlangen in Textform innerhalb der Rückgabefrist ausgeübt werden kann,
4. den Namen und die ladungsfähige Anschrift desjenigen, an den die Rückgabe zu erfolgen hat oder gegenüber dem das Rücknahmeverlangen zu erklären ist, und
5. einen Hinweis auf Dauer und Beginn der Rückgabefrist sowie darauf, dass zur Fristwahrung die rechtzeitige Absendung der Sache oder des Rücknahmeverlangens genügt.

(3) Die dem Verbraucher gemäß § 355 Abs. 3 Satz 1 mitzuteilende Widerrufsbelehrung genügt den Anforderungen ... wenn das Muster der Anlage 1 zum EGBGB in Textform verwendet wird ...

§ 433 (Vertragstypische Pflichten beim Kaufvertrag)

(1) Durch den Kaufvertrag wird der Verkäufer einer Sache verpflichtet, dem Käufer die Sache zu übergeben und das Eigentum an der Sache zu verschaffen. Der Verkäufer hat dem Käufer die Sache frei von Sach- und Rechtsmängeln zu verschaffen.

(2) Der Käufer ist verpflichtet, dem Verkäufer den vereinbarten Kaufpreis zu zahlen und die gekaufte Sache abzunehmen.

§ 434 (Sachmangel)

(1) Die Sache ist frei von Sachmängeln, wenn sie bei Gefahrübergang die vereinbarte Beschaffenheit hat. Soweit die Beschaffenheit nicht vereinbart ist, ist die Sache frei von Sachmängeln,

1. wenn sie sich für die nach dem Vertrag vorausgesetzte Verwendung eignet, sonst
2. wenn sie sich für die gewöhnliche Verwendung eignet und eine Beschaffenheit aufweist, die bei Sachen der gleichen Art üblich ist und die der Käufer nach der Art der Sache erwarten kann ...

(2) Ein Sachmangel ist auch dann gegeben, wenn die vereinbarte Montage durch den Verkäufer ... unsachgemäß durchgeführt worden ist. Ein Sachmangel liegt bei einer zur Montage bestimmten Sache ferner vor, wenn die Montageanleitung mangelhaft ist, es sei denn, die Sache ist fehlerfrei montiert worden.

(3) Einem Sachmangel steht es gleich, wenn der Verkäufer eine andere Sache oder eine zu geringe Menge liefert.

§ 435 (Rechtsmangel)

Die Sache ist frei von Rechtsmängeln, wenn Dritte in Bezug auf die Sache keine oder nur die im Kaufvertrag übernommenen Rechte gegen den Käufer geltend machen können. Einem Rechtsmangel steht es gleich, wenn im Grundbuch ein Recht eingetragen ist, das nicht besteht.

§ 437 (Rechte des Käufers bei Mängeln)

Ist die Sache mangelhaft, kann der Käufer, wenn die Voraussetzungen der folgenden Vorschriften vorliegen ...

1. nach § 439 Nacherfüllung verlangen,
2. nach den §§ 440, 323 und 326 Abs. 5 von dem Vertrag zurücktreten oder nach § 441 den Kaufpreis mindern und
3. nach den §§ 440, 280, 281, 283 und 311 a Schadensersatz oder nach § 284 Ersatz vergeblicher Aufwendungen verlangen.

§ 438 (Verjährung der Mängelansprüche)

(1) Die in § 437 Nr. 1 und 3 bezeichneten Ansprüche verjähren
   1. in 30 Jahren, wenn der Mangel
      a) in einem dinglichen Recht eines Dritten, aufgrund dessen Herausgabe der Kaufsache verlangt werden kann, oder
      b) in einem sonstigen Recht, das im Grundbuch eingetragen ist, besteht,
   2. ...
   3. im Übrigen in zwei Jahren.
(2) Die Verjährung beginnt bei Grundstücken mit der Übergabe, im Übrigen mit der Ablieferung der Sache.
(3) Abweichend von Absatz 1 Nr. 2 und 3 und Absatz 2 verjähren die Ansprüche in der regelmäßigen Verjährungsfrist, wenn der Verkäufer den Mangel arglistig verschwiegen hat ...

§ 439 (Nacherfüllung)

(1) Der Käufer kann als Nacherfüllung nach seiner Wahl die Beseitigung des Mangels oder die Lieferung einer mangelfreien Sache verlangen.
(2) Der Verkäufer hat die zum Zwecke der Nacherfüllung erforderlichen Aufwendungen, insbesondere Transport-, Wege-, Arbeits- und Materialkosten zu tragen.
(3) Der Verkäufer kann die vom Käufer gewählte Art der Nacherfüllung unbeschadet des § 275 Abs. 2 und 3 verweigern, wenn sie nur mit unverhältnismäßigen Kosten möglich ist. Dabei sind insbesondere der Wert der Sache in mangelfreiem Zustand, die Bedeutung des Mangels und die Frage zu berücksichtigen, ob auf die andere Art der Nacherfüllung ohne erhebliche Nachteile für den Käufer zurückgegriffen werden könnte. Der Anspruch des Käufers beschränkt sich in diesem Fall auf die andere Art der Nacherfüllung; das Recht des Verkäufers, auch diese unter den Voraussetzungen des Satzes 1 zu verweigern, bleibt unberührt.
(4) Liefert der Verkäufer zum Zwecke der Nacherfüllung eine mangelhafte Sache, so kann er vom Käufer Rückgewähr der mangelhaften Sache nach Maßgabe der §§ 346 bis 348 verlangen.

§ 440 (Besondere Bestimmungen für Rücktritt und Schadensersatz)

Außer in den Fällen des § 281 Abs. 2 und des § 323 Abs. 2 bedarf es der Fristsetzung auch dann nicht, wenn der Verkäufer beide Arten der Nacherfüllung gemäß § 439 Abs. 3 verweigert oder wenn die dem Käufer zustehende Art der Nacherfüllung fehlgeschlagen oder ihm unzumutbar ist. Eine Nachbesserung gilt nach dem erfolglosen zweiten Versuch als fehlgeschlagen, wenn sich nicht insbesondere aus der Art der Sache oder des Mangels oder der sonstigen Umstände etwas anderes ergibt.

§ 441 (Minderung)

(1) Statt zurückzutreten, kann der Käufer den Kaufpreis durch Erklärung gegenüber dem Verkäufer mindern ...

(2) ...
(3) Bei der Minderung ist der Kaufpreis in dem Verhältnis herabzusetzen, in welchem zur Zeit des Vertragsschlusses der Wert der Sache in mangelfreiem Zustand zu dem wirklichen Wert bestanden haben würde. Die Minderung ist, soweit erforderlich, durch Schätzung zu ermitteln.

§ 446 (Gefahr- und Lastenübergang)
Mit der Übergabe der verkauften Sache geht die Gefahr des zufälligen Untergangs und der zufälligen Verschlechterung auf den Käufer über. Von der Übergabe an gebühren dem Käufer die Nutzungen und trägt er die Lasten der Sache. Der Übergabe steht es gleich, wenn der Käufer im Verzug der Annahme ist.

§ 447 (Gefahrübergang beim Versendungskauf)
(1) Versendet der Verkäufer auf Verlangen des Käufers die verkaufte Sache nach einem anderen Ort als dem Erfüllungsort, so geht die Gefahr auf den Käufer über, sobald der Verkäufer die Sache dem Spediteur, dem Frachtführer oder der sonst zur Ausführung der Versendung bestimmten Person oder Anstalt ausgeliefert hat.
(2) Hat der Käufer eine besondere Anweisung über die Art der Versendung erteilt und weicht der Verkäufer ohne dringenden Grund von der Anweisung ab, so ist der Verkäufer dem Käufer für den daraus entstehenden Schaden verantwortlich.

§ 449 (Eigentumsvorbehalt)
(1) Hat sich der Verkäufer einer beweglichen Sache das Eigentum bis zur Zahlung des Kaufpreises vorbehalten, so ist im Zweifel anzunehmen, dass das Eigentum unter der aufschiebenden Bedingung vollständiger Zahlung des Kaufpreises übertragen wird (Eigentumsvorbehalt).
(2) Aufgrund des Eigentumsvorbehalts kann der Verkäufer die Sache nur herausverlangen, wenn er vom Vertrag zurückgetreten ist.

§ 474 (Begriff des Verbrauchsgüterkaufs)
(1) Kauft ein Verbraucher von einem Unternehmer eine bewegliche Sache (Verbrauchsgüterkauf), gelten ergänzend die folgenden Vorschriften: Dies gilt nicht für gebrauchte Sachen, die in einer öffentlichen Versteigerung verkauft werden ...
(2) Die §§ 445 und 447 finden auf die in diesem Untertitel geregelten Kaufverträge keine Anwendung.

§ 476 (Beweislastumkehr)
Zeigt sich innerhalb von 6 Monaten seit Gefahrübergang ein Sachmangel, so wird vermutet, dass die Sache bereits bei Gefahrübergang mangelhaft war, es sei denn, diese Vermutung ist mit der Art der Sache oder des Mangels unvereinbar.

Darlehensvertrag

§ 488 (Vertragstypische Pflichten beim Darlehensvertrag)
(1) Durch den Darlehensvertrag wird der Darlehensgeber verpflichtet, dem Darlehensnehmer einen Geldbetrag in der vereinbarten Höhe zur Verfügung zu stellen. Der Darlehensnehmer ist verpflichtet, einen geschuldeten Zins zu zahlen und bei Fälligkeit das zur Verfügung gestellte Darlehen zurückzuerstatten.
(2) Die vereinbarten Zinsen sind ... nach dem Ablauf je eines Jahres und, wenn das Darlehen vor dem Ablauf eines Jahres zurückzuerstatten ist, bei der Rückerstattung zu entrichten.

(3) Ist für die Rückerstattung des Darlehens eine Zeit nicht bestimmt, so hängt die Fälligkeit davon ab, dass der Darlehensgeber oder der Darlehensnehmer kündigt. Die Kündigungsfrist beträgt drei Monate. Sind Zinsen nicht geschuldet, so ist der Darlehensnehmer auch ohne Kündigung zur Rückerstattung berechtigt.

§ 489 (Ordentliches Kündigungsrecht des Darlehensnehmers)

(1) Der Darlehensnehmer kann einen Darlehensvertrag mit gebundenem Sollzinssatz ganz oder teilweise kündigen,
   1. wenn die Sollzinsbindung vor der für die Rückzahlung bestimmten Zeit endet und keine neue Vereinbarung über den Sollzinssatz getroffen ist, unter Einhaltung einer Kündigungsfrist von einem Monat frühestens für den Ablauf des Tages, an dem die Sollzinsbindung endet; ist eine Anpassung des Sollzinssatzes in bestimmten Zeiträumen bis zu einem Jahr vereinbart, so kann der Darlehensnehmer jeweils nur für den Ablauf des Tages, an dem die Sollzinsbindung endet, kündigen;
   2. in jedem Fall nach Ablauf von zehn Jahren nach dem vollständigen Empfang unter Einhaltung einer Kündigungsfrist von sechs Monaten; wird nach dem Empfang des Darlehens eine neue Vereinbarung über die Zeit der Rückzahlung oder den Sollzinssatz getroffen, so tritt der Zeitpunkt dieser Vereinbarung an die Stelle des Zeitpunkts des Empfangs.

(2) Der Darlehensnehmer kann einen Darlehensvertrag mit veränderlichem Zinssatz jederzeit unter Einhaltung einer Kündigungsfrist von drei Monaten kündigen.

(3) Eine Kündigung des Darlehensnehmers gilt als nicht erfolgt, wenn er den geschuldeten Betrag nicht binnen zwei Wochen nach Wirksamwerden der Kündigung zurückzahlt.

(4) Das Kündigungsrecht des Darlehensnehmers nach den Absätzen 1 und 2 kann nicht durch Vertrag ausgeschlossen oder erschwert werden. ...

(5) Sollzinssatz ist der gebundene oder veränderliche periodische Prozentsatz, der pro Jahr auf das in Anspruch genommene Darlehen angewendet wird. Der Sollzinssatz ist gebunden, wenn für die gesamte Vertragslaufzeit ein Sollzinssatz oder mehrere Sollzinssätze vereinbart sind, die als feststehende Prozentzahl ausgedrückt werden. Ist für die gesamte Vertragslaufzeit keine Sollzinsbindung vereinbart, gilt der Sollzinssatz nur für diejenigen Zeiträume als gebunden, für die er durch eine feste Prozentzahl bestimmt ist.

§ 490 (Außerordentliches Kündigungsrecht)

(1) Wenn in den Vermögensverhältnissen des Darlehensnehmers oder in der Werthaltigkeit einer für das Darlehen gestellten Sicherheit eine wesentliche Verschlechterung eintritt oder einzutreten droht, durch die die Rückerstattung des Darlehens, auch unter Verwertung der Sicherheit, gefährdet wird, kann der Darlehensgeber den Darlehensvertrag vor Auszahlung des Darlehens im Zweifel stets, nach Auszahlung nur in der Regel fristlos kündigen.

(2) Der Darlehensnehmer kann einen Darlehensvertrag, bei dem der Sollzinssatz gebunden und das Darlehen durch ein Grund- oder Schiffspfand gesichert ist, unter Einhaltung der Fristen des § 488 Absatz 3 Satz 2 vorzeitig kündigen, wenn seine berechtigten Interessen dies gebieten und seit dem vollständigen Empfang des Darlehens sechs Monate abgelaufen sind. Ein solches Interesse liegt insbesondere vor, wenn der Darlehensnehmer ein Bedürfnis nach einer anderweitigen Verwertung der zur Sicherung des Darlehens beliehenen Sache hat. Der Darlehensnehmer hat dem Darlehensgeber denjenigen Schaden zu ersetzen, der diesem aus der vorzeitigen Kündigung entsteht (Vorfälligkeitsentschädigung).

Besondere Vorschriften für Verbraucherdarlehensverträge

§ 491 (Verbraucherdarlehensvertrag)

(1) Die Vorschriften dieses Kapitels gelten für entgeltliche Darlehensverträge zwischen einem Unternehmer als Darlehensgeber und einem Verbraucher als Darlehensnehmer (Verbraucherdarlehensvertrag) …

(2) Keine Verbraucherdarlehensverträge sind Verträge,
1. bei denen der Nettodarlehensbetrag (Art. 247 § 3 Abs. 2 des Einführungsgesetzes zum BGB) weniger als 200,00 EUR beträgt,
2. bei denen sich die Haftung des Darlehensnehmers auf eine dem Darlehensgeber zum Pfand übergebene Sache beschränkt,
3. bei denen der Darlehensnehmer das Darlehen binnen drei Monaten zurückzuzahlen hat und nur geringe Kosten vereinbart sind,
4. die von Arbeitgebern mit ihren Arbeitnehmern als Nebenleistung zum Arbeitsvertrag mit einem niedrigeren als marktüblichen effektiven Jahreszins (§ 6 der Preisangabenverordnung) abgeschlossen werden und anderen Personen nicht angeboten werden,
5. …

§ 491 a (Vorvertragliche Informationspflichten bei Verbraucherdarlehensverträgen)

(1) Der Darlehensgeber hat dem Darlehensnehmer bei einem Verbraucherdarlehensvertrag über die sich aus Art. 247 des Einführungsgesetzes zum BGB ergebenden Einzelheiten in der dort vorgesehenen Form zu unterrichten.

(2) Der Darlehensnehmer kann vom Darlehensgeber einen Entwurf des Verbraucherdarlehensvertrags verlangen. Dies gilt nicht, solange der Darlehensgeber zum Vertragsabschluss nicht bereit ist.

(3) Der Darlehensgeber ist verpflichtet, dem Darlehensnehmer vor Abschluss eines Verbraucherdarlehensvertrags angemessene Erläuterungen zu geben, damit der Darlehensnehmer in die Lage versetzt wird, zu beurteilen, ob der Vertrag dem von ihm verfolgten Zweck und seinen Vermögensverhältnissen gerecht wird. Hierzu sind ggf. die vorvertraglichen Informationen gemäß Abs. 1, die Hauptmerkmale der vom Darlehensgeber angebotenen Verträge sowie ihre vertragstypischen Auswirkungen auf den Darlehensnehmer, einschließlich der Folgen bei Zahlungsverzug, zu erläutern.

§ 492 (Schriftform, Vertragsinhalt)

(1) Verbraucherdarlehensverträge sind, soweit nicht eine strengere Form vorgeschrieben ist, schriftlich abzuschließen. Der Schriftform ist genügt, wenn Antrag und Annahme durch die Vertragsparteien jeweils getrennt schriftlich erklärt werden. Die Erklärung des Darlehensgebers bedarf keiner Unterzeichnung, wenn sie mit Hilfe einer automatischen Einrichtung erstellt wird.

(2) Der Vertrag muss die Angaben nach Artikel 247 §§ 6 bis 13 des Einführungsgesetzes zum BGB enthalten.

(3) Nach Vertragsschluss stellt der Darlehensgeber dem Darlehensnehmer eine Abschrift des Vertrags zur Verfügung. Ist ein Zeitpunkt für die Rückzahlung des Darlehens bestimmt, kann der Darlehensnehmer vom Darlehensgeber jederzeit einen Tilgungsplan nach Artikel 247 § 14 des Einführungsgesetzes zum BGB verlangen.

(4) …

(5) Erklärungen des Darlehensgebers, die dem Darlehensnehmer gegenüber nach Vertragsabschluss abzugeben sind, bedürfen der Textform.

§ 493 (Informationen während des Vertragsverhältnisses)

(1) Ist in einem Verbraucherdarlehensvertrag der Sollzinssatz gebunden und endet die Sollzinsbindung vor der für die Rückzahlung bestimmten Zeit, unterrichtet der Darlehensgeber den Darlehensnehmer spätestens drei Monate vor Ende der Sollzinsbindung darüber, ob er zu einer neuen Sollzinsbindungsabrede bereit ist. Erklärt sich der Darlehensgeber hierzu bereit, muss die Unterrichtung den zum Zeitpunkt der Unterrichtung vom Darlehensgeber angebotenen Sollzinssatz enthalten.

(2) Der Darlehensgeber unterrichtet den Darlehensnehmer spätestens drei Monate vor Beendigung eines Verbraucherdarlehensvertrags darüber, ob er zur Fortführung des Darlehensverhältnisses bereit ist. Erklärt sich der Darlehensgeber zur Fortführung bereit, muss die Unterrichtung die zum Zeitpunkt der Unterrichtung gültigen Pflichtangaben gemäß § 491 a Abs. 1 enthalten.

(3) Die Anpassung des Sollzinssatzes eines Verbraucherdarlehensvertrages mit veränderlichem Sollzinssatz wird erst wirksam, nachdem der Darlehensgeber den Darlehensnehmer über die Einzelheiten unterrichtet hat, die sich aus Art. 247 § 15 des Einführungsgesetzes zum BGB ergeben ...

§ 494 (Rechtsfolgen von Formmängeln)

(1) Der Verbraucherdarlehensvertrag und ... sind nichtig, wenn die Schriftform insgesamt nicht eingehalten ist oder wenn eine der in Art. 247 §§ 6 und 9 bis 13 des Einführungsgesetzes zum BGB vorgeschriebenen Angaben fehlt.

(2) Ungeachtet eines Mangels nach Absatz 1 wird der Verbraucherdarlehensvertrag gültig, soweit der Darlehensnehmer das Darlehen empfängt oder in Anspruch nimmt. Jedoch ermäßigt sich der dem Verbraucherdarlehensvertrag zugrunde gelegter Sollzinssatz auf den gesetzlichen Zinssatz, wenn die Angabe des Sollzinssatzes, des effektiven Jahreszinses oder des Gesamtbetrages fehlt.

(3) Ist der effektive Jahreszinssatz zu niedrig angegeben, so vermindert sich der dem Verbraucherdarlehensvertrag zugrunde gelegte Sollzinssatz um den Prozentsatz, um den der effektive Jahreszins zu niedrig angegeben ist.

(4) Nicht angegebene Kosten werden vom Darlehensnehmer nicht geschuldet. Ist im Vertrag nicht angegeben, unter welchen Voraussetzungen Kosten oder Zinsen angepasst werden können, so entfällt die Möglichkeit, diese zum Nachteil des Darlehensnehmers anzupassen.

(5) Wurden Teilzahlungen vereinbart, ist deren Höhe vom Darlehensgeber unter Berücksichtigung der verminderten Zinsen oder Kosten neu zu berechnen.

(6) Fehlen im Vertrag Angaben zur Laufzeit oder zum Kündigungsrecht, ist der Darlehensnehmer jederzeit zur Kündigung berechtigt. Fehlen Angaben zur Sicherheiten, können sie nicht gefordert werden. Satz 2 gilt nicht, wenn der Nettodarlehensbetrag 75.000,00 EUR übersteigt.

(7) Der Darlehensgeber stellt dem Darlehensnehmer eine Abschrift des Vertrags zur Verfügung, in der die Vertragsänderungen berücksichtigt sind, die sich aus den Absätzen 2 bis 6 ergeben.

§ 495 (Widerrufsrecht)

(1) Dem Darlehensnehmer steht beim Verbraucherdarlehensvertrag ein Widerrufsrecht nach § 355 zu.

(2) Die §§ 355 bis 359 a gelten mit der Maßgabe, dass
   1. an die Stelle der Widerrufsbelehrung die Pflichtangabe nach Art. 247 § 6 Abs. 2 des Einführungsgesetzes zum BGB tritt ,
   2. die Widerrufsfrist auch nicht vor Vertragsschluss beginnt und

3. der Darlehensnehmer abweichend von § 346 Abs. 1 dem Darlehensgeber auch die Aufwendungen zu ersetzen hat, die der Darlehensgeber an öffentliche Stellen erbracht hat und nicht zurückverlangen kann ...

(3) Ein Widerrufsrecht besteht nicht bei Darlehensverträgen,

    1. die einen Darlehensvertrag, zu dessen Kündigung der Darlehensgeber wegen Zahlungsverzugs des Darlehensnehmers berechtigt ist, durch Rückzahlungsvereinbarungen ergänzen oder ersetzen, wenn dadurch ein gerichtliches Verfahren vermieden wird und wenn der Gesamtbetrag (Art. 247 § 3 des Einführungsgesetzes zum BGB) geringer ist als die Restschuld des ursprünglichen Vertrags,

    2. ...

§ 496 (Einwendungsverzicht ...)

(1) Eine Vereinbarung, durch die der Darlehensnehmer auf das Recht verzichtet, Einwendungen, die ihm gegenüber dem Darlehensgeber zustehen, gemäß § 404 einem Abtretungsgläubiger entgegenzusetzen oder eine ihm gegen den Darlehensgeber zustehende Forderung gemäß § 406 auch dem Abtretungsgläubiger gegenüber aufzurechnen, ist unwirksam.

§ 497 (Verzug des Darlehensnehmers)

(1) Soweit der Darlehensnehmer mit Zahlungen, die er aufgrund des Verbraucherdarlehensvertrags schuldet, in Verzug kommt, hat er den geschuldeten Betrag gemäß § 288 Absatz 1 zu verzinsen. Im Einzelfall kann der Darlehensgeber einen höheren oder der Darlehensnehmer einen niedrigeren Schaden nachweisen.

(2) Die nach Eintritt des Verzugs anfallenden Zinsen sind auf einem gesonderten Konto zu verbuchen und dürfen nicht in ein Kontokorrent mit dem geschuldeten Betrag oder anderen Forderungen des Darlehensgebers eingestellt werden. Hinsichtlich dieser Zinsen gilt § 289 Satz 2 mit der Maßgabe, dass der Darlehensgeber Schadensersatz nur bis zur Höhe des gesetzlichen Zinssatzes (§ 246) verlangen kann.

(3) Zahlungen des Darlehensnehmers, die zur Tilgung der gesamten fälligen Schuld nicht ausreichen, werden abweichend von § 367 Abs. 1 zunächst auf die Kosten der Rechtsverfolgung, dann auf den übrigen geschuldeten Betrag (Absatz 1) und zuletzt auf die Zinsen (Absatz 2) angerechnet. Der Darlehensgeber darf Teilzahlungen nicht zurückweisen. Die Verjährung der Ansprüche auf Darlehensrückerstattung und Zinsen ist vom Eintritt des Verzugs nach Absatz 1 an bis zu ihrer Feststellung in einer in § 197 Abs. 1 Nr. 3 bis 5 bezeichneten Art gehemmt, jedoch nicht länger als 10 Jahre von ihrer Entstehung an. Auf die Ansprüche auf Zinsen findet § 197 Abs. 2 keine Anwendung. Die Sätze 1 bis 4 finden keine Anwendung, soweit Zahlungen auf Vollstreckungstitel geleistet werden, deren Hauptforderung auf Zinsen lautet.

§ 498 (Gesamtfälligstellung bei Teilzahlungsdarlehen)

Wegen Zahlungsverzugs des Darlehensnehmers kann der Darlehensgeber den Verbraucherdarlehensvertrag bei einem Darlehen, das in Teilzahlungen zu tilgen ist, nur kündigen, wenn

1. der Darlehensnehmer mit mindestens zwei aufeinander folgenden Teilzahlungen ganz oder teilweise und mindestens 10 %, bei einer Laufzeit des Verbraucherdarlehensvertrags über 3 Jahre mit 5 % des Nennbetrags des Darlehens oder des Teilzahlungspreises in Verzug ist und

2. der Darlehensgeber dem Darlehensnehmer erfolglos eine zweiwöchige Frist zur Zahlung des rückständigen Betrags mit der Erklärung gesetzt hat, dass er bei Nichtzahlung innerhalb der Frist die gesamte Restschuld verlange.

Der Darlehensgeber soll dem Darlehensnehmer spätestens mit der Fristsetzung ein Gespräch über die Möglichkeiten einer einverständlichen Regelung anbieten.

§ 499 (Kündigungsrecht des Darlehensgebers; Leistungsverweigerung)

(1) In einem Verbraucherdarlehensvertrag ist eine Vereinbarung über ein Kündigungsrecht des Darlehensgebers unwirksam, wenn eine bestimmte Vertragslaufzeit vereinbart wurde oder die Kündigungsfrist zwei Monate unterschreitet.

(2) ...

§ 500 (Kündigungsrecht des Darlehensnehmers; vorzeitige Rückzahlung)

(1) Der Darlehensnehmer kann einen Verbraucherdarlehensvertrag, bei dem eine Zeit für die Rückzahlung nicht bestimmt ist, ganz oder teilweise kündigen, ohne eine Frist einzuhalten. Eine Vereinbarung über eine Kündigungsfrist von mehr als einem Monat ist unwirksam.

(2) Der Darlehensnehmer kann seine Verbindlichkeiten aus einem Verbraucherdarlehensvertrag jederzeit ganz oder teilweise vorzeitig erfüllen.

§ 501 (Kostenermäßigung)

Soweit der Darlehensnehmer seine Verbindlichkeiten vorzeitig erfüllt oder die Restschuld vor der vereinbarten Zeit durch Kündigung fällig wird, vermindern sich die Gesamtkosten (§ 6 Abs. 3 der Preisangabenverordnung) um die Zinsen und sonstigen laufzeitabhängigen Kosten, die bei gestaffelter Berechnung auf die Zeit nach der Fälligkeit oder Erfüllung entfallen.

§ 502 (Vorfälligkeitsentschädigung)

(1) Der Darlehensgeber kann im Fall der vorzeitigen Rückzahlung eine angemessene Vorfälligkeitsentschädigung für den unmittelbar mit der vorzeitigen Rückzahlung zusammenhängenden Schaden verlangen, wenn der Darlehensnehmer zum Zeitpunkt der Rückzahlung Zinsen zu einem bei Vertragsabschluss vereinbarten, gebundenen Sollzinssatz schuldet. Die Vorfälligkeitsentschädigung darf folgende Beträge jeweils nicht überschreiten:

1. 1 % bzw., wenn der Zeitraum zwischen der vorzeitigen und der vereinbarten Rückzahlung weniger als ein Jahr beträgt, 0,5 % des vorzeitig zurückgezahlten Betrags,
2. den Betrag der Sollzinsen, den der Darlehensnehmer in dem Zeitraum zwischen der vorzeitigen und der vereinbarten Rückzahlung entrichtet hätte.

(2) Der Anspruch auf Vorfälligkeitsentschädigung ist ausgeschlossen, wenn

1. die Rückzahlung aus den Mitteln einer Versicherung bewirkt wird, die aufgrund einer entsprechenden Verpflichtung im Darlehensvertrag abgeschlossen wurde, um die Rückzahlung zu sichern, oder
2. im Vertrag die Angaben über die Laufzeit des Vertrags, das Kündigungsrecht des Darlehensnehmers oder die Berechnung der Vorfälligkeitsentschädigung unzureichend sind.

§ 504 (Eingeräumte Überziehungsmöglichkeit)

(1) Ist ein Verbraucherdarlehen in der Weise gewährt, dass der Darlehensgeber in einem Vertragsverhältnis über ein laufendes Konto dem Darlehensnehmer das Recht einräumt, sein Konto in bestimmter Höhe zu überziehen (Überziehungsmöglichkeit), hat der Darlehensgeber den Darlehnsnehmer in regelmäßigen Zeitabständen über die Angaben zu unterrichten, die sich aus Artikel 247 § 16 des EGBGB ergeben. Ein Anspruch auf Vorfälligkeitsentschädigung aus § 502 ist ausgeschlossen. § 493 Abs. 3 ist nur bei einer Erhöhung des Sollzinssatzes anzuwenden und gilt entsprechend bei einer Erhöhung der vereinbarten sonstigen Kosten. § 499 Abs. 1 ist nicht anzuwenden.

(2) … § 492 Abs. 1 ist nicht anzuwenden, wenn außer den Sollzinsen keine weiteren laufenden Kosten vereinbart sind, die Sollzinsen nicht in kürzeren Zeiträumen als drei Monaten fällig werden und der Darlehensgeber dem Darlehensnehmer den Vertragsinhalt spätestens unverzüglich nach Vertragsabschluss in Textform mitteilt.

§ 505 (Geduldete Überziehung)

(1) Vereinbart ein Unternehmer in einem Vertrag mit einem Verbraucher über ein laufendes Konto ohne eingeräumte Überziehungsmöglichkeit ein Entgelt für den Fall, dass er eine Überziehung des Kontos duldet, müssen in diesem Vertrag die Angaben nach Artikel 247 § 17 Abs. 1 des EGBGB in Textform enthalten sein und dem Verbraucher in regelmäßigen Zeitabständen in Textform mitgeteilt werden …

(2) Kommt es im Fall des Absatzes 1 zu einer erheblichen Überziehung von mehr als einem Monat, unterrichtet der Darlehensgeber den Darlehensnehmer unverzüglich in Textform über die sich aus Artikel 247 § 17 Abs. 2 des EGBGB ergebenden Einzelheiten.

(3) Verstößt der Unternehmer gegen Absatz 1 oder Absatz 2, kann der Darlehensgeber über die Rückzahlung des Darlehens hinaus Kosten und Zinsen nicht verlangen.

Finanzierungshilfen zwischen einem Unternehmer und einem Verbraucher

§ 506 (Zahlungsaufschub, sonstige Finanzierungshilfe)

(1) Die Vorschriften der §§ 358 bis 359 a und 491 a bis 502 sind mit Ausnahme des § 492 Abs. 4 und vorbehaltlich der Absätze 3 und 4 auf Verträge entsprechend anzuwenden, durch die ein Unternehmer einem Verbraucher einen entgeltlichen Zahlungsaufschub oder eine sonstige entgeltliche Finanzierungshilfe gewährt.

(2) Verträge zwischen einem Unternehmer und einem Verbraucher über die entgeltliche Nutzung eines Gegenstandes gelten als entgeltliche Finanzierungshilfe, wenn vereinbart ist, dass

1. der Verbraucher zum Erwerb des Gegenstandes verpflichtet ist,
2. der Unternehmer vom Verbraucher den Erwerb des Gegenstandes verlangen kann oder
3. der Verbraucher bei Beendigung des Vertrags für einen bestimmten Wert des Gegenstandes einzustehen hat.

Mietvertrag, Pachtvertrag

§ 535 (Inhalt und Hauptpflichten des Mietvertrages)

(1) Durch den Mietvertrag wird der Vermieter verpflichtet, dem Mieter den Gebrauch der vermieteten Sache während der Mietzeit zu gewähren. Der Vermieter hat die Mietsache dem Mieter in einem zum vertragsgemäßen Gebrauch geeigneten Zustand zu überlassen und sie während der Mietzeit in diesem Zustand zu erhalten. Er hat die auf der Mietsache ruhenden Lasten zu tragen.

(2) Der Mieter ist verpflichtet, dem Vermieter den vereinbarten Mietzins zu entrichten.

§ 536 (Mietminderung bei Sach- und Rechtsmängeln)

(1) Hat die Mietsache zurzeit der Überlassung an den Mieter einen Mangel, der ihre Tauglichkeit zum vertragsgemäßen Gebrauch aufhebt, oder entsteht während der Mietzeit ein solcher Mangel, so ist der Mieter für die Zeit, in der die Tauglichkeit aufgehoben ist, von der Entrichtung der Miete befreit. Für die Zeit, während der die Tauglichkeit gemindert ist, hat er nur eine angemessen herabgesetzte Miete zu entrichten. Eine unerhebliche Minderung der Tauglichkeit bleibt außer Betracht.

(2) Abs. 1 Satz 1 und 2 gilt auch, wenn eine zugesicherte Eigenschaft fehlt oder später wegfällt.

(3) Wird dem Mieter der vertragsgemäße Gebrauch der Mietsache durch das Recht eines Dritten ganz oder zum Teil entzogen, so gelten die Absätze 1 und 2 entsprechend.

(4) Bei einem Mietverhältnis über Wohnraum ist eine zum Nachteil des Mieters abweichende Vereinbarung unwirksam.

§ 536 a (Schadens- und Aufwendungsersatzanspruch des Mieters wegen eines Mangels)

(1) Ist ein Mangel im Sinne des § 536 bei Vertragsschluss vorhanden oder entsteht ein solcher Mangel später wegen eines Umstands, den der Vermieter zu vertreten hat oder kommt der Vermieter mit der Beseitigung eines Mangels in Verzug, so kann der Mieter unbeschadet der Rechte aus § 536 Schadensersatz verlangen.

(2) Der Mieter kann den Mangel selbst beseitigen und Ersatz der erforderlichen Aufwendungen verlangen, wenn
1. der Vermieter mit der Beseitigung des Mangels in Verzug ist oder
2. die umgehende Beseitigung des Mangels zur Erhaltung oder Wiederherstellung des Bestands der Mietsache notwendig ist.

§ 536 b (Kenntnis des Mieters vom Mangel bei Vertragsschluss oder Annahme)

Kennt der Mieter bei Vertragsschluss den Mangel der Mietsache, so stehen ihm die Rechte aus den §§ 536 und 536 a nicht zu. Ist ihm der Mangel in Folge grober Fahrlässigkeit unbekannt geblieben, so stehen ihm diese Rechte nur zu, wenn der Vermieter den Mangel arglistig verschwiegen hat. Nimmt der Mieter eine mangelhafte Sache an, obwohl er den Mangel kennt, so kann er die Rechte aus den §§ 536 und 536 a nur geltend machen, wenn er sich seine Rechte bei der Annahme vorbehält.

§ 536 c (Während der Mietzeit auftretende Mängel; Mietanzeige durch den Mieter)

(1) Zeigt sich im Laufe der Mietzeit ein Mangel der Mietsache oder wird eine Maßnahme zum Schutz der Mietsache gegen eine nicht vorhergesehene Gefahr erforderlich, so hat der Mieter dies dem Vermieter unverzüglich anzuzeigen. Das Gleiche gilt, wenn ein Dritter sich ein Recht an der Sache anmaßt.

(2) Unterlässt der Mieter die Anzeige, so ist er dem Vermieter zum Ersatz des daraus entstehenden Schadens verpflichtet. Soweit der Vermieter in Folge der Unterlassung der Anzeige nicht Abhilfe schaffen konnte, ist der Mieter nicht berechtigt,
1. die in § 536 bestimmten Rechte geltend zu machen,
2. nach § 536 a Abs. 1 Schadensersatz zu verlangen oder
3. ohne Bestimmung einer angemessenen Frist zur Abhilfe nach § 543 Abs. 3 Satz 1 zu kündigen.

§ 537 (Entrichtung der Miete bei persönlicher Verhinderung des Mieters)

(1) Der Mieter wird von der Entrichtung der Miete nicht dadurch befreit, dass er durch einen in seiner Person liegenden Grund an der Ausübung seines Gebrauchsrechts gehindert wird. Der Vermieter muss sich jedoch den Wert der ersparten Aufwendungen sowie derjenigen Vorteile anrechnen lassen, die er aus einer anderweitigen Verwertung des Gebrauchs erlangt.

§ 538 (Abnutzung der Mietsache durch vertragsgemäßen Gebrauch)
Veränderungen oder Verschlechterungen der Mietsache, die durch den vertragsgemäßen Gebrauch herbeigeführt werden, hat der Mieter nicht zu vertreten.

§ 539 (Ersatz sonstiger Aufwendungen und Wegnahmerecht des Mieters)
(1) Der Mieter kann vom Vermieter Aufwendungen auf die Mietsache, die der Vermieter ihm nicht nach § 536 a Abs. 2 zu ersetzen hat, nach den Vorschriften über die Geschäftsführung ohne Auftrag ersetzt verlangen.
(2) Der Mieter ist berechtigt, eine Einrichtung wegzunehmen, mit der er die Mietsache versehen hat.

§ 540 (Gebrauchsüberlassung an Dritte)
(1) Der Mieter ist ohne die Erlaubnis des Vermieters nicht berechtigt, den Gebrauch der Mietsache einem Dritten zu überlassen, insbesondere sie weiter zu vermieten. Verweigert der Vermieter die Erlaubnis, so kann der Mieter das Mietverhältnis außerordentlich mit der gesetzlichen Frist kündigen, sofern nicht in der Person des Dritten ein wichtiger Grund vorliegt.

§ 541 (Unterlassungsklage bei vertragswidrigem Gebrauch)
Setzt der Mieter einen vertragswidrigen Gebrauch der Mietsache trotz einer Abmahnung des Vermieters fort, so kann dieser auf Unterlassung klagen.

§ 542 (Ende des Mietverhältnisses)
(1) Ist die Mietzeit nicht bestimmt, so kann jede Vertragspartei das Mietverhältnis nach den gesetzlichen Vorschriften kündigen.
(2) Ein Mietverhältnis, das auf bestimmte Zeit eingegangen ist, endet mit dem Ablauf dieser Zeit, sofern es nicht
   1. in den gesetzlich zugelassenen Fällen außerordentlich gekündigt oder
   2. verlängert wird.

§ 543 (Außerordentliche fristlose Kündigung aus wichtigem Grund)
(1) Jede Vertragspartei kann das Mietverhältnis aus wichtigem Grund außerordentlich fristlos kündigen. Ein wichtiger Grund liegt vor, wenn dem Kündigenden unter Berücksichtigung aller Umstände des Einzelfalls, insbesondere eines Verschuldens der Vertragsparteien, unter Abwägung der beiderseitigen Interessen die Fortsetzung des Mietverhältnisses bis zum Ablauf der Kündigungsfrist oder bis zur sonstigen Beendigung des Mietverhältnisses nicht zugemutet werden kann.
(2) Ein wichtiger Grund liegt insbesondere vor, wenn
   1. dem Mieter der vertragsgemäße Gebrauch der Mietsache ganz oder zum Teil nicht rechtzeitig gewährt oder wieder entzogen wird,
   2. der Mieter die Rechte des Vermieters dadurch in erheblichem Maße verletzt, dass er die Mietsache durch Vernachlässigung der ihm obliegenden Sorgfalt erheblich gefährdet oder sie unbefugt einem Dritten überlässt oder
   3. der Mieter
      a) für zwei aufeinander folgende Termine mit der Entrichtung der Miete oder eines nicht unerheblichen Teils der Miete in Verzug ist oder
      b) in einem Zeitraum, der sich über mehr als zwei Termine erstreckt, mit der Entrichtung der Miete in Höhe eines Betrages in Verzug ist, der die Miete für zwei Monate erreicht.
      ...

(3) Besteht der wichtige Grund in der Verletzung einer Pflicht aus dem Mietvertrag, so ist die Kündigung erst nach erfolglosem Ablauf einer zur Abhilfe bestimmten angemessenen Frist oder nach erfolgloser Abmahnung zulässig ...

§ 546 (Rückgabepflicht des Mieters)

(1) Der Mieter ist verpflichtet, die Mietsache nach Beendigung des Mietverhältnisses zurück zu geben.

§ 568 (Form und Inhalt der Kündigung)

(1) Die Kündigung des Mietverhältnisses bedarf der schriftlichen Form.

(2) Der Vermieter soll den Mieter auf die Möglichkeit, die Form und die Frist des Widerspruchs nach den §§ 574 bis 574 b rechtzeitig hinweisen.

§ 569 (Außerordentliche Kündigung aus wichtigem Grund)

(1) Ein wichtiger Grund im Sinne des § 543 Abs. 1 liegt für den Mieter auch vor, wenn der gemietete Wohnraum so beschaffen ist, dass seine Benutzung mit einer erheblichen Gefährdung der Gesundheit verbunden ist ...

(2) Ein wichtiger Grund im Sinne des § 543 Abs. 1 liegt ferner vor, wenn eine Vertragspartei den Hausfrieden nachhaltig stört, sodass dem Kündigenden unter Berücksichtigung aller Umstände des Einzelfalls ... und unter Abwägung der beiderseitigen Interessen die Fortsetzung des Mietverhältnisses bis zum Ablauf der Kündigungsfrist ... nicht zugemutet werden kann.

§ 573 (Ordentliche Kündigung des Vermieters)

(1) Der Vermieter kann nur kündigen, wenn er ein berechtigtes Interesse an der Beendigung des Mietverhältnisses hat. Die Kündigung zum Zwecke der Mieterhöhung ist ausgeschlossen.

(2) Ein berechtigtes Interesse des Vermieters an der Beendigung des Mietverhältnisses liegt insbesondere vor, wenn
   1. der Mieter seine vertragliche Pflichten schuldhaft nicht unerheblich verletzt hat,
   2. der Vermieter die Räume als Wohnung für sich, seine Familienangehörigen oder Angehörige seines Haushalts benötigt oder
   3. der Vermieter durch die Fortsetzung des Mietverhältnisses an einer angemessenen wirtschaftlichen Verwertung des Grundstücks gehindert und dadurch erhebliche Nachteile erleiden würde; die Möglichkeit, durch eine anderweitige Vermietung als Wohnraum eine höhere Miete zu erzielen, bleibt außer Betracht; der Vermieter kann sich auch nicht darauf berufen, dass er die Mieträume im Zusammenhang mit einer beabsichtigten oder nach Überlassung an den Mieter erfolgten Begründung von Wohneigentum veräußern will.

(3) Die Gründe für ein berechtigtes Interesse des Vermieters sind in dem Kündigungsschreiben anzugeben. Andere Gründe werden nur berücksichtigt, soweit sie nachträglich entstanden sind.

(4) Eine zum Nachteil des Mieters abweichende Vereinbarung ist unwirksam.

§ 573 a (Erleichterte Kündigung des Vermieters)

(1) Ein Mietverhältnis über eine Wohnung in einem vom Vermieter selbst bewohnten Gebäude mit nicht mehr als zwei Wohnungen kann der Vermieter auch kündigen, ohne dass es eines berechtigten Interesses im Sinne des § 573 bedarf. Die Kündigungsfrist verlängert sich in diesem Fall um drei Monate.

§ 573 c (Fristen der ordentlichen Kündigung)
(1) Die Kündigung ist spätestens am dritten Werktag eines Kalendermonats zum Ablauf des übernächsten Monats zulässig. Die Kündigungsfrist für den Vermieter verlängert sich nach 5 und 8 Jahren seit der Überlassung des Wohnraums um jeweils drei Monate.

§ 574 (Widerspruch des Mieters gegen die Kündigung)
(1) Der Mieter kann der Kündigung des Vermieters widersprechen und von ihm die Fortsetzung des Mietverhältnisses verlangen, wenn die Beendigung des Mietverhältnisses für den Mieter, seine Familie oder einen anderen Angehörigen seines Haushalts eine Härte bedeuten würde, die auch unter Würdigung der berechtigten Interessen des Vermieters nicht zu rechtfertigen ist. Dies gilt nicht, wenn ein Grund vorliegt, der den Vermieter zur außerordentlichen fristlosen Kündigung berechtigt.
(2) Eine Härte liegt auch vor, wenn angemessener Ersatzwohnraum zu zumutbaren Bedingungen nicht beschafft werden kann.

Sachdarlehensvertrag

§ 607 (Vertragstypische Pflichten beim Sachdarlehensvertrag)
(1) Durch den Sachdarlehensvertrag wird der Darlehensgeber verpflichtet, dem Darlehensnehmer eine vereinbarte vertretbare Sache zu überlassen. Der Darlehensnehmer ist zur Zahlung eines Darlehensentgelts und bei Fälligkeit zur Rückerstattung von Sachen gleicher Art, Güte und Menge verpflichtet.
(2) Die Vorschriften dieses Titels finden keine Anwendung auf die Überlassung von Geld.

§ 608 (Kündigung)
(1) Ist für die Rückerstattung der überlassenen Sache eine Zeit nicht bestimmt, hängt die Fälligkeit davon ab, dass der Darlehensgeber oder der Darlehensnehmer kündigt.
(2) Ein auf unbestimmte Zeit abgeschlossener Sachdarlehensvertrag kann, soweit nicht ein anderes vereinbart ist, jederzeit vom Darlehensgeber oder Darlehensnehmer ganz oder teilweise gekündigt werden.

§ 609 (Entgelt)
Ein Entgelt hat der Darlehensnehmer spätestens bei Rückerstattung der überlassenen Sache zu bezahlen.

Werkvertrag und ähnliche Verträge

§ 631 (Vertragstypische Pflichten beim Werkvertrag)
(1) Durch den Werkvertrag wird der Unternehmer zur Herstellung des versprochenen Werkes, der Besteller zur Entrichtung der vereinbarten Vergütung verpflichtet.
(2) Gegenstand des Werkvertrags kann sowohl die Herstellung oder Veränderung einer Sache als ein anderer durch Arbeit oder Dienstleistung herbeizuführender Erfolg sein.

§ 632 (Vergütung)
(1) Eine Vergütung gilt als stillschweigend vereinbart, wenn die Herstellung des Werkes den Umständen nach nur gegen eine Vergütung zu erwarten ist.
(2) Ist die Höhe der Vergütung nicht bestimmt, so ist bei dem Bestehen einer Taxe die taxmäßige Vergütung, in Ermangelung einer Taxe die übliche Vergütung als vereinbart anzusehen.

§ 633 (Sach- und Rechtsmangel)
(1) Der Unternehmer hat dem Besteller das Werk frei von Sach- und Rechtsmängeln zu verschaffen.

(2) Das Werk ist frei von Sachmängeln, wenn es die vereinbarte Beschaffenheit hat. Soweit die Beschaffenheit nicht vereinbart ist, ist das Werk frei von Sachmängeln,
1. wenn es sich für die nach dem Vertrag vorausgesetzte, sonst
2. für die gewöhnliche Verwendung eignet und eine Beschaffenheit aufweist, die bei Werken dergleichen Art üblich ist und die der Besteller nach der Art des Werkes erwarten kann.
Einem Sachmangel steht es gleich, wenn der Unternehmer ein anderes als das bestellte Werk oder das Werk in zu geringer Menge herstellt.
(3) Das Werk ist frei von Rechtsmängeln, wenn Dritte in Bezug auf das Werk keine oder nur die im Vertrag übernommenen Rechte gegen den Besteller geltend machen können.

§ 634 (Rechte des Bestellers bei Mängeln)
Ist das Werk mangelhaft, kann der Besteller, wenn die Voraussetzungen der folgenden Vorschriften vorliegen und soweit nicht ein anderes bestimmt ist,
1. nach § 635 Nacherfüllung verlangen,
2. nach § 637 den Mangel selbst beseitigen und Ersatz der erforderlichen Aufwendungen verlangen,
3. nach den §§ 636, 323 und 326 Abs. 5 von dem Vertrag zurücktreten oder nach § 638 die Vergütung mindern und
4. nach den §§ 636, 280, 281, 283 und 311 a Schadensersatz oder nach § 284 Ersatz vergeblicher Aufwendungen verlangen.

§ 634 a (Verjährung der Mängelansprüche)
(1) Die in § 634 Nr. 1, 2 und 4 bezeichneten Ansprüche verjähren
1. vorbehaltlich der Nr. 2 in zwei Jahren bei einem Werk, dessen Erfolg in der Herstellung, Wartung oder Veränderung einer Sache oder in der Erbringung von Planungs- oder Überwachungsleistungen hierfür besteht,
2. in 5 Jahren bei einem Bauwerk und einem Werk, dessen Erfolg in der Erbringung von Planungs- oder Überwachungsleistungen hierfür besteht, und
3. im Übrigen in der regelmäßigen Verjährungsfrist.
(2) Die Verjährung beginnt in den Fällen des Absatzes 1 Nr. 1 und 2 mit der Abnahme.
(3) Abweichend von Absatz 1 Nr. 1 und 2 und Absatz 2 verjähren die Ansprüche in der regelmäßigen Verjährungsfrist, wenn der Unternehmer den Mangel arglistig verschwiegen hat. Im Falle des Absatzes 1 Nr. 2 tritt die Verjährung jedoch nicht vor Ablauf der dort bestimmten Frist ein.
(4) Für das in § 634 bezeichnete Rücktrittsrecht gilt § 218. Der Besteller kann trotz einer Unwirksamkeit des Rücktritts nach § 218 Abs. 1 die Zahlung der Vergütung in soweit verweigern, als er auf Grund des Rücktritts dazu berechtigt sein würde. Macht er von diesem Recht Gebrauch, kann der Unternehmer vom Vertrag zurücktreten.
(5) Auf das in § 634 bezeichnete Minderungsrecht finden § 218 und Abs. 4 Satz 2 entsprechende Anwendung.

§ 635 (Nacherfüllung)
(1) Verlangt der Besteller Nacherfüllung, so kann der Unternehmer nach seiner Wahl den Mangel beseitigen oder ein neues Werk herstellen.
(2) Der Unternehmer hat die zum Zwecke der Nacherfüllung erforderlichen Aufwendungen, insbesondere Transport-, Wege-, Arbeits- und Materialkosten zu tragen.
(3) Der Unternehmer kann die Nacherfüllung unbeschadet des § 275 Abs. 2 und 3 verweigern, wenn sie nur mit unverhältnismäßigen Kosten möglich ist.
(4) Stellt der Unternehmer ein neues Werk her, so kann er vom Besteller Rückgewähr des mangelhaften Werkes nach Maßgabe der §§ 346 bis 348 verlangen.

§ 636 (Besondere Bestimmungen für Rücktritt und Schadensersatz)

Außer in den Fällen der §§ 281 Abs. 2 und 323 Abs. 2 bedarf es der Fristsetzung auch dann nicht, wenn der Unternehmer die Nacherfüllung gemäß § 635 Abs. 3 verweigert oder wenn die Nacherfüllung fehlgeschlagen oder dem Besteller unzumutbar ist.

§ 637 (Selbstvornahme)

(1) Der Besteller kann wegen eines Mangels des Werkes nach erfolglosem Ablauf einer von ihm zur Nacherfüllung bestimmten angemessenen Frist den Mangel selbst beseitigen und Ersatz der erforderlichen Aufwendungen verlangen, wenn nicht der Unternehmer die Nacherfüllung zu Recht verweigert.

(2) § 323 Abs. 2 findet entsprechende Anwendung. Der Bestimmung einer Frist bedarf es auch dann nicht, wenn die Nacherfüllung fehlgeschlagen oder dem Besteller unzumutbar ist.

(3) Der Besteller kann von dem Unternehmer für die zur Beseitigung des Mangels erforderlichen Aufwendungen Vorschuss verlangen.

§ 638 (Minderung)

(1) Statt zurückzutreten kann der Besteller die Vergütung durch Erklärung gegenüber dem Unternehmer mindern. Der Ausschlussgrund des § 323 Abs. 5 Satz 2 findet keine Anwendung.

(2) Sind auf der Seite des Bestellers oder auf der Seite des Unternehmers mehrere beteiligt, so kann die Minderung nur von allen oder gegen alle erklärt werden.

(3) Bei der Minderung ist die Vergütung in dem Verhältnis herabzusetzen, in welchem zur Zeit des Vertragsschlusses der Wert des Werks in mangelfreiem Zustand zu dem wirklichen Wert gestanden haben würde. Die Minderung ist, soweit erforderlich, durch Schätzung zu ermitteln.

(4) (Hat der Besteller mehr als die geminderte Vergütung gezahlt, so ist der Mehrbetrag vom Unternehmer zu erstatten. § 346 Abs. 1 und § 347 Abs. 1 finden entsprechende Anwendung.

§ 639 (Haftungsausschluss)

Auf eine Vereinbarung, durch welche die Rechte des Bestellers wegen eines Mangels ausgeschlossen oder beschränkt werden, kann sich der Unternehmer nicht berufen, soweit er den Mangel arglistig verschwiegen oder eine Garantie für die Beschaffenheit des Werkes übernommen hat.

Sachenrecht

§ 854 (Erwerb des Besitzes)

(1) Der Besitz einer Sache wird durch die Erlangung der tatsächlichen Gewalt über die Sache erworben.

(2) Die Einigung des bisherigen Besitzers und des Erwerbers genügt zum Erwerbe, wenn der Erwerber in der Lage ist, die Gewalt über die Sache auszuüben.

§ 856 (Beendigung des Besitzes)

(1) Der Besitz wird dadurch beendigt, dass der Besitzer die tatsächliche Gewalt über die Sache aufgibt oder in anderer Weise verliert.

(2) Durch eine ihrer Natur nach vorübergehende Verhinderung in der Ausübung der Gewalt wird der Besitz nicht beendigt.

§ 858 (Verbotene Eigenmacht)

(1) Wer dem Besitzer ohne dessen Willen den Besitz entzieht oder ihn im Besitze stört, handelt, sofern nicht das Gesetz die Entziehung oder die Störung gestattet, widerrechtlich (verbotene Eigenmacht).

(2) Der durch verbotene Eigenmacht erlangte Besitz ist fehlerhaft. Die Fehlerhaftigkeit muss der Nachfolger im Besitze gegen sich gelten lassen, wenn er Erbe des Besitzers ist oder die Fehlerhaftigkeit des Besitzes seines Vorgängers bei dem Erwerbe kennt.

§ 859 (Selbsthilfe des Besitzers)

(1) Der Besitzer darf sich verbotener Eigenmacht mit Gewalt erwehren.

(2) Wird eine bewegliche Sache dem Besitzer mittels verbotener Eigenmacht weggenommen, so darf er sie dem auf frischer Tat betroffenen oder verfolgten Täter mit Gewalt wieder abnehmen.

(3) ...

(4) Die gleichen Rechte stehen dem Besitzer gegen denjenigen zu, welcher nach § 858 Abs. 2 die Fehlerhaftigkeit des Besitzes gegen sich gelten lassen muss.

§ 861 (Anspruch wegen Besitzentziehung)

(1) Wird der Besitz durch verbotene Eigenmacht dem Besitzer entzogen, so kann dieser die Wiedereinräumung des Besitzes von demjenigen verlangen, welcher ihm gegenüber fehlerhaft besitzt.

(2) Der Anspruch ist ausgeschlossen, wenn der entzogene Besitz dem gegenwärtigen Besitzer oder dessen Rechtsvorgänger gegenüber fehlerhaft war und in dem letzten Jahre vor der Entziehung erlangt worden ist.

§ 862 (Anspruch wegen Besitzstörung)

(1) Wird der Besitzer durch verbotene Eigenmacht im Besitz gestört, so kann er von dem Störer die Beseitigung der Störung verlangen. Sind weitere Störungen zu besorgen, so kann der Besitzer auf Unterlassung klagen.

(2) Der Anspruch ist ausgeschlossen, wenn der Besitzer dem Störer oder dessen Rechtsvorgänger gegenüber fehlerhaft besitzt und der Besitz in dem letzten Jahre vor der Störung erlangt worden ist.

§ 864 (Erlöschen der Besitzansprüche)

(1) Ein nach den §§ 861, 862 begründeter Anspruch erlischt mit dem Ablauf eines Jahres nach der Verübung der verbotenen Eigenmacht, wenn nicht vorher der Anspruch im Wege der Klage geltend gemacht wird.

(2) Das Erlöschen tritt auch dann ein, wenn nach der Verübung der verbotenen Eigenmacht durch rechtskräftiges Urteil festgestellt wird, dass dem Täter ein Recht an der Sache zusteht, vermöge dessen er die Herstellung eines seiner Handlungsweise entsprechenden Besitzstandes verlangen kann.

§ 868 (Mittelbarer Besitz)

Besitzt jemand eine Sache als Nießbraucher, Pfandgläubiger, Pächter, Mieter, Verwahrer oder in einem ähnlichen Verhältnisse, vermöge dessen er einem anderen gegenüber auf Zeit zum Besitze berechtigt oder verpflichtet ist, so ist auch der andere Besitzer (mittelbarer Besitz).

§ 870 (Übertragung des mittelbaren Besitzes)

Der mittelbare Besitz kann dadurch auf einen anderen übertragen erden, dass diesem der Anspruch auf Herausgabe der Sache abgetreten wird.

Inhalt des Eigentums

§ 903 (Befugnisse des Eigentümers)

Der Eigentümer einer Sache kann ... mit der Sache nach Belieben verfahren und andere von jeder Einwirkung ausschließen ...
Erwerb und Verlust des Eigentums an Grundstücken

§ 925 (Auflassung)

(1) Die zur Übertragung des Eigentums an einem Grundstück nach § 873 erforderliche Einigung des Veräußerers und des Erwerbers (Auflassung) muss bei gleichzeitiger Anwesenheit beider Teile vor einer zuständigen Stelle geklärt werden. Zur Entgegennahme der Auflassung ist ... jeder Notar zuständig ...

§ 925 a (Urkunde über Grundgeschäft)

Die Erklärung einer Auflassung soll nur entgegengenommen werden, wenn die nach § 313 Satz 1 erforderliche Urkunde über den Vertrag vorgelegt oder gleichzeitig errichtet wird.

§ 929 (Einigung und Übergabe bei Eigentumsübergang)

Zur Übertragung des Eigentums an einer beweglichen Sache ist erforderlich, dass der Eigentümer die Sache dem Erwerber übergibt und beide darüber einig sind, dass das Eigentum übergehen soll. Ist der Erwerber im Besitze der Sache, so genügt die Einigung über den Übergang des Eigentums.

§ 930 (Besitzkonstitut)

Ist der Eigentümer im Besitze der Sache, so kann die Übergabe dadurch ersetzt werden, dass zwischen ihm und dem Erwerber ein Rechtsverhältnis vereinbart wird, vermöge dessen der Erwerber den mittelbaren Besitz erlangt.

§ 931 (Abtretung des Herausgabeanspruchs)

Ist ein Dritter im Besitze der Sache, so kann die Übergabe dadurch ersetzt werden, dass der Eigentümer dem Erwerber den Anspruch auf Herausgabe der Sache abtritt.

§ 932 (Gutgläubiger Erwerb vom Nichtberechtigten)

(1) Durch eine nach § 929 erfolgte Veräußerung wird der Erwerber auch dann Eigentümer, wenn die Sache nicht dem Veräußerer gehört, es sei denn, dass er zu der Zeit, zu der er nach diesen Vorschriften das Eigentum erwerben würde, nicht im guten Glauben ist
...
(2) Der Erwerber ist nicht in gutem Glauben, wenn ihm bekannt oder infolge grober Fahrlässigkeit unbekannt ist, dass die Sache nicht dem Veräußerer gehört.

§ 933 (Gutgläubiger Erwerb bei Besitzkonstitut)

Gehört eine nach § 930 veräußerte Sache nicht dem Veräußerer, so wird der Erwerber Eigentümer, wenn ihm die Sache von dem Veräußerer übergeben wird, es sei denn, dass er zu dieser Zeit nicht in gutem Glauben ist.

§ 935 (Kein gutgläubiger Erwerb von abhanden gekommenen Sachen)

(1) Der Erwerb des Eigentums auf Grund der §§ 932 bis 934 trifft nicht ein, wenn die Sache dem Eigentümer gestohlen worden, verloren gegangen oder sonst abhanden gekommen war. Das Gleiche gilt, falls der Eigentümer nur mittelbarer Besitzer war, dann, wenn die Sache dem Besitzer abhanden gekommen war.

(2) Diese Vorschriften finden keine Anwendung auf Geld oder Inhaberpapiere sowie auf Sachen, die im Wege öffentlicher Versteigerung veräußert werden.

Fund

§ 965 (Anzeigepflicht des Finders)

(1) Wer eine verlorene Sache findet und an sich nimmt, hat dem Verlierer oder dem Eigentümer oder einem sonstigen Empfangsberechtigten unverzüglich Anzeige zu machen.

(2) Kennt der Finder die Empfangsberechtigten nicht … so hat er den Fund und die Umstände, welche für die Ermittlung des Empfangsberechtigten erheblich sein können, unverzüglich der zuständigen Behörde anzuzeigen. Ist die Sache nicht mehr als 10,00 EUR wert, so bedarf es der Anzeige nicht.

§ 966 (Verwahrungspflicht)

(1) Der Finder ist zur Verwahrung der Sache verpflichtet.

§ 967 (Ablieferungspflicht)

Der Finder ist berechtigt und auf Anordnung der zuständigen Behörde verpflichtet, die Sache oder den Versteigerungserlös an die zuständige Behörde abzuliefern.

§ 970 (Ersatz von Aufwendungen)

Macht der Finder zum Zwecke der Verwahrung oder Erhaltung der Sache oder zum Zwecke der Ermittlung des Empfangsberechtigten Aufwendungen, die er den Umständen nach für erforderlich halten darf, so kann er von dem Empfangsberechtigten Ersatz verlangen.

§ 971 (Finderlohn)

(1) Der Finder kann von dem Empfangsberechtigten einen Finderlohn verlangen. Der Finderlohn beträgt von dem Werte der Sache bis zu 500 EUR 5 vom Hundert, von dem Mehrwert 3 vom Hundert, bei Tieren 3 vom Hundert. Hat die Sache nur für den Empfangsberechtigten einen Wert, so ist der Finderlohn nach billigem Ermessen zu bestimmen.

§ 973 (Eigentumserwerb des Finders)

(1) Mit dem Ablauf von sechs Monaten nach der Anzeige des Fundes bei der zuständigen Behörde erwirbt der Finder das Eigentum an der Sache, es sei denn, dass vorher ein Empfangsberechtigter dem Finder bekannt geworden ist oder sein Recht bei der zuständigen Behörde angemeldet hat. Mit dem Erwerb des Eigentums erlöschen die sonstigen Rechte an der Sache.

(2) Ist die Sache nicht mehr als 10,00 EUR wert, so beginnt die sechsmonatige Frist mit dem Fund. …

Ansprüche aus dem Eigentum

§ 985 (Herausgabeanspruch)

Der Eigentümer kann von dem Besitzer die Herausgabe der Sache verlangen.

§ 986 (Einwendungen des Besitzers)

(1) Der Besitzer kann die Herausgabe der Sache verweigern, wenn er oder der mittelbare Besitzer, von dem er sein Recht zum Besitz ableitet, dem Eigentümer gegenüber zum Besitz berechtigt ist. Ist der mittelbare Besitzer dem Eigentümer gegenüber zur Überlassung des Besitzes an den Besitzer nicht befugt, so kann der Eigentümer von dem Besitzer die Herausgabe der Sache an den mittelbaren Besitzer oder, wenn dieser den Besitz nicht wieder übernehmen kann oder will, an sich selbst verlangen.

(2) Der Besitzer einer Sache, die nach § 931 durch Abtretung des Anspruchs auf Herausgabe veräußert worden ist, kann dem neuen Eigentümer die Einwendungen entgegensetzen, welche ihm gegen den abgetretenen Anspruch zustehen.

§ 1006 (Eigentumsvermutung für Besitzer)

(1) Zu Gunsten des Besitzers einer beweglichen Sache wird vermutet, dass er Eigentümer der Sache sei. Dies gilt jedoch nicht einem früheren Besitzer gegenüber, dem die Sache gestohlen worden, verloren gegangen oder sonst abhanden gekommen ist, es sei denn, dass es sich um Geld oder Inhaberpapiere handelt.

(2) Zu Gunsten eines früheren Besitzers wird vermutet, dass er während der Dauer seines Besitzes Eigentümer der Sache gewesen sei.

(3) Im Falle eines mittelbaren Besitzes gilt die Vermutung für den mittelbaren Besitzer.

§ 1007 (Ansprüche des früheren Besitzers, Ausschluss bei Kenntnis)

(1) Wer eine bewegliche Sache im Besitze gehabt hat, kann von dem Besitzer die Herausgabe der Sache verlangen, wenn dieser bei dem Erwerbe des Besitzers nicht im guten Glauben war.

(2) Ist die Sache dem früheren Besitzer gestohlen worden, verloren gegangen oder sonst abhanden gekommen, so kann er die Herausgabe auch von einem gutgläubigen Besitzer verlangen, es sei denn, dass dieser Eigentümer der Sache ist oder die Sache ihm vor der Besitzzeit des früheren Besitzers abhanden gekommen war. Auf Geld und Inhaberpapiere findet diese Vorschrift keine Anwendung.

(3) Der Anspruch ist ausgeschlossen, wenn der frühere Besitzer bei dem Erwerbe des Besitzes nicht im guten Glauben war oder wenn er den Besitz aufgegeben hat. ...

3 Einführungsgesetz zum Bürgerlichen Gesetzbuche (EGBGB, Auszug)

Artikel 247 Informationspflichten bei Verbraucherdarlehensverträgen, entgeltlichen Finanzierungshilfen und Darlehensvermittlungsverträgen

§ 1 (Form und Zeitpunkt der vorvertraglichen Information)
Die Unterrichtung nach § 491 a Abs. 1 BGB muss rechtzeitig vor dem Abschluss eines Verbraucherdarlehensvertrages in Textform erfolgen und die sich aus den §§ 3 bis 5 und 8 bis 13 ergebenden Besonderheiten enthalten.

§ 2 (Muster)
(1) Die Unterrichtung hat unter Verwendung der europäischen Standardinformation für Verbraucherkredite gemäß dem Muster in Anlage 3 zu erfolgen, wenn nicht ein Vertrag gemäß § 495 Abs. 3 Nr. 1 BGB ... abgeschlossen werden soll.

§ 3 (Inhalt der vorvertraglichen Informationen)
(1) Die Unterrichtung vor Vertragsschluss muss folgende Informationen enthalten:
   1. den Namen und die Anschrift des Darlehensnehmers,
   2. die Art des Darlehens,
   3. den effektiven Jahreszins,
   4. den Nettodarlehensbetrag,
   5. den Sollzinssatz,
   6. die Vertragslaufzeit,
   7. Betrag, Zahl und Fälligkeit der einzelnen Teilzahlungen,
   8. den Gesamtbetrag,
   9. die Auszahlungsbedingungen,
   10. alle sonstigen Kosten, insbesondere im Zusammenhang mit der Auszahlung oder der Verwendung eines Zahlungsauthentifizierungsinstruments, mit dem sowohl Zahlungsvorgänge als auch Abhebungen getätigt werden können, sowie die Bedingungen, unter denen die Kosten angepasst werden können,
   11. den Verzugszinssatz und die Art und Weise seiner etwaigen Anpassungen sowie ggf. anfallende Verzugskosten,
   12. einen Warnhinweis zu den Folgen ausbleibender Zahlungen,
   13. das Bestehen oder Nichtbestehen eines Widerrufsrechts,
   14. das Recht des Darlehensnehmers, das Darlehen vorzeitig zurückzuzahlen,
   15. die sich aus § 191 a Abs. 2 BGB ergebenden Rechte,
   16. die sich aus § 29 Abs. 7 Datenschutzgesetz ergebenden Rechte.
(2) Gesamtbetrag ist die Summe aus Nettodarlehensbetrag und Gesamtkosten. Nettodarlehensbetrag ist der Höchstbetrag, auf den der Darlehensnehmer aufgrund des Darlehensbetrags Anspruch hat. Die Gesamtkosten und der effektive Jahreszins sind nach § 6 der Preisangabenverordnung zu berechnen.
(3) Der Gesamtbetrag und der effektive Jahreszins sind anhand eines repräsentativen Beispiels zu erläutern. Dabei sind sämtliche in die Berechnung des effektiven Jahreszinses einfließenden Annahmen anzugeben und die vom Darlehensnehmer genannten Wünsche zu einzelnen Vertragsbedingungen zu berücksichtigen. Der Darlehensgeber hat darauf hinzuweisen, dass sich der effektive Jahreszins unter Umständen erhöht, wenn der Verbraucherdarlehensvertrag mehrere Auszahlungsmöglichkeiten mit unterschiedlichen

Kosten oder Sollzinssätzen vorsieht und die Berechnung des effektiven Jahreszinses auf der Vermutung beruht, dass die für die Art des Darlehens übliche Auszahlungsmöglichkeit vereinbart werde.

(4) Die Angabe zum Sollzins muss die Bedingungen und den Zeitraum für seine Anwendung sowie die Art und Weise seiner Anpassung enthalten ...

§ 4 (Weitere Angaben bei der vorvertraglichen Information)

(1) Die Unterrichtung muss folgende Angaben enthalten, soweit sie für den in Betracht kommenden Vertragsabschluss erheblich sind:
   1. einen Hinweis, dass der Darlehensnehmer infolge des Vertragsabschlusses Notarkosten zu tragen hat,
   2. Sicherheiten, die der Darlehensnehmer verlangt,
   3. den Anspruch auf Vorfälligkeitsentschädigung und dessen Berechnungsmethode, soweit der Darlehensgeber diesen Anspruch geltend macht, falls der Darlehensnehmer das Darlehen vorzeitig zurückzahlt,
   4. ggf. den Zeitraum, für den sich der Darlehensgeber an die übermittelten Informationen bindet.

§ 5 (Information bei besonderen Kommunikationsmitteln)

...

§ 6 Vertragsinhalt)

(1) Der Verbraucherdarlehensvertrag muss klar und verständlich folgende Angaben enthalten:
   1. die in § 3 Abs. 1 Nr. 1 bis 14 und Abs. 4 genannten Angaben,
   2. den Namen und die Anschrift des Darlehensnehmers,
   3. die für den Darlehensgeber zuständige Aufsichtsbehörde,
   4. einen Hinweis auf den Anspruch des Darlehensnehmers auf einen Tilgungsplan nach § 492 Abs. 3 Satz 2 BGB,
   5. das einzuhaltende Verfahren bei der Kündigung des Vertrags,
   6. sämtliche weitere Vertragsbedingungen.

(2) Besteht ein Widerrufsrecht nach § 495 BGB, müssen im Vertrag Angaben zur Frist und anderen Umständen für die Erklärung des Widerrufs sowie ein Hinweis auf die Verpflichtung des Darlehensnehmers enthalten sein, ein bereits ausgezahltes Darlehen zurückzuzahlen und Zinsen zu vergüten. Der pro Tag zu zahlende Zinsbetrag ist anzugeben.

(3) Die Angabe des Gesamtbetrags und des effektiven Jahreszinses hat unter Angabe der Annahmen zu erfolgen, die zum Zeitpunkt des Abschlusses des Vertrags bekannt sind und die in die Berechnung des effektiven Jahreszinses einfließen.

§ 7 (Weitere Angaben im Vertrag)

Der Verbraucherdarlehensvertrag muss klar und verständlich folgende Angaben enthalten, soweit sie für den Vertrag bedeutsam sind:
1. einen Hinweis, dass der Darlehensnehmer Notarkosten zu tragen hat,
2. die vom Darlehensgeber verlangten Sicherheiten und Versicherungen, im Falle von entgeltlichen Finanzierungshilfen insbesondere ein Eigentumsvorbehalt,
3. die Berechnungsmethode des Anspruchs auf Vorfälligkeitsentschädigung, soweit der Darlehensgeber beabsichtigt, diesen Anspruch geltend zu machen, falls der Darlehensnehmer das Darlehen vorzeitig zurückzahlt,
4. den Zugang des Darlehensnehmers zu einem außergerichtlichen Beschwerde- und Rechtsbehelfsverfahren und ggf. die Voraussetzungen für diesen Zugang.

§ 8 (Verträge mit Zusatzleistungen)

(1) Verlangt der Darlehensgeber zum Abschluss eines Verbraucherdarlehensvertrages, dass der Darlehensnehmer zusätzliche Leistungen des Darlehensgebers annimmt oder einen weiteren Vertrag abschließt, insbesondere einen Versicherungsvertrag oder Kontoführungsvertrag, hat der Darlehensgeber dies zusammen mit der vorvertraglichen Information anzugeben. In der vorvertraglichen Information und im Vertrag sind Kontoführungsgebühren sowie die Bedingungen, unter denen sie angepasst werden können, anzugeben.

§ 9 (Abweichende Mitteilungspflichten bei Immobiliardarlehensverträgen gemäß § 503 BGB)
…

§ 10 (Abweichende Mitteilungspflichten bei Überziehungsmöglichkeiten gemäß § 504 Abs. 2 BGB)
…

§ 11 (Abweichende Mitteilungspflichten bei Umschuldungen gemäß § 495 Abs. 3 Nr. 1 BGB)
…

§ 12 (Verbundene Verträge und entgeltliche Finanzierungshilfen)

(1) Die §§ 1 bis 11 gelten entsprechend für die in § 506 Abs. 1 BGB bezeichneten Verträge über entgeltliche Finanzierungshilfen. Bei diesen Verträgen oder Verbraucherdarlehensverträgen, die mit einem anderen Vertrag gemäß § 358 BGB verbunden sind oder in denen eine Ware oder Leistung gemäß § 359 a Abs. 1 BGB angegeben ist, muss
1. die vorvertragliche Information, auch in den Fällen des § 5, den Gegenstand und den Barzahlungspreis,
2. der Vertrag
   a) den Gegenstand und den Barzahlungspreis sowie
   b) Informationen über die sich aus den §§ 358 und 359 BGB ergebenden Rechte und über die Bedingungen für die Ausübung dieser Rechte
   enthalten.

(2) … Hat der Unternehmer den Gegenstand für den Verbraucher erworben, tritt an die Stelle des Barzahlungspreises der Anschaffungspreis.

§ 13 (Darlehensvermittler)
…

§ 14 (Tilgungsplan)

(1) Verlangt der Darlehensnehmer nach § 492 Abs. 3 Satz 2 BGB einen Tilgungsplan, muss aus diesem hervorgehen, welche Zahlungen in welchen Zeitabständen zu leisten sind und welche Bedingungen für diese Zahlungen gelten. Dabei ist aufzuschlüsseln, in welcher Höhe die Teilzahlungen auf das Darlehen, die nach dem Sollzinssatz berechneten Zinsen und die sonstigen Kosten angerechnet werden.

(2) …

(3) Der Tilgungsplan ist dem Darlehensnehmer in Textform zur Verfügung zu stellen …

§ 15 (Unterrichtungen bei Zinsanpassungen)

(1) Eine Zinsanpassung in einem Verbraucherdarlehensvertrag oder einem Vertrag über eine entgeltliche Finanzierungshilfe wird erst wirksam, nachdem der Darlehensgeber den Darlehensnehmer über

1. den angepassten Sollzinssatz,
2. die angepasste Höhe der Teilzahlungen und
3. die Zahl und die Fälligkeit der Teilzahlungen, sofern sich diese ändern, unterrichtet hat.

§ 16 (Unterrichtung bei Überziehungsmöglichkeiten)

Die Unterrichtung nach § 504 Abs. 1 Satz 1 des Bürgerlichen Gesetzbuchs muss folgende Angaben enthalten:

1. den genauen Zeitraum, auf den sie sich bezieht,
2. Datum und Höhe der an den Darlehensnehmer ausbezahlten Beträge,
3. Saldo und Datum der vorausgegangenen Unterrichtung,
4. den neuen Saldo,
5. Datum und Höhe der Rückzahlungen des Darlehensnehmers,
6. den angewendeten Sollzinssatz,
7. die erhobenen Kosten und
8. den ggf. zurückzuzahlenden Mindestbetrag.

§ 17 (Angaben bei geduldeten Überziehungen)

(1) Die Unterrichtung nach § 505 Abs. 1 des Bürgerlichen Gesetzbuchs muss folgende Angaben enthalten:

1. den Sollzinssatz, die Bedingungen für seine Anwendung und, soweit vorhanden, Indizes oder Referenzzinssätze, auf die sich der Sollzinssatz bezieht,
2. sämtliche Kosten, die ab dem Zeitpunkt der Überziehung anfallen, sowie die Bedingungen, unter den die Kosten angepasst werden können.

(2) Die Unterrichtung nach § 505 Abs. 2 des Bürgerlichen Gesetzbuchs muss folgende Angaben enthalten:

1. das Vorliegen einer Überziehung,
2. den Betrag der Überziehung,
3 den Sollzinssatz und
4. etwaige Vertragsstrafen, Kosten und Verzugszinsen.

4 Leasing-Erlass vom 22.12.1975

Steuerliche Zurechnung des Leasinggegenstandes beim Leasinggeber
BMF-Schreiben vom 22.12.1975
- Teilamortisationsvertrag mit Andienungsrecht
- Leasingvertrag mit Aufteilung des Mehrerlöses

Der Bundesminister der Finanzen hat entschieden, unter welchen Voraussetzungen bei Teil-amortisationsverträgen (TA-Verträgen), die nach den Vorschriften des Leasingerlasses kein Finanzierungsleasing darstellen, der Leasinggegenstand steuerrechtlich dem Leasinggeber zugerechnet wird.

I. Begriff und Arten der TA-Verträge

1. Die nachstehend aufgeführten Vertragsmodelle sind durch folgende Merkmale gekenn-zeichnet:
   a) im Vertrag wird eine Grundmietzeit vereinbart, die mehr als 40 %, jedoch nicht mehr als 90 % der betriebsgewöhnlichen Nutzungsdauer des Leasinggegenstandes beträgt und
   b) die Anschaffungs- oder Herstellungskosten des Leasinggebers sowie alle Neben-kosten einschl. der Finanzierungskosten des Leasinggebers werden in der Grundmiet-zeit durch die Leasingraten nur zum Teil gedeckt.
2. Im Einzelnen hat die Finanzverwaltung zu folgenden Vertragstypen Stellung genommen:
   a) Vertragsmodell mit Andienungsrecht des Leasinggebers, jedoch ohne Optionsrecht des Leasingnehmers
   Bei diesem Vertragsmodell hat der Leasinggeber ein Andienungsrecht. Danach ist der Leasingnehmer, sofern ein Verlängerungsvertrag nicht zustande kommt, auf Verlan-gen des Leasinggebers verpflichtet, den Leasinggegenstand zu einem Preis zu kau-fen, der bereits bei Abschluss des Leasingvertrags fest vereinbart wird. Der Leasing-nehmer hat kein Recht, den Leasinggegenstand zu erwerben.
   b) Vertragsmodell mit Aufteilung des Mehrerlöses
   Nach Ablauf der Grundmietzeit wird der Leasinggegenstand durch den Lea-singgeber veräußert. Ist der Veräußerungserlös niedriger als die Differenz zwischen den Gesamtkosten des Leasinggebers und den in der Grundmietzeit entrichteten Leasingraten (Restamortisation), so muss der Leasingnehmer eine Abschluss-zahlung in Höhe der Differenz zwischen Restamortisation und Veräußerungserlös zahlen. Ist der Veräußerungserlös hingegen höher als die Restamortisation, so er-hält der Leasinggeber 25 %, der Leasingnehmer 75 % des die Restamortisation übersteigenden Teils des Veräußerungserlöses.
   c) Kündbarer Leasingvertrag mit Anrechnung des Veräußerungserlöses auf die vom Leasingnehmer zu leistende Schlusszahlung
   Der Leasingnehmer kann den Leasingvertrag frühestens nach Ablauf der Grundmiet-zeit, die 40 % der betriebsgewöhnlichen Nutzungsdauer beträgt, kündigen. Bei Kün-digung ist eine Abschlusszahlung in Höhe der durch die Leasingraten nicht gedeckten Gesamtkosten des Leasinggebers zu entrichten. Auf die Abschlusszahlung werden 90 % des vom Leasinggeber erzielten Veräußerungserlöses angerechnet. Ist der an-zurechnende Teil des Veräußerungserlöses zuzüglich der vom Leasingnehmer bis zur Veräußerung entrichteten Leasingraten niedriger als die Gesamtkosten des Leasing-gebers, so muss der Leasingnehmer in Höhe der Differenz eine Abschlusszahlung

leisten. Ist jedoch der Veräußerungserlös höher als die Differenz zwischen den Gesamtkosten des Leasinggebers und den bis zur Veräußerung entrichteten Leasingraten, so behält der Leasinggeber diesen Differenzbetrag in vollem Umfang.

II. Steuerliche Zurechnung des Leasinggegenstandes
Die nachstehenden Ausführungen bezüglich der Zurechenbarkeit des Leasinggegenstandes gelten nur grundsätzlich, d. h. insoweit, wie besondere Regelungen in Einzelverträgen nicht zu einer anderen Beurteilung zwingen.

1. Leasingverträge mit Andienungsrecht
Da der Leasinggeber von dem Andienungsrecht Gebrauch machen kann, aber nicht muss, ist er als wirtschaftlicher Eigentümer des Leasinggegenstandes anzusehen, dem der Leasinggegenstand zuzurechnen ist.

2. Leasingverträge mit Aufteilung des Mehrerlöses
Bei Leasingverträgen mit Aufteilung des Mehrerlöses ist der Leasinggegenstand regelmäßig zuzurechnen:

a) dem Leasinggeber,
   aa) wenn der Veräußerungserlös niedriger als die Differenz zwischen den Gesamtkosten des Leasinggebers und den in der Grundmietzeit entrichteten Leasingraten (Restamortisation) ist,
   bb) wenn der Veräußerungserlös höher als die Restamortisation ist und der Leasinggeber 25 %, der Leasingnehmer 75 % des die Restamortisation übersteigenden Teils des Veräußerungserlöses erhält.
b) dem Leasingnehmer, wenn der Veräußerungserlös höher als die Restamortisation ist und der Leasinggeber weniger als 25 % des die Restamortisation übersteigenden Teils des Veräußerungserlöses erhält.

3. Kündbarer Leasingvertrag mit Anrechnung des Veräußerungserlöses auf die vom Leasingnehmer zu leistende Schlusszahlung
Bei diesem Vertragsmodell kommt eine während der Mietzeit eingetretene Wertsteigerung in vollem Umfang dem Leasinggeber zugute. Der Leasinggeber ist daher nicht nur rechtlicher, sondern auch wirtschaftlicher Eigentümer des Leasinggegenstandes.

III. Bilanzmäßige Darstellung von Leasingverträgen
Bezüglich der bilanzmäßigen Darstellung dieser Leasingverträge wird auf die Ausführungen zu den Vollamortisationsverträgen verwiesen.

5 Leasing-Erlass vom 19.04.1971

Ertragsteuerliche Behandlung von Leasing-Verträgen über bewegliche Wirtschaftsgüter
(BdF-Schreiben vom 19.04.1971)

I. Allgemeines

Der Bundesfinanzhof hat mit Urteil vom 26. Januar 1970 zur steuerlichen Behandlung von sog. Finanzierungs-Leasingverträgen über bewegliche Wirtschaftsgüter Stellung genommen. Für die steuerliche Behandlung von Leasingverträgen über bewegliche Wirtschaftsgüter sind die folgenden Grundsätze zu beachten. Dabei ist als betriebsgewöhnliche Nutzungsdauer der in der amtlichen AfA-Tabelle angegebene Zeitraum zugrunde zu legen.

II. Begriff und Abgrenzung des Finanzierungs-Leasingvertrages bei beweglichen Wirtschaftsgütern

1. Finanzierungs-Leasing im Sinne des Schreibens ist nur dann anzunehmen, wenn
   a) der Vertrag über eine bestimmte Zeit abgeschlossen wird, während der Vertrag bei vertragsgemäßer Erfüllung von beiden Vertragsparteien nicht gekündigt werden kann (Grundmietzeit) und
   b) der Leasingnehmer mit den in der Grundmietzeit zu entrichtenden Raten mindestens die Anschaffungs- oder Herstellungskosten sowie alle Nebenkosten einschl. der Finanzierungskosten des Leasinggebers deckt.
2. Beim Finanzierungsleasing von beweglichen Wirtschaftsgütern sind im Wesentlichen folgende Vertragstypen festzustellen:
   a) Leasingverträge ohne Kauf oder Verlängerungsfunktion
      Bei diesem Vertragstyp sind zwei Fälle zu unterscheiden:
      Die Grundmietzeit
      aa) deckt sich mit der betriebsgewöhnlichen Nutzungsdauer des Leasinggegenstandes,
      bb) ist geringer als die betriebsgewöhnliche Nutzungsdauer des Leasinggegenstandes.
   Der Leasingnehmer hat nicht das Recht, nach Ablauf der Grundmietzeit den Leasinggegenstand zu erwerben oder den Leasingvertrag zu verlängern.
   b) Leasingverträge mit Kaufoption
      Der Leasingnehmer hat das Recht, nach Ablauf der Grundmietzeit, die regelmäßig kürzer ist als die betriebsgewöhnliche Nutzungsdauer des Leasinggegenstandes, den Leasinggegenstand zu erwerben.
   c) Leasingverträge mit Mietverlängerungsoption
      Der Leasingnehmer hat das Recht, nach Ablauf der Grundmietzeit, die regelmäßig kürzer ist als die betriebsgewöhnliche Nutzungsdauer des Leasinggegenstandes, das Vertragsverhältnis auf unbestimmte oder bestimmte Zeit zu verlängern.

Leasingverträge ohne Mietverlängerungsoption, bei denen nach Ablauf der Grundmietzeit eine Vertragsverlängerung für den Fall vorgesehen ist, dass der Mietvertrag nicht von einer der Vertragsparteien gekündigt wird, sind steuerlich grundsätzlich ebenso wie Leasingverträge mit Mietverlängerungsoption zu behandeln. Etwas anderes gilt nur dann, wenn nachgewiesen wird, dass der Leasinggeber bei Verträgen über gleiche Wirtschaftsgüter innerhalb eines

Zeitraums von $^9/_{10}$ der betriebsgewöhnlichen Nutzungsdauer in einer Vielzahl von Fällen das Vertragsverhältnis auf Grund seines Kündigungsrechts beendet.

III. Steuerliche Zurechnung des Leasinggegenstandes

Die Zurechnung des Leasinggegenstandes ist von der von den Parteien gewählten Vertragsgestaltung und deren tatsächlicher Durchführung abhängig. Unter Würdigung der gesamten Umstände ist im Einzelfall zu entscheiden, wem der Leasinggegenstand steuerlich zuzurechnen ist. Bei den unter II. 2. genannten Grundvertragstypen gilt für die Zurechnung das folgende:

1. Leasingverträge ohne Kauf- oder Verlängerungsoption

Bei Leasingverträgen ohne Optionsrecht ist der Leasinggegenstand regelmäßig zuzurechnen
a) dem Leasinggeber, wenn die Grundmietzeit mindestens 40 % und höchstens 90 % der betriebsgewöhnlichen Nutzungsdauer des Leasinggegenstandes beträgt,
b) dem Leasingnehmer, wenn die Grundmietzeit weniger als 40 % oder mehr als 90 % der betriebsgewöhnlichen Nutzungsdauer beträgt.

2. Leasingverträge mit Kaufoption

Bei Leasingverträgen mit Kaufoption ist der Leasinggegenstand regelmäßig zuzurechnen
a) dem Leasingnehmer, wenn die Grundmietzeit mindestens 40 % und höchstens 90 % der betriebsgewöhnlichen Nutzungsdauer des Leasinggegenstandes beträgt und der für den Fall der Ausübung des Optionsrechts vorgesehene Kaufpreis nicht niedriger ist als der unter Anwendung der linearen AfA nach der amtlichen AfA-Tabelle ermittelte Buchwert oder der niedrigere gemeine Wert im Zeitpunkt der Veräußerung,
b) dem Leasingnehmer,
aa) wenn die Grundmietzeit weniger als 40 % oder mehr als 90 % der betriebsgewöhnlichen Nutzungsdauer beträgt oder
bb) wenn bei einer Grundmietzeit von mindestens 40 % und höchstens 90 % der betriebsgewöhnlichen Nutzungsdauer der für den Fall der Ausübung des Optionsrechts vorgesehene Kaufpreis niedriger ist als der unter Anwendung der linearen AfA nach der amtlichen AfA-Tabelle ermittelte Buchwert oder der niedrigere gemeine Wert im Zeitpunkt der Veräußerung.

Wird die Höhe des Kaufpreises für den Fall der Ausübung des Optionsrechts während oder nach Ablauf der Grundmietzeit festgelegt oder verändert, so gilt Entsprechendes. Die Veranlagungen sind ggf. zu berichtigen.

3. Leasingverträge mit Mietverlängerungsoption

Bei Leasingverträgen mit Mietverlängerungsoption ist der Leasinggegenstand regelmäßig zuzurechnen
a) dem Leasinggeber, wenn die Grundmietzeit mindestens 40 % und höchstens 90 % der betriebsgewöhnlichen Nutzungsdauer des Leasinggegenstandes beträgt und die Anschlussmiete so bemessen ist, dass sie den Wertverzehr für den Leasinggegenstand deckt, der sich auf der Basis des unter Berücksichtigung der linearen Absetzung für Abnutzung nach der amtlichen AfA-Tabelle ermittelten Buchwerts oder des niedrigeren gemeinen Werts und der Restnutzungsdauer laut AfA-Tabelle ergibt,
b) dem Leasingnehmer,
aa) wenn die Grundmietzeit weniger als 40 % oder mehr als 90 % der betriebsgewöhnlichen Nutzungsdauer des Leasinggegenstandes beträgt oder
bb) wenn bei einer Grundmietzeit von mindestens 40 % und höchstens 90 % der betriebsgewöhnlichen Nutzungsdauer die Anschlussmiete so bemessen ist, dass sie den Wertverzehr für den Leasinggegenstand nicht deckt, der sich auf der Basis des unter Berücksichtigung der linearen AfA nach der amtlichen AfA-Tabelle ermittelten

Buchwerts oder des niedrigeren gemeinen Werts und der Restnutzungsdauer laut AfA-Tabelle ergibt.

Wird die Höhe der Leasingrate für den Verlängerungszeitraum während oder nach Ablauf der Grundzeit festgelegt oder verändert, so gilt Entsprechendes.

IV. Bilanzmäßige Darstellung von Leasingverträgen bei Zurechnung des Leasinggegenstandes beim

1. Leasinggeber

Der Leasinggeber hat den Leasinggegenstand mit seinen Anschaffungs- oder Herstellungskosten zu aktivieren. Die AfA ist nach der betriebsgewöhnlichen Nutzungsdauer vorzunehmen. Die Leasingraten sind Betriebseinnahmen.

2. Leasingnehmer

Die Leasingraten sind Betriebsausgaben.

D LÖSUNGEN

1 Leasingformen

1.1.2 Unterscheidung nach Parteien des Leasingvertrages

a) **1,7 %**

Mietsonderzahlung	11.804,00 EUR
23 Leasingraten à 151,00 EUR	3.473,00 EUR
kalkulierter Rückkaufwert	14.756,00 EUR
Gesamtkosten	30.033,00 EUR
Händlerpreis	29.511,00 EUR
Differenz Kosten - Preis	522,00 EUR
Effektivzins 522 : 30.033 x 100 = 1,7380	**1,7 %**

b) Bei einem versteckten Rabatt von 10 %, der in die Leasingkonditionen eingearbeitet wurde, ergibt sich ein wesentlich höherer Zinssatz von z. B. 11,6 %.

Mietsonderzahlung	11.804,00 EUR
23 Leasingraten à 151,00 EUR	3.473,00 EUR
kalkulierter Rückkaufwert	14.756,00 EUR
Gesamtkosten	30.033,00 EUR
Händlerpreis - Rabatt 10 % 29.511,00 - 2.951,10	26.559,90 EUR
Differenz Kosten - Preis	3.473,10 EUR
Effektivzins 3.473,10 : 30.033 x 100 = 11,5642	**11,6 %**

2. Kreditfinanzierung, Mietkauf, Vermietung

2.2 Mietkauf

a) - Grundmietzeit 40 % bis 90 %
   - AfA-Tabelle
   - keine Spezialleasing
   - Restwertrisiko trägt der Leasingnehmer.
   - keine Kündigungsmöglichkeit während der Grundmietzeit
   - Der Leasinggeber muss wirtschaftlicher Eigentümer sein.

b) Kein leasingerlasskonformer Leasingvertrag, da Mietkauf (feste Eigentumsübertragung am Ende der Leasinglaufzeit)

Investitionskosten	46.000,00 EUR
Anzahlung	15.000,00 EUR
+ 30 Leasingraten zu 159,00 EUR	4.770,00 EUR
+ Restwertzahlung /Abschlusszahlung 60 % von 46.000,00 EUR	27.600,00 EUR
= Gesamtkosten	47.370,00 EUR

2.6 Fallbeispiel: Verbraucherdarlehen

a)

Preis des Neuwagens	15.149,00 EUR
- Preis des Altwagens	3.650,00 EUR
= Kreditbetrag	11.499,00 EUR
auf volle 1.000,00 EUR aufgerundet	**12.000,00 EUR**

b) 47 Raten zu 278,05 EUR, Schlussrate 90,00 EUR

c)
Miete	357,50 EUR
Nebenkosten 65 m² x 2,00 EUR	130,00 EUR
Haushaltspauschale	400,00 EUR
Kfz-Kosten	20,00 EUR
Gesamtkosten	1.087,50 EUR
monatliches Nettoeinkommen	1.443,00 EUR
frei verfügbares Einkommen	**355,50 EUR**

d) Aus dem frei verfügbaren Einkommen können die monatlichen Raten von 278,05 EUR gezahlt werden.

2.7 Fallbeispiel: Firmenkundenkredit

a) Eigenkapitalquote:
Je höher die Eigenkapitalquote, desto
- geringer ist die Abhängigkeit vom Gläubiger.
- niedriger ist die Zinsbelastung.
- besser können Verluste aufgefangen werden.
Fazit: Die Eigenkapitalquote hat sich erhöht, dadurch Verbesserung der Kapitalstruktur; sie liegt deutlich über dem Branchendurchschnitt.

Gesamtkapitalrentabilität:
- gibt die Verzinsung des gesamten investierten Kapitals an.
- sollte höher sein als der Fremdkapitalzins.
Fazit: Die Gesamtkapitalrentabilität hat sich erhöht und ist höher als der Fremdkapitalzins; sie liegt über dem Branchendurchschnitt.

Cash-Flow:
- Nettozufluss an Liquidität, die das Unternehmen in einer Periode erwirtschaften kann.
- Bedeutung für die Ertragskraft, Selbstfinanzierungskraft und Liquiditätslage des Unternehmens
Fazit: Der Cash-Flow hat sich positiv entwickelt.

b) - Persönliche Einschätzung des Herrn Schuster: persönliche Eignung, fachliche Qualifikation
    - Zukunftserwartungen der Branche
    - Erfahrungen aus der bisherigen Kontoverbindung
    - Kapitaldienstfähigkeit

c)
280.000,00 EUR x 6,8 % =	19.040,00 EUR
280.000,00 EUR : 8 =	35.000,00 EUR
Kapitaldienst für das neue Darlehen	54.040,00 EUR
bisheriger Kapitaldienst: 4.560,00 EUR x 12 =	54.720,00 EUR
gesamter Kapitaldienst	**108.760,00 EUR**

d) - Sicherungsübereignung des Busses: Angemessener Sicherheitsabschlag wegen un-
   sicherer Verwertbarkeit
   - Erhöhung der Grundschuld: Werthaltig im Rahmen des Beleihungswertes (80 % Belei-
   hungsgrenze)
   - Weitere persönliche Bürgschaft von Herrn Schuster: Werthaltigkeit unklar, aber Beteiligung am unternehmerischen Risiko (*Rechtsform GmbH*)

e) - Die Kreditzusage kann erteilt werden.
   - Die Kapitaldienstfähigkeit ist gegeben.
   - Der Cash-Flow reicht nach Planzahlen zur Erfüllung des Kapitaldienstes.
   - Eine vertretbare Absicherung ist möglich (siehe Frage d).

2.8 Kfz-Vermietung: Vermietung eines Nissan durch die CarRent GmbH

a) Verpflichtungen

des Mieters	des Vermieters
- schonende Behandlung des Kfz - Vorschriften und technische Regeln beachten - Prüfung auf Verkehrssicherheit - ordnungsgemäßes Verschießen des Fahr- zeugs - Zahlung des Mietpreises	- Nutzungsüberlassung des Fahrzeugs - Sorge für Versicherungsschutz

b) - vereinbarter Mietpreis
   - Selbstbeteiligung im Schadensfall

c) - Haftpflichtversicherung mit Deckungssumme von 50 Mio. EUR bei Personen- und
   Sachschäden
   - max. Deckungssumme pro geschädigte Person 8 Mio. EUR
   - Teilkaskoversicherung (Brand, Diebstahl)
   - Selbstbeteiligung pro Schadensfall
Der Vermieter ist für den Versicherungsschutz verantwortlich.

d) Rückgabe des Fahrzeugs nach Ziffer J/2.

e) Vertragswerkstatt beauftragen bis zu einem Reparaturpreis von 100,00 EUR nach Ziffer A/2.

f) Nach Ziffer G/1 und 2:
   - Verständigung der Polizei
   - unverzügliche Anzeige des Schadens bei der Vermieterin
   - Erstellung eines Unfallberichts für die Vermieterin nach Ziffer

g) - volle Haftung bei Vorsatz oder grober Fahrlässigkeit
   - ansonsten Freistellung der Haftung durch Zahlung eines besonderen Entgelts nach Ziffer
   I/2
Fallbeispiel: Verstoß gegen eine Geschwindigkeitsbeschränkung, der Mieter muss das Buß-
geld entrichten.

h) Rückgabe des Fahrzeugs bei Ablauf der Mietzeit an die Vermieterin am vereinbarten Ort
   während der üblichen Geschäftszeiten nach J/2.

2.9 Fallbeispiel: Leasing- oder Kreditfinanzierung

a)
Kreditfinanzierung	Leasingfinanzierung
- Kauf durch Fremdfinanzierung - Zins und Tilgung - Kunde ist Eigentümer des Fahrzeugs. - Vollkaskoversicherung nicht obligatorisch - vorzeitige Kündigung des Kreditvertrags möglich	- Nutzungsüberlassung gegen Entgelt - Leasingraten - Leasinggesellschaft ist Eigentümerin des Fahrzeugs - Vollkaskoversicherung obligatorisch - keine vorzeitige Kündigung des Leasing-vertrags möglich

b) Kreditbetrag 11.000,00 EUR

c) 47 Raten von je 254,88 EUR, Schlussrate 82,47 EUR

d) - Möglichkeit eines Barzahlungsrabatts beim Händler
   - Vollfinanzierung des Kaufs möglich
   - Freie Modell- und Ausstattungswahl, das Finanzierungsangebot der *Auto Dellus GmbH* ist/kann an ein bestimmtes Modell gebunden sein.
   - keine hohe Schlussrate, die der Kunde ansonsten ansparen müsste
   - Gesamtbelastung niedriger

e) - Lohn- bzw. Gehaltsnachweise der letzten drei Monate geben Nachweis über die Höhe des Nettoeinkommens.
   - Selbstauskunft gibt Einblick in die Vermögenssituation, weitere Einnahmen und die finanzielle Belastung.
   - Schufa-Auskunft gibt Positiv- und Negativmerkmale zu dem Antragsteller wieder.
   - Arbeitsvertrag zeigt an, ob es sich um ein befristetes/unbefristetes Arbeitsverhältnis handelt.
   - Bankauskunft gibt Auskunft über das Verhalten des Kunden im Zusammenhang mit Bankgeschäften in der Vergangenheit.

5. Leasingverträge im Steuerrecht

5.8 Fallbeispiel: Vergleich Kreditfinanzierung – Leasingfinanzierung

a) Eigentümer: *NordLeasing GmbH*, sie hat die rechtliche Herrschaft über die Fahrzeuge. Besitzer: *Kora GmbH*, sie hat die tatsächliche Herrschaft (Nutzungsüberlassung) über die Fahrzeuge.

b) Tragung des Investitionsrisikos bei beiden Verträgen: *Kora GmbH*

c) Tragung der Sach- und Preisgefahr der Investition: *Kora GmbH*

d) Die *NordLeasing GmbH* überträgt ihre Gewährleistungsrechte an die *Kora GmbH*. Die *Kora GmbH* setzt im Falle von Mängeln ihre Gewährleistungsrechte beim Hersteller durch.

e) Das Restwertrisiko trägt die *Kora GmbH*.

f)
Investitionsobjekt	250.000,00 EUR
Grundmietzeit 80 % von 60 Monaten	48 Monate
Restwert	35.000,00 EUR
Verzinsung p. a. 12 %	4479,17 EUR
Durchschnittlich gebundenes Kapital	
215.000 + 4479,17 EUR : 2	109.739,59 EUR

TA-Vertrag

12 % p. a. Investitionskosten von 109.739,59 EUR	13.168,75 EUR
12 % p. a. Zinsen für Restwert von 35.000 EUR	4.200,00 EUR
Zinsen pro Jahr	17.368,75 EUR
Zinsen pro Monat	1.447,40 EUR
Anschaffungskosten pro Monat 215.000 : 48	4.479,17 EUR
Gesamtkosten pro Monat	**5.926,57 EUR**
Leasingfaktor = Gesamtkosten : Anschaffungskosten 5.926,57 : 250.000 x 100 =	2,370628 gerundet: 2,37

VA-Vertrag

3,15 x 250.000 : 100	**7.875,00 EUR**

Kreditfinanzierung

Investitionskosten 5 x 50.000,00 EUR	250.000,00 EUR
Jahreszins 8 % von 250.000,00 EUR	
Durchschnittlich gebundenes Kapital (250.000 + 50.000) : 2	150.000,00 EUR
Jahreszinsen 8 % von 150.000,00 EUR	12.000,00 EUR
Zinsen pro Monat	1.000,00 EUR
Monatliche Tilgung 50.000 : 12	4.166,67 EUR
Monatliche Kreditkosten	**5.166,67 EUR**

g) Die Kreditfinanzierung ist am günstigsten, allerdings ist dann auch die Kreditlinie ausgeschöpft.
Weitere Investitionen können nur über eine Erhöhung der Kreditlinie erzielt werden.
Es fallen Personalkosten an, um die Gabelstapler zu verwalten (Buchhaltungsaufwand).
Insofern könnte sich die *Kora GmbH* für den TA-Vertrag entscheiden, obwohl der kostenmäßig auf den ersten Blick ungünstiger ist als die Kreditfinanzierung. Die Buchhaltung für die Gabelstapler übernimmt die Leasinggesellschaft als Eigentümerin der Objekte.
Der VA-Vertrag ist am ungünstigsten, da beim VA-Vertrag die gesamte Investition einschließlich des Restwertes amortisiert werden muss.

6. Kaufvertrag

6.6 Programmierte Aufgaben zum Kaufvertrag

1.

A	B	C	D
4	2	1	2

2. B und C

3.

	A	B	C	D
(I)	3.	1.	1.	2.
(II)	d)	a)	b)	e)

4. D

5. E

6.
a) **09.02.2013**
b) **14.03.2013**
c) **15.02.2013**
7. E
8. C
9. E
10. B
11.
a) **21.08.2013** Die schuldrechtliche Einigung erfolgte am 13.08., Abschluss des Kaufvertrages. Hieraus ergeben sich Verpflichtungen für Käufer und Verkäufer. Die dingliche Einigung verbunden mit der Eigentumsübertragung an der Waschmaschine (Fragestellung) erfolgte am 21.08. mit Lieferung (Übergabe der Waschmaschine).
b) **02.09.2013** wegen Eigentumsvorbehalt nach § 449 BGB

12. A
Vgl. § 286 BGB Abs. 3: Wenn der Zahltag kalendermäßig feststeht oder sich feststellen lassen kann, z. B. 14 Tage nach Rechnungsdatum oder 14 Tage nach Ostern 2013, dann kommt der Zahlungspflichtige nach Ablauf des Tages in Zahlungsverzug.

13. B

14.

A	B	C	D	E	F
2	1	4	2	4 vgl. § 2332 BGB	4 vgl. § 518 BGB

15. D

16. D
Zustandekommen des Kaufvertrages: mit Annahme durch die Bestätigung des Lieferanten am 19.01.2013

17.

A	B	C	D	E
3	2	4	5	1

7. Leasing und Allgemeine Geschäftsbedingungen

7.11 Beispiel der AGB in einem Leasingvertrag
a) Der Leasingnehmer ist einverstanden, dass der Leasinggeber in einen bereits zwischen Leasingnehmer und Lieferanten bestehenden Beschaffungsvertrag eintritt. Der Leasinggeber wird ermächtigt, nach seiner Wahl den bereits zwischen dem Leasingnehmer und Lieferanten bestehenden Beschaffungsvertrag aufzuheben und mit dem Lieferanten einen neuen Beschaffungsvertrag über das Leasingobjekt abzuschließen (Bestelleintritt).
b) Die Auslieferung des Leasingobjekts durch den Lieferanten erfolgt unmittelbar an den Leasingnehmer.
c) Der Leasingnehmer ist verpflichtet, das Leasingobjekt unverzüglich auf Mängel, Vollständigkeit und Übereinstimmung mit dem zwischen den Parteien des Beschaffungsvertrages Vereinbarten zu untersuchen, und das Ergebnis spezifiziert dem Lieferanten und dem Leasinggeber unverzüglich schriftlich anzuzeigen.

d) Nach Eingang der Übernahmeerklärung wird der Leasinggeber an den Lieferanten den im Beschaffungsvertrag vereinbarten Preis entrichten. Mit Zugang beim Leasinggeber wird die Übernahmeerklärung zum wesentlichen Bestandteil des Leasingvertrages.

e) Alle Ansprüche und Rechte des Leasingnehmers gegen den Leasinggeber wegen der Beschaffenheit, Sach- und Rechtsmängel des Leasingobjekts oder wegen dessen mangelnder Verwendbarkeit sind zu jeder Zeit ausgeschlossen. Zum Ausgleich für die Haftungsausschlüsse tritt der Leasinggeber dem Leasingnehmer seine Ansprüche und Rechte gegen den Lieferanten wegen Pflichtverletzung, insbesondere auf Nacherfüllung, Minderung und Schadensersatz ab.

f) Der Leasingnehmer hat das Leasingobjekt schonend zu behandeln (Gebrauchs- und Pflegeempfehlungen). Der Leasingnehmer hat auf seine Kosten das Leasingobjekt in einem funktionsfähigen Zustand zu erhalten.

g) Der Leasingnehmer wird für das Leasingobjekt auf eigene Kosten eine Sachversicherung gegen Feuer, Einbruch, Diebstahl gegen Neuwert abschließen und aufrechterhalten. Für Fahrzeuge ist eine Vollkaskoversicherung mit Selbstbeteiligung abzuschließen.
Der Leasingnehmer tritt zur Absicherung der Ansprüche des Leasinggebers alle Rechte und Ansprüche aus den Versicherungsverträgen sowie gegen Schädiger und deren Absicherer dem Leasinggeber ab.
Der Leasingnehmer veranlasst, dass der Versicherer einen Versicherungsschein auf den Leasinggeber ausstellt und ihm diesen übersendet.

h) Nach Beendigung des Leasingvertrags hat der Leasingnehmer auf eigene Kosten und Gefahr das Leasingobjekt an eine vom Leasinggeber zu benennende Anschrift zu liefern oder auf Weisung des Leasinggebers kostenpflichtig zu entsorgen.

7.12 Programmierte Aufgaben zu den AGB

1. **E**
2. **D**
3. **A** und **D**
4. **B** und **D**
5. **C** und **F**
6.

A	B	C	D	E	F
2	4	6	5	2	1

8. Übernahme der Gewährleistungsrechte

8.4 Fallbeispiel: Wahrnehmung der Gewährleistungsrechte

a) Nach den AGB (Liefertermin) muss ein Liefertermin des Transporters im Leasingvertrag nach dem Kalendertag bestimmt sein. Änderungen am Fahrzeug nach Vertragsabschluss (nachträgliche Veränderung des Lieferumfangs) können zu einer angemessenen Verlängerung der Lieferfristen führen. 6 Wochen nach Überschreitung eines verbindlichen Liefertermins kann die Bäckerei der *Fuhrpark AG* eine angemessene Nachfrist setzen. Damit wird die *Fuhrpark AG* in Verzug gesetzt.

b) Bei höherer Gewalt, Streik u. a. m. beim Leasinggeber, dem Fahrzeuglieferanten oder Hersteller verlängert sich die vereinbarte Lieferzeit um die Dauer der durch diese Umstände bewirkten Verzögerungen der Bereitstellung. Bei einem Streik kann sich also die Lieferfrist um die vier Wochen verlängern. Außerdem muss noch eine angemessene Zeit wegen der nachträglichen Änderung in der Bestellung berücksichtigt werden. Die Nachfrist verlängert sich somit um die 4 Wochen Streik zuzüglich des Zeitraums der nachträglichen Änderung der Bestellung. Erst danach ist der Leasingnehmer berechtigt, durch schriftliche Erklärung vom Leasingvertrag zurückzutreten.

c) Die Bäckerei hat die Pflicht, das Fahrzeug unverzüglich nach Lieferung auf etwaige Mängel zu untersuchen und bei Vorliegen von Mängeln den Leasinggeber unverzüglich schriftlich über die aufgetretenen Mängel zu unterrichten, damit der Leasinggeber seinen Verpflichtungen aus §§ 377 und 378 HGB gegenüber dem Lieferanten nachkommen kann. Unterlässt die Bäckerei schuldhaft die Information des Leasinggebers, sind Ansprüche der Bäckerei gegen den Leasinggeber hieraus ausgeschlossen. Weist das Fahrzeug unerhebliche, dem Leasingnehmer zumutbare Abweichungen in u. a. Ausstattung (z. B. Zigarettenanzünder, Zentralverriegelung, die von einer Werkstatt ohne großen Umstand eingebaut werden kann) und Farbe auf, ist der Leasingnehmer nicht berechtigt, die Übernahme zu verweigern. Weist das Fahrzeug allerdings erhebliche Mängel auf (z. B. Farbe silbermetallic statt blaumetallic), und kann die *Fuhrpark AG* den Mangel nicht innerhalb von 14 Werktagen beseitigen, so kann der Leasingnehmer die Übernahme verweigern. Die Leasingraten brauchen dann nicht bezahlt zu werden.

d) - Der Leasinggeber hat seine Gewährleistungsansprüche gegen die *Fuhrpark AG* einschl. etwaiger Garantieansprüche gegen den Fahrzeughersteller an die Bäckerei abgetreten. Damit stehen der Bäckerei keine Gewährleistungs- und Mängelbeseitigungsansprüche gegen die NordLeasing zu. Die Leasingraten müssen weiter gezahlt werden.
- Die Bäckerei muss sich wegen ihrer Nacherfüllungsansprüche an die *Fuhrpark AG* wenden. Stimmt die Fuhrpark der geforderten Nacherfüllung nicht zu, so gilt Folgendes: Zahlt die Bäckerei die Leasingraten an die NordLeasing unter Berufung auf ihr Nacherfüllungsbegehren nicht, ist die NordLeasing berechtigt, der Bäckerei eine Frist zu setzen, in der die Bäckerei die Nacherfüllungsklage zu erheben hat. Nach Erhebung der Nacherfüllungsklage muss die Bäckerei das Fahrzeug zurückgeben oder stilllegen. Das Ergebnis des Nacherfüllungsprozesses ist für alle verbindlich.
- Nacherfüllungsprozess zu Gunsten der Bäckerei: Den im Nacherfüllungsprozess geltend gemachte Anspruch auf Rückzahlung des Fahrzeugpreises unter Abzug einer Nutzungsvergütung tritt die Bäckerei Zug um Zug gegen Rückerstattung der von ihr geleisteten Leasingraten und etwaiger weiterer Entgelte (z. B. einer Sonderzahlung) an die *NordLeasing GmbH* ab.
- Die Bäckerei verliert den Nacherfüllungsprozess: Die Bäckerei ist verpflichtet, sämtliche ausstehende Leasingraten binnen 14 Tagen nach Rechtskraft des Urteils zuzüglich Zinsen auf die jeweiligen Raten an die *NordLeasing GmbH* zu zahlen.

e) Nacherfüllungsklage einreichen durch die Bäckerei: Lösung wie d)

f) Für einen Schaden am Fahrzeug, für den kein Versicherer eintritt, ist die Bäckerei selbst zuständig. Die Höhe der Reparaturkosten ist der *NordLeasing GmbH* durch Vorlage der Reparaturrechnung nachzuweisen.

8.5 Programmierte Aufgaben zur Gewährleistung

1. **C**
2. **D**
3. **A** und **E**
4. **B** und **C**
5. **E**
6. **C** und **E**
7. **B**
8. **D** und **E**
9. **A**
10. **A**

9. Beendigung des Leasingvertragsverhältnisses

9.2 Fallbeispiel: Rückabwicklung eines Leasingvertragsverhältnisses

a) Leasingrate: **1.609,25 EUR**

b) **21.980,00 EUR**

c) Leasingrate: 1.609,25 EUR x 32,035371 = 51.552,92 EUR
Restwert: 21.980,00 EUR x 0,839823 = 18.459,31 EUR
Gesamtforderung der *NordLeasing GmbH* = L + R = 70.012,23 EUR

Endabrechnung

Bereits gezahlte 13 Leasingraten	20.920,25 EUR
Abwicklungsbetrag	70.012,23 EUR
Vertragssumme	90.932,48 EUR
Schadensausgleich von Kaskoversicherung	66.725,00 EUR
+ bereits gezahlte Leasingraten	20.920,25 EUR
= Zwischensumme	87.645,25 EUR
+ Schrottwert des Pkw	1.000,00 EUR
= Zwischensumme	88.645,25 EUR
Restausgleichszahlung durch *Cepacco GmbH*	**2.287,23 EUR**

d) Leasingrate: 1.609,25 EUR x 32,035371 = 51.552,92 EUR
Restwert: 21.980 EUR x 0,839823 = 18.459,31 EUR
Gesamtforderung der *NordLeasing GmbH* = L + R = 70.012,23 EUR

Endabrechnung

Bereits gezahlte 13 Leasingraten	20.920,25 EUR
Abwicklungsbetrag	70.012,23 EUR
Vertragssumme	90.932,48 EUR
Schadensausgleich von Kaskoversicherung	70.650,00 EUR
+ bereits gezahlte Leasingraten	20.920,25 EUR
= Zwischensumme	91.570,25 EUR
+ Schrottwert des Pkw	1.000,00 EUR
= Zwischensumme	92.570,25 EUR
Restausgleichszahlung durch *Cepacco GmbH*	**1.637,77 EUR**

11. Verbraucherleasing

11.1 Programmierte Aufgaben zum Verbraucherleasing

1. **C**
2. **B**
3. **D**
4. **B** und **F**
5. **B** und **E**

6. **A** und **C**

14. Formen und Besonderheiten des Kraftfahrzeugleasing

14.6 Vertragsmodell mit Andienungsrecht des Leasinggebers, jedoch ohne Optionsrecht des Leasingnehmers

Beispiel: Andienungsrecht und Andienungsrecht mit Mehrerlösbeteiligung

a) 15 % von 25.000,00 EUR = **3.750,00 EUR**

b) Geschätzter Restwert: 3.750,00 EUR
Erzielter Verkaufspreis: 2.000,00 EUR
Restwertausgleich durch den Leasingnehmer: **1.750,00 EUR**

c) Verkaufspreis: 5.000,00 EUR
Mehrerlös: 1.250,00 EUR
Vom Mehrerlös erhält der Leasingnehmer 75 % von 1.250,00 EUR = **937,50 EUR**

14.15 Fallbeispiel: Verbraucher-Leasingvertrag mit einem Werkshändler

a)
Mietsonderzahlung	11.804,00 EUR
23 Leasingraten à 151,00 EUR	3.473,00 EUR
Kalkulierter Rückkaufwert	14.756,00 EUR
Gesamtkosten	30.033,00 EUR
Händlerpreis	29.511,00 EUR
Differenz Kosten – Preis	522,00 EUR
Effektivzins 522 : 30.033 x 100 = 1,7380	**1,7 %**

b) Bei einem versteckten Rabatt von 10 %, der in die Leasingkonditionen eingearbeitet wurde, ergibt sich ein wesentlich höherer Zinssatz von z. B. 11,6 %.

Mietsonderzahlung	11.804,00 EUR
23 Leasingraten à 151,00 EUR	3.473,00 EUR
Kalkulierter Rückkaufwert	14.756,00 EUR
Gesamtkosten	30.033,00 EUR
Händlerpreis – Rabatt 10 % 29.511,00 – 2.951,10	26.559,90 EUR
Differenz Kosten – Preis	3.473,10 EUR
Effektivzins 3.473,10 : 30.033 x 100 = 11,5642	**11,6 %**

B Factoring

8. Fallbeispiel: Verkauf von Leasingforderungen

a)
Bestand des Forderungsverkaufs	30.000.000,00 EUR
- Sperrguthaben 10 %	3.000.000,00 EUR
= Liquiditätsgewinn	**27.00.000,00 EUR**

b) - Die Laufzeit der zu verkaufenden Forderungen sollte 120 Tage (Inlandsforderungen) bzw. 180 Tage (Auslandsforderungen) nicht überschreiten.
   - Die Forderungen müssen frei von Rechten Dritter sein und bei ihrer Entstehung der Höhe nach einwandfrei feststehen.
   - Der Abnehmerkreis des Anschlusskunden sollte keinem allzu starken Wechsel ausgesetzt sein.
   - Die Bonität und die Seriosität des Anschlusskunden müssen gewährleistet sein, weil sich der Factor darauf verlassen können muss, dass die angekauften Forderungen tatsächlich entstanden sind.

c) - Finanzierungsfunktion
   - Delkrederefunktion
   - Dienstleistungsfunktion

d) **Vorteil:** Dieser Liquiditätsgewinn versetzt die *NordLeasing GmbH* in die Lage, die Lieferantenrechnungen innerhalb von 10 Tagen zu bezahlen und damit Skonto oder Rabatte auszunutzen.

   Nachteil: Ein Problem stellt das Abtretungsverbot dar. In § 399 BGB heißt es: „Eine Forderung kann nicht abtreten werden, wenn ... die Abtretung durch Vereinbarung mit dem Schuldner ausgeschlossen ist." Viele Schuldner haben dieses Abtretungsverbot in ihre AGB aufgenommen. Forderungen gegen diese Unternehmen sind vom Factoring ausgeschlossen.

e)

Factoringgebühr 1,5 ‰ vom Jahresumsatz	270.000,00 EUR
+ Sollzinsen 12 % p. a.	3.600.000,00 EUR
- Habenzinsen 6 %	180.000,00 EUR
+ Bonitätsprüfungsgebühr 0,15 ‰ auf die angekauften Leasingraten	4.500,00 EUR
= Kosten des Factoring	**3.694.500,00 EUR**